新时代
人工智能素养

主 编 徐永冰 张 帅
副主编 郑海清 廖大强

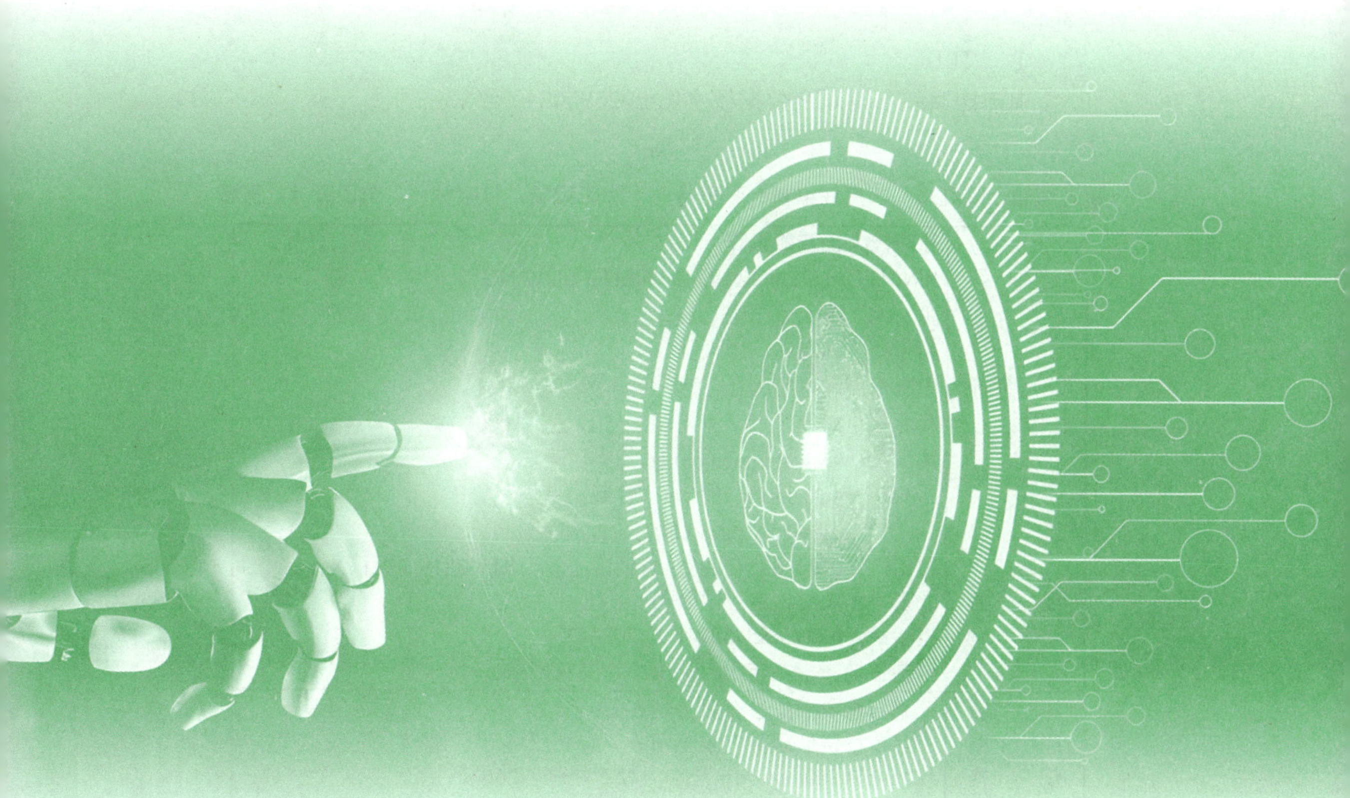

www.waterpub.com.cn
·北京·

内 容 提 要

本书聚焦于新时代人工智能素养，系统且全面地介绍了人工智能知识，助力读者理解并应用这一前沿技术。本书内容涵盖人工智能的历史、概念、社会影响及核心技术，深入探讨其在智慧农业、智能机器人、医疗影像诊断等领域的应用，展示了人工智能为各行业带来的变革与价值。同时，详细剖析大模型与生成式人工智能，介绍 DeepSeek 等工具的使用，通过丰富的实例指导读者在智能创作、办公、生活娱乐等场景中运用人工智能解决实际问题。此外，还深入讨论了技术伦理与安全问题，如算法偏见、数据隐私保护等，并展望未来智能社会的发展趋势，引导读者思考人类与人工智能的关系。本书兼具理论深度与实践指导，为读者提供全面的人工智能学习资源，帮助读者提升人工智能素养，适应智能时代发展需求。

本书既可以作为应用型本科院校、职业院校人工智能通识课程的教材，也可以作为广大读者提升个人人工智能素养的学习资料。

图书在版编目（CIP）数据

新时代人工智能素养 / 徐永冰，张帅主编. -- 北京：中国水利水电出版社，2025.9. -- ISBN 978-7-5226-3515-6

Ⅰ．TP18

中国国家版本馆 CIP 数据核字第 2025M5Q849 号

策划编辑：陈红华　责任编辑：张玉玲　加工编辑：杜献林　封面设计：苏敏

书　　名	新时代人工智能素养 XINSHIDAI RENGONG ZHINENG SUYANG
作　　者	主　编　徐永冰　张　帅 副主编　郑海清　廖大强
出版发行	中国水利水电出版社 （北京市海淀区玉渊潭南路 1 号 D 座　100038） 网址：www.waterpub.com.cn E-mail：mchannel@263.net（答疑） 　　　　sales@mwr.gov.cn 电话：（010）68545888（营销中心）、82562819（组稿）
经　　售	北京科水图书销售有限公司 电话：（010）68545874、63202643 全国各地新华书店和相关出版物销售网点
排　　版	北京万水电子信息有限公司
印　　刷	三河市德贤弘印务有限公司
规　　格	184mm×260mm　16 开本　12.5 印张　266 千字
版　　次	2025 年 9 月第 1 版　2025 年 9 月第 1 次印刷
印　　数	0001—6000 册
定　　价	45.00 元

凡购买我社图书，如有缺页、倒页、脱页的，本社营销中心负责调换

版权所有·侵权必究

前　言

党的二十大报告提出，推动战略性新兴产业融合集群发展，构建新一代信息技术、人工智能、生物技术、新能源、新材料、高端装备、绿色环保等一批新的增长引擎。在科技飞速发展的当下，人工智能已成为推动社会变革的核心力量，深刻地融入我们生活的每一个角落。从日常使用的智能设备，到各行业的智能化升级，人工智能正以前所未有的速度重塑世界。在这样的时代背景下，理解和掌握人工智能知识，培养与之相适应的素养，成为每个人在新时代的必备技能。

回顾人工智能的发展历程，它从早期充满幻想的概念雏形，逐步成长为如今改变世界的强大技术，每一步都凝聚着无数科研人员的智慧与心血。从图灵提出的开创性设想，为人工智能奠定理论基础，到如今 DeepSeek 引发的全球热潮，人工智能在技术上取得了巨大的飞跃。这一过程中，它不断突破边界，从简单的逻辑推理到复杂的自然语言处理、图像识别等，功能日益强大，应用领域也不断拓展。

如今，人工智能的应用场景无处不在。在医疗领域，它助力医生更精准地诊断疾病，提高治疗效果，甚至为攻克疑难杂症带来新的希望；在交通领域，自动驾驶技术的发展有望让出行更加安全、高效；在教育领域，个性化学习系统根据学生的特点提供定制化的学习方案，提升学习体验和效果。然而，如同任何强大的技术一样，人工智能在发展过程中也带来了一系列问题。从算法偏见导致的不公平现象，到数据隐私泄露引发的安全担忧，再到对就业结构的冲击，这些问题都需要我们认真面对和解决。

本书旨在为读者搭建一座通往人工智能世界的桥梁，帮助大家全面了解这一前沿技术。无论是对人工智能感兴趣的初学者，还是希望深入了解其应用的专业人士，都能从书中获得有价值的信息。本书从人工智能的历史、概念与社会影响入手，逐步深入其技术核心、应用场景、伦理安全等多个层面，通过丰富的案例、详细的任务分析和实践指导，让读者不仅能理解人工智能的理论知识，更能掌握实际应用技能。

书中涵盖了人工智能在农业、医疗、艺术、办公等众多领域的应用，展现其为行业带来的创新与突破。同时，本书也关注到技术发展带来的伦理和安全挑战，引导读者思考如何在享受技术便利的同时，确保其健康、可持续发展。在未来智能社会的展望中，我们探讨了行业变革趋势和人机协同创新技术，激发读者对未来的想象与探索。

希望本书能成为读者探索人工智能世界的得力助手，助力读者在这个充满机遇与挑战的智能时代，更好地适应变革、把握机遇，与人工智能共同成长，创造更加美好的未来。

本书的创作过程获得了中国水利水电出版社陈红华编辑的大力支持。他在出版过程中表现的敬业精神和专业知识，让本书的出版更加顺利。

由于时间仓促和个人能力所限，书中难免会出现一些错误和纰漏。我们诚挚欢迎读者的批评和指正，期待您的反馈。反馈邮箱：fengjiexyb@163.com。

编 者

2025 年 4 月

目 录

前言

项目 1　认识 AI：历史、概念与社会影响 1
学习目标 1
应用场景 1

任务 1.1　什么是人工智能 2
任务情境 2
任务分析 2
任务实现 6

任务 1.2　从图灵测试到 ChatGPT：AI 发展里程碑 7
任务情境 7
任务分析 7
任务实现 11

任务 1.3　身边的 AI 应用 15
任务情境 15
任务分析 15
任务实现 17

项目总结 19

项目 2　人工智能应用：从科幻走进现实 20
学习目标 20
应用场景 20

任务 2.1　智慧农业 21
任务情境 21
任务分析 21
任务实现 25

任务 2.2　智能机器人 26
任务情境 26
任务分析 26
任务实现 31

任务 2.3　人体动作姿态检测 32
任务情境 32
任务分析 33
任务实现 37

任务 2.4　数字化修复与重建 39
任务情境 39

	任务分析	40
	任务实现	45
项目总结		48

项目 3　理解大模型与生成式 AI：人工智能开始创作 ... 49

- 学习目标 ... 49
- 应用场景 ... 49
  - 任务 3.1　什么是生成式 AI ... 50
    - 任务情境 ... 50
    - 任务分析 ... 50
    - 任务实现 ... 54
  - 任务 3.2　生成式 AI 的核心技术 ... 56
    - 任务情境 ... 56
    - 任务分析 ... 56
    - 任务实现 ... 60
  - 任务 3.3　生成式 AI 的价值和意义 ... 64
    - 任务情境 ... 64
    - 任务分析 ... 64
    - 任务实现 ... 67
- 项目总结 ... 73

项目 4　DeepSeek 基础 ... 74

- 学习目标 ... 74
- 应用场景 ... 74
  - 任务 4.1　DeepSeek 简介 ... 74
    - 任务情境 ... 74
    - 任务分析 ... 75
    - 任务实现 ... 78
  - 任务 4.2　DeepSeek 提示词设计 ... 89
    - 任务情境 ... 89
    - 任务分析 ... 89
    - 任务实现 ... 89
- 拓展内容 ... 100
- 项目总结 ... 107

项目 5　大模型实战：智能创作与办公革命 ... 108

- 学习目标 ... 108
- 应用场景 ... 108
  - 任务 5.1　智能文本创作 ... 109
    - 任务情境 ... 109
    - 任务分析 ... 109
    - 任务实现 ... 111

任务 5.2　AI 助力求职 ... 115
　　　任务情境 ... 115
　　　任务分析 ... 115
　　　任务实现 ... 117
任务 5.3　电商营销 ... 121
　　　任务情境 ... 121
　　　任务分析 ... 121
　　　任务实现 ... 121
任务 5.4　Office 协作 ... 123
　　　任务情境 ... 123
　　　任务分析 ... 123
　　　任务实现 ... 123
项目总结 ... 128

项目 6　AI 创造美好生活 ... 129
学习目标 ... 129
应用场景 ... 129
任务 6.1　娱乐休闲 ... 129
　　　任务情境 ... 129
　　　任务分析 ... 130
　　　任务实现 ... 132
任务 6.2　心理咨询 ... 134
　　　任务情境 ... 134
　　　任务分析 ... 134
　　　任务实现 ... 134
任务 6.3　生活助手 ... 138
　　　任务情境 ... 138
　　　任务分析 ... 138
　　　任务实现 ... 140
项目总结 ... 145

项目 7　AI+ 艺术创作：人人都可以是艺术家 ... 146
学习目标 ... 146
应用场景 ... 146
任务 7.1　创意图片生成 ... 147
　　　任务情境 ... 147
　　　任务分析 ... 147
　　　任务实现 ... 148
任务 7.2　视频生成 ... 152
　　　任务情境 ... 152
　　　任务分析 ... 152

　　　　任务实现 153
　　项目总结 160

项目 8　技术伦理与安全 161
　　学习目标 161
　　应用场景 161
　　　任务 8.1　算法偏见与公平性 162
　　　　任务情境 162
　　　　任务分析 162
　　　　任务实现 166
　　　任务 8.2　人工智能与信息安全 168
　　　　任务情境 168
　　　　任务分析 168
　　　　任务实现 171
　　项目总结 172

项目 9　未来智能社会 173
　　学习目标 173
　　应用场景 173
　　　任务 9.1　行业变革趋势 174
　　　　任务情境 174
　　　　任务分析 174
　　　　任务实现 181
　　　任务 9.2　人机协同创新 182
　　　　任务情境 182
　　　　任务分析 182
　　　　任务实现 187
　　项目总结 191

参考文献 192

项目 1　认识 AI：历史、概念与社会影响

学习目标

知识目标

- 理解人工智能的核心定义与本质特征，区分符号主义、连接主义、行为主义三大流派。
- 掌握从图灵测试到 ChatGPT 的关键发展节点，梳理 AI 技术演进的逻辑脉络。
- 识别智能音箱、人脸支付、推荐系统等典型应用的技术原理与社会价值。

技能目标

- 能结合生活场景分析具体 AI 产品的功能边界（如判断"智能客服是否真的理解用户需求"）。
- 能识别不同 AI 技术的伦理风险（如人脸识别中的隐私泄露隐患）。

素养目标

- 培养对技术发展的理性认知，避免对"技术万能论"或"技术恐慌论"的极端态度。
- 增强对 AI 时代人机关系的思考，树立"人机协同"的共生价值观。
- 提升数据安全与隐私保护意识，践行技术应用中的社会责任。

应用场景

当外婆遇见智能音箱

2023 年冬天，68 岁的王外婆第一次走进女儿家，就被一个会说话的"白盒子"吸引了——那是外孙女朵朵的智能音箱。"外婆，你说'小度小度，放首《莫斯科郊外的晚上》'！"朵朵拽着外婆的手兴奋地演示。王外婆犹豫着开口，音箱立刻传出熟悉的旋律，她惊得直眨眼："这东西咋知道我想听这个？"

接下来的一周，王外婆发现这个"白盒子"会预报天气、讲笑话，甚至能陪她聊天。有天凌晨，她咳嗽着起床倒水，轻声说了句"有点冷"，音箱竟自动调亮了台灯。女儿告诉她："这是 AI 在分析你的语音和使用习惯呢。"但外婆也有困惑："它知道我半夜咳嗽，这些话会不会被人偷听？以后机器人会不会比人还聪明？"

这个发生在普通家庭的故事，正是 AI 走进生活的缩影。从帮助老人的智能设备到重塑产业的自动化系统，人工智能早已不是实验室里的概念，而是渗透进日常生活的科学技术。我们需要从历史、技术、社会三个维度揭开它的面纱，才能更好地理解这个正在改变世界的"伙伴"。

任务 1.1　什么是人工智能

任务情境

2024年春节，大学生小李回家发现妈妈正在用一款"AI菜谱"APP：用手机摄像头拍下冰箱里的食材，APP立刻推荐三道家常菜，还能语音指导炒菜步骤。妈妈感叹："现在做饭都不用动脑子了。"但小李的爸爸却皱眉："这算什么智能？不就是提前输好的程序吗？"

到底什么是人工智能？它和传统的计算机程序有什么区别？当我们说一个系统"智能"时，究竟在谈论什么？

任务分析

1. AI 的本质：从"计算"到"认知"的跨越

（1）传统定义：像人类一样思考与行动。简单来说，人工智能就是让机器像人类一样"思考"和"学习"的技术。比如：你的手机能听懂你说"小爱同学，明天天气怎么样"；刷短视频时，APP自动推荐你爱看的萌宠视频；游戏里的NPC敌人会躲避你的攻击、主动追击你。这些背后都是人工智能在发挥作用！

1956年达特茅斯会议首次提出"人工智能"（Artificial Intelligence，AI）概念，核心目标是让机器具备"类人智能"。

案例

1997年，IBM公司研制的深蓝超级计算机（由华人科学家许峰雄设计）击败国际象棋世界冠军卡斯帕罗夫，靠的是每秒分析2亿个棋步的超强计算力，但它并不真正"理解"国际象棋，只是用暴力算法穷举可能性。如图1-1所示。

图 1-1　IBM 公司研制的深蓝超级计算机

这一时期，科学家认为，人工智能等于让机器模拟人类智能的逻辑推理能力。他们试图通过编程规则让机器"像人一样思考"。例如，符号主义方法用数学符号表示知识（如"如果下雨则带伞"），并开发出各种专家系统。这类系统依赖程序员手动编写所有规则，虽能在特定领域（如棋类游戏）表现出色，却无法处理复杂现实问题，如如何用规则描述"猫长什么样"。传统 AI 的终极目标"图灵测试"也聚焦于让机器通过对话模仿人类，但局限于预设问答，缺乏真正的理解能力。

（2）现代共识：能感知、学习、决策的系统。21 世纪以来，现代人工智能的共识转向"数据驱动"，核心是让机器从海量数据中自主学习规律，而非机械执行指令。人工智能不再局限于模仿人类，而是强调"智能行为"：通过数据训练，让机器在特定领域完成需要人类智慧的任务。

这一转变源于传统规则的瓶颈（如无法定义"幽默感"）和互联网时代的数据爆炸及算力提升（如 GPU 支持神经网络训练）。现代 AI 通过机器学习技术，如给 10 万张猫、狗图片让机器自行总结特征，或让 AlphaGo 通过数百万局自我对弈掌握围棋策略，实现"结果上超越人类"。它不再追求"通用智能"，而是专注解决图像识别、语音翻译等具体任务。抖音的推荐算法根据用户行为动态学习偏好，自动驾驶系统实时适应路况，均体现了现代 AI 的灵活性和场景适应力。

➲ 案例

2016 年 3 月 9 日至 15 日，Google 的子公司 Google DeepMind 所开发的电脑围棋程序 AlphaGo 与李世石（李世乭）在韩国首尔四季酒店进行五番棋对战（图 1-2）。比赛不提前结束，下满 5 局，如果一方先胜 3 局可获得奖金 100 万美元。最终结果是 AlphaGo 获胜四局，李世石仅赢第四局，亦为至今唯一一位在正式对局中战胜过 AlphaGo 的人类棋手。

图 1-2　AlphaGo 与李世石对弈

传统与现代 AI 的根本差异体现在三方面：一是实现方式从"人工编码规则"变为

"机器自主学习";二是能力范围从狭窄领域(如棋类)扩展到复杂任务(如自然语言处理);三是灵活性从依赖固定规则升级为动态适应新数据。例如,传统 AI 的音乐播放器"随机播放"按固定算法循环歌曲,而现代 AI 的"每日推荐"则基于听歌记录生成个性化歌单。医院的 AI 影像诊断系统,能从肺部 CT 中识别早期肺癌结节,准确率超过 90%,其"思考"过程是分析数百万张病例图像后的模式识别,而非人类医生的逻辑推理。

➲ 案例

某医院率先引进联影智能 AI 影像辅助系统(图 1-3),构建覆盖多病种的智能诊断体系。该系统在肺结节筛查中实现毫米级病灶精准识别,结合放射科医生临床经验,显著提升早期肺癌检出率。在心血管及神经系统疾病领域,冠状动脉 CTA、头颈动脉 CTA 及脑灌注三大模块形成协同效应,通过自动血管分割、斑块定量分析和血流动力学评估,助力心内科、神经内科医生快速锁定狭窄病变,为卒中、冠心病患者提供精准诊疗依据。AI 辅助使影像报告平均出具时间缩短 40%,医师日均处理病例量提升 1.5 倍以上,同时有效降低漏诊率。

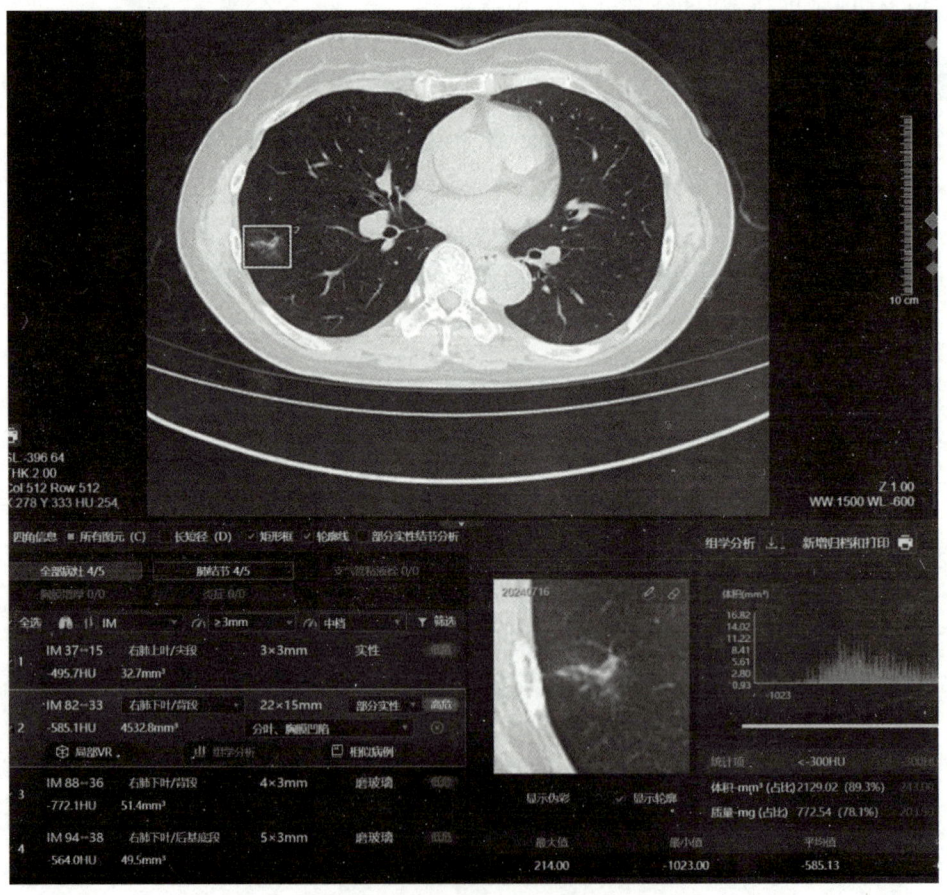

图 1-3　AI 影像辅助系统

如今，人工智能被定义为"计算机通过分析数据自主学习，完成需人类智能的任务（如感知、决策）的技术"，其本质是数学模型优化，虽无人类的情感和意识，却在结果上不断重塑生活——从手机人脸解锁到智能手表健康监测，背后皆是数据与算法的力量。

2. AI 的三大流派：一场持续 60 年的技术辩论

（1）符号主义（逻辑派）。符号主义认为智能的核心是符号化的逻辑推理，主张通过人工预设规则和逻辑来模拟人类思维。例如，程序员编写"如果下雨则带伞"的规则，让机器执行推理。这种方法在早期成功应用于专家系统（如医疗诊断）和国际象棋程序（如 IBM 深蓝），但依赖人工编写所有规则，难以处理模糊问题（如图像识别），且维护成本高。符号主义的代表人物包括艾伦•纽厄尔（Allen Newell）和赫伯特•亚历山大•西蒙（Herbert Alexander Simon）。

> **思政案例**

我国数学家吴文俊（中国科学院院士，1919 年 5 月 12 日—2017 年 5 月 7 日）提出"吴方法"，将几何定理证明转化为代数运算，推动符号主义在数学领域的应用，体现了中国学者对 AI 基础理论的贡献。2000 年，吴文俊（图 1-4）获首届中华人民共和国国家最高科学技术奖。

图 1-4　吴文俊

（2）连接主义（仿生派）。连接主义强调通过模拟人脑神经网络结构实现智能，利用人工神经网络从数据中自主学习规律。典型技术是深度学习，如给机器提供海量猫的图片让其自动识别"猫"的特征。这种方法无需显式编程规则，擅长图像识别（人脸解锁）、自然语言处理（如 ChatGPT）等任务，依赖 GPU 算力和大数据训练。2012 年，深度学习模型 AlexNet 在图像识别竞赛中准确率远超传统算法。连接主义的代表人物有杰弗里•辛顿（Geoffrey Hinton）和杨立昆（Yann LeCun）。

（3）行为主义（进化派）。行为主义主张智能源于与环境的实时交互，通过试错（如强化学习）优化行为策略。例如，机器人通过反复碰撞学习避障，游戏 AI 通过奖励机制提升对战能力。它关注行动而非复杂推理，适合动态场景（如自动驾驶）。波士顿动力公司的机器狗，通过反复摔倒、站立的"试错学习"掌握复杂地形行走能力就是行为主义的代表性成果。

⊃ 伦理思考

当机器狗能自主避开障碍物时，是否意味着它具备了"生存本能"？这种行为与人类的"智能"有何本质区别？

任务实现

请根据实际情况，组织讨论：AI 是否会取代人类工作？

关于"AI 是否会取代人类工作"的讨论，核心在于理解技术变革带来的不是简单的"取代"，而是对工作形态的深度重塑。一方面，重复性强、流程化的岗位确实面临 AI 的替代压力。例如，某汽车工厂引入机器人后，装配效率提升 50% 的同时，相关岗位减少了 30%；数据录入、基础客服等机械性工作也在被算法逐步接管。但另一方面，技术进步也在持续创造新的职业空间：2023 年中国 AI 相关岗位缺口达 50 万人，AI 训练师、机器人维护员、数据标注师等新兴角色成为就业市场的"香饽饽"，展现出技术迭代中职业结构的动态调整。

人类在工作中的不可替代性，源于三项 AI 难以复制的"核心竞争力"。其一是创造力。尽管 AI 能快速生成符合套路的文案、设计或音乐，但像《流浪地球》对未来世界的突破性想象、《三体》中对文明存续的哲学思辨，这类超越常规框架的创新思维，始终是人类大脑独有的天赋。其二是情感连接能力。在儿科病房里，护士的一个充满温度的微笑、一次耐心的安抚，对缓解患儿恐惧的作用，远胜过任何精密的安抚机器人——人类通过眼神、语气传递的共情与关怀，是算法难以模拟的情感纽带。其三是复杂决策中的"灰度判断"。面对突发公共卫生事件，领导者需要在科学数据、社会稳定、伦理风险间权衡取舍；医生面对罕见病患者时，需结合临床经验与人文关怀制定治疗方案，这类涉及价值观、道德伦理的非结构化决策，正是人类理性与感性交织的独特优势。

未来的工作场景，更可能呈现"人机协作"的共生图景。例如，医生借助 AI 辅助诊断系统分析影像数据、筛查病灶，但最终治疗方案的制定仍需结合患者个体情况与临床经验，由人类医生确定；教师利用 AI 为学生生成个性化学习报告、答疑解惑，但课堂上的价值观引导、面对面的思想碰撞、对学生情绪的观察与疏导，仍是机器无法替代的。这种协作模式不是"此消彼长"，而是让 AI 承担数据处理、重复劳动等"效率型任务"，人类专注于"价值创造型工作"，如战略规划、创意设计、情感服务等，实现优势互补。

回顾工业革命的历史，机器曾被视为"劳动力的敌人"，但最终人类学会了与机器协作，从操作机器到设计机器、管理机器，开创了更高效的生产范式。在 AI 时代，与其焦虑"被取代",不如主动思考"如何共生":个人需要提升"数字素养",掌握与 AI 协同工作的能力;社会则需通过教育体系改革,强化创造力、批判性思维与情感沟通等"人类专属技能"的培养。正如蒸汽动力没有消灭人类劳动,而是重塑了劳动的意义,AI 的终极价值并非替代人类,而是推动我们重新定义"工作的本质"——让数据与算法成为工具,让人类得以更专注于只有自己能完成的事:创造价值、传递情感、探索未知。未来的职场,不会是"人机对立"的战场,而应是"人机共舞"的舞台,在技术与人性的合奏中,谱写更具温度的发展篇章。

任务 1.2　从图灵测试到 ChatGPT:AI 发展里程碑

任务情境

某中学课堂上,老师展示了一段对话:

"你好,今天天气怎么样?"

"你所在的城市正在下雨,记得带伞哦。"

"你怎么知道我在哪里?"

"我通过你的 IP 地址定位到了大致区域呢。"

学生们惊叹:"这和真人聊天没区别!"老师却问:"如果机器能完美模仿人类对话,是否就意味着它真的'理解'了?"

任务分析

1. 神话与雏形:智能机器的古老想象(1950 年之前)

在人类文明的童年时期,对"智能机器"的想象早已扎根于神话与传说之中。古希腊神话中,火神赫菲斯托斯(Hephaestus)打造了青铜巨人塔洛斯(Talos),这个机械守护者能以青铜蹄踵巡视克里特岛,用炽热的身体抵御外敌。他的工坊里还有一群金色少女,不仅能协助锻造,还能与人类自然交谈,堪称最早的"智能助手"雏形。这些故事虽非科学实践,却折射出人类对"非生物智能"的永恒好奇——人类始终渴望创造出超越体力极限、具备思考能力的伙伴。

19 世纪,工业革命催生了机械自动化的萌芽。查尔斯·巴贝奇(Charles Babbage)设计的差分机和分析机,虽因技术限制未能完全实现,却首次提出了"可编程机器"的概念。阿达·洛芙莱斯(Ada Lovelace)为分析机撰写算法时,曾预言机器"可能谱写复杂的音乐、绘制精美的图画",这堪称对人工智能最早的理论构想。

2. 现代 AI 的诞生:达特茅斯会议与符号逻辑的黄金时代(20 世纪 50 年代—20 世纪 70 年代)

1950 年,艾伦·图灵(Alan Turing)在论文《计算机器与智能》中提出"图灵测试",首次为"机器智能"划定标准:若机器能在对话中被误认为人类,则具备智能。这篇论文点燃了学术界的热情。

2019年7月,英国央行宣布了最新版50英镑纸币设计方案,上面的新面孔是被誉为人工智能之父的数学奇才艾伦·图灵(图1-5)。

图1-5　50英镑钞票,上面的肖像采用目前收藏在英国国家肖像馆、拍摄于1951年的图灵照片,背景可见早期计算机

六年后,约翰·麦卡锡(John McCarthy)在达特茅斯学院召集了一场跨学科会议,参会者包括马文·明斯基(Marvin Minsky)、赫伯特·西蒙(Herbert Simon)等天才学者(图1-6)。他们用"人工智能"(Artificial Intelligence)一词命名这个全新领域,目标是"让机器像人类一样思考"。

图1-6　达特茅斯会议主要成员

会议次年,西蒙与纽厄尔开发了"逻辑理论家"(Logic Theorist)程序,成功证明了罗素所著《数学原理》中的38条定理,其中一条比原著证明更简洁。这一成果轰动学界,仿佛预示着"机器超越人类智慧"指日可待。

1966年,麻省理工学院(MIT)的约瑟夫·维森鲍姆(Joseph Weizenbaum)开发的聊天程序ELIZA模仿心理医生对话,它通过关键词匹配模拟心理治疗师,如用户输入"我很沮丧"，ELIZA 会回应："你为什么感到沮丧？"令人惊讶的是，许多用户误以为它可以理解人类情感，真的在倾听，甚至对其产生依赖，一位母亲甚至向它倾诉丧子之痛，这既展现了早期 AI 的局限性，也揭示了人类对"智能交互"的强烈渴望。

同一时期，斯坦福研究所推出了首个移动机器人 Shakey，它能通过摄像头识别环境，规划路径，抓取积木。尽管控制它的计算机占据整个房间，却是机器人学的里程碑。这些突破让人们相信，AI 将在十年内实现"通用智能"，政府和军方纷纷注资，形成第一次研究热潮。

美国斯坦福大学的爱德华·肖特利夫（Edward Shortliffe）等人在 1976 年研制成功的用于鉴别细菌感染及治疗的医学专家系统 MYCIN 为专家系统在医学界的发展奠定了理论基础。MYCIN 系统能根据患者症状诊断细菌性感染，准确率超过人类医生。受其启发，20 世纪 80 年代，中国科学院研发"中医专家系统"，将中医的诊疗经验转化为规则库，帮助基层医院提升问诊效率，体现了 AI 与传统文化的结合。

3. 寒冬降临：理想与现实的碰撞（20 世纪 70 年代—20 世纪 80 年代）

然而，早期 AI 依赖符号逻辑和手工编写规则，无法处理复杂现实问题。例如，机器翻译项目试图逐词对应，却闹出"心有余而力不足（The spirit is willing but the flesh is weak）"被译为"酒是好的，但肉已变质"的笑话。1973 年，英国政府的《莱特希尔报告》直言："AI 在常识推理、模式识别等领域进展甚微，无法兑现承诺。"美国 DARPA 也大幅削减资金，第一次"AI 寒冬"降临。

但仍有研究者在逆境中探索。20 世纪 80 年代，日本启动"第五代计算机计划"，试图用神经网络实现自然语言处理和图像识别；美国的道格拉斯·莱纳特（Douglas Lenat）发起 Cyc 项目，试图构建包含人类所有常识的知识库。这些努力虽未成功，却为后来的技术积累了经验。

4. 复兴之路：数据与算法的双重革命（20 世纪 90 年代—21 世纪 10 年代）

1997 年，IBM 的深蓝（Deep Blue）超级计算机以 3.5:2.5 击败国际象棋世界冠军卡斯帕罗夫，成为 AI 复兴的标志。尽管深蓝依赖每秒计算 2 亿步的暴力搜索，而非真正"理解"棋局，却让公众重新关注 AI。2011 年，IBM 的 Watson 在智力问答节目《危险边缘》中击败人类冠军，它能解析自然语言谜题，从海量文本中快速检索答案，标志着"知识工程"的成熟。

真正的突破来自机器学习的进化。2006 年，杰弗里·辛顿（Geoffrey Hinton）提出"深度学习"，利用多层神经网络处理图像和语音数据。2012 年，他的学生团队用卷积神经网络（CNN）在 ImageNet 图像识别大赛中准确率突破 85%，远超传统算法。2016 年，DeepMind 的 AlphaGo 以 4:1 击败围棋世界冠军李世石，首次让机器在复杂策略游戏中展现出"直觉"——它不再穷举所有走法，而是通过自我对弈"学会"判断局势。中国棋手柯洁与 AlphaGo 对弈后坦言："人工智能战胜人类棋手也是人类科技的进步，人类的新智慧以某种形式战胜了古老智慧，这其实是人类的又一次自我超越。"这种态度折射出对人机关系的新认知。

> **案例**

2011 年，由美籍华裔科学家吴恩达（图 1-7）创建的 Google Brain 项目用 1000 台电脑训练出"能识别猫脸"的模型，其原理是通过分析 YouTube 视频中的数百万个猫脸图像，自主提取"胡须""瞳孔"等特征——这标志着 AI 从"人工定义特征"走向"自主学习特征"。

图 1-7　美籍华裔科学家吴恩达

5. 生成式 AI：从模仿到创造的飞跃（20 世纪 20 年代至今）

2017 年，谷歌研发的 Transformer 架构颠覆了自然语言处理。它通过"注意力机制"让模型理解文本中的上下文关联，为后续突破奠定基础。2020 年，OpenAI 推出 DALL-E，能根据文字描述生成图像；次年，GPT-3 模型仅凭少量示例就能完成写作、翻译等任务，展现出惊人的"通用学习"能力。2022 年，ChatGPT 的发布引发全球震动，它能流畅对话、生成代码、撰写故事，甚至通过模拟人类情感赢得用户信任。开放仅 5 天用户破百万，能写代码、编故事、回答专业问题，引发"AI 是否会取代知识工作者"的讨论。

这些技术背后是"生成式 AI"的崛起——机器不再局限于识别或决策，而是主动创造内容。例如，Stable Diffusion 能生成逼真的艺术画作，MidJourney 让普通人成为"数字画家"，音乐 AI 能模仿贝多芬风格创作交响曲，代码生成工具 Copilot 让编程效率提升 50%。2023 年，GPT-4 进一步突破，能理解图像和视频，甚至能通过专业考试，展现出接近人类的多模态处理能力。

> **思政案例**

中国崛起

百度推出文心一言、阿里发布通义千问，形成全球大模型竞赛格局，体现了科技强国的战略布局。2025 年 1 月，DeepSeek-R1 发布，性能与 OpenAI 相当。数据显示，DeepSeek 应用上线 20 天后，日活跃用户数达到 2161 万，超过 ChatGPT 同期表现。这种快速的用户增长和市场接受度，显示了 DeepSeek 在 AI 领域的强大竞争力。DeepSeek 的崛起也标志着 AI 行业进入新的发展阶段。2025 年被视为 AI 算法变革的元年。

6. 争议与未来：在反思中前行

AI 的快速发展也引发伦理争议。深度伪造技术可伪造视频和声音，ChatGPT 曾因"偏见回答"被用户投诉，人脸识别在隐私保护上的争议从未停歇。2023 年，欧盟通过《人工智能法案》，对风险分级监管；各国纷纷建立伦理委员会，试图平衡创新与安全。

回顾历史，AI 的每一次突破都伴随着对"智能本质"的重新理解：从符号逻辑到神经网络，从暴力计算到自主学习，从模仿人类到创造新可能。正如古希腊神话中的皮格马利翁用雕塑创造生命，人类始终在赋予机器以"灵魂"——尽管今天的 AI 仍非真正的"通用智能"，但每一行代码、每一次算法迭代，都在拉近梦想与现实的距离。

未来，AI 或许会像电力一样融入生活的每个角落，或许会引发新的产业革命，甚至重新定义"人类智能"的边界。但不变的是，这段始于神话的旅程，始终承载着人类对超越自身的渴望——我们创造 AI，不仅是为了让机器更聪明，更是为了借由它们，看清自身的本质与未来。

⊃ 思政案例

科学家的责任担当

2018 年，深度学习三巨头［杰弗里·辛顿、约书亚·本吉奥（Yoshua Bengio）、杨立昆］获得图灵奖时，特别提到："我们必须警惕 AI 被用于制造深度伪造视频、实施网络攻击等危害社会的行为。"他们主动呼吁建立技术伦理委员会，推动行业自律。这启示我们：掌握先进技术的科研工作者，不能只追求技术突破，更要肩负起对人类社会的责任，就像居里夫人在发现镭之后，坚持将专利公开，让放射性治疗惠及全人类。

任务实现

体验人工智能平台识别动物。

为了让大家对人工智能有更加直观和深入的印象，下面在百度 AI 开放平台中使用其智能的图像识别与图像处理功能，识别出图像中的动物并提高图像的清晰度。具体操作如下。

步骤 1：登录百度 AI 开放平台官方网站，进入百度 AI 开放平台，如图 1-8 所示。

步骤 2：将鼠标指针移至页面上方顶部导航栏中的"开放能力"选项上，在打开的下拉列表中将鼠标指针移至左侧的"图像技术"选项上，在打开的子列表中选择"动物识别"选项，如图 1-9 所示。

图 1-8　百度 AI 开放平台

图 1-9　选择"动物识别"选项

步骤 3：在打开的页面中向下滚动鼠标滚轮，单击"功能体验"区域下方的共通按钮，将页面下拉至"功能演示"区域，如图 1-10 所示。

图 1-10　"功能演示"区域

步骤 4：单击"本地上传"选项，在"打开"对话框中，选择"老虎.jpg"素材图像，如图 1-11 所示。

图 1-11　上传图片界面图

步骤 5：在红框所示的区域输入图片的统一资源定位符（Uniform Resource Locator，URL）或者上传本地清晰的动物图片，如图 1-12 所示。

图 1-12　图片解析处理

步骤 6：动物识别结果如图 1-13 所示。

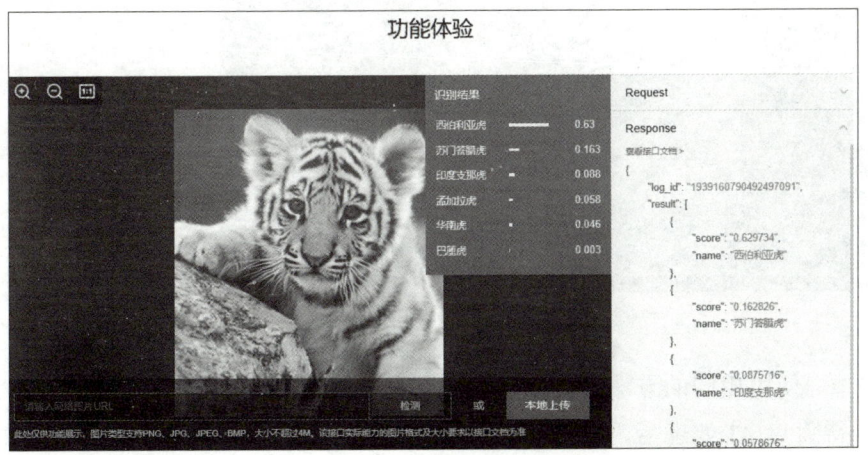

图 1-13　动物识别结果

平台将对图像中的动物进行识别,稍后便会显示识别结果。经过百度 AI 识别后,认为图像中的动物是西伯利亚虎的可能性为 63%(即 0.63)。

步骤 7:继续上传另一张图片,识别出动物的结果,如图 1-14 所示。

图 1-14　识别另一张图结果

为了让大家对人工智能有更加直观和深入的印象,下面在百度 AI 开放平台中使用其智能的"图像识别"与"图像处理"功能,识别出图像中的动物并提高图像的清晰度,具体操作如下。

步骤 8:将鼠标指针移至页面上方的"开放能力"选项上,在打开的下拉列表中将鼠标指针移至左侧的"图像技术"选项上,在打开的子列表中选择"图像增强"栏下的"图像清晰度增强"选项,如图 1-15 所示。

图 1-15　图像清晰度增强

步骤 9:使用相同的方法在打开页面中的"功能体验"区域上传"小老虎.jpg"素材图像,待百度 AI 处理后,可左右拖曳蓝色圆形滑块,对比图像优化前后效果,如图 1-16 所示。

图 1-16 对比图像优化前后效果

完成操作后,请分组讨论为什么人工智能能够识别出图像中的对象,然后在百度 AI 开放平台使用其他人工智能技术,进一步体验人工智能的功能。

任务 1.3　身边的 AI 应用

任务情境

周末逛商场,小张发现了有趣的现象:
- 童装店门口的智能镜子,能根据孩子的身高、体型"试穿"虚拟服装。
- 结账时,隔壁阿姨对着收银屏眨眨眼就完成支付,省去了掏手机的麻烦。
- 回家路上刷短视频,刚看过宠物视频,下一条就推荐了宠物用品广告。

这些人们习以为常的场景,背后藏着哪些 AI 技术?它们如何改变人们的生活?

任务分析

1. 医疗篇:AI 成为"隐形白衣天使"

在中国深圳,AI 病理医生已实现"火眼金睛"。深圳市某医院的 AI 系统能在 1.5 秒内完成传统医生需 10 分钟的病理切片分析,对肺低分化癌的分型准确率达 97%。当医生面对显微镜下模糊的癌细胞时,AI 会用红框标注可疑区域,并自动生成诊断报告,甚至能区分腺癌与鳞癌的细微差异,为靶向治疗节省珍贵的活检组织。

这类 AI 依赖多模态医学知识库,结合患者病史、基因数据和影像特征,形成"数字病理医生"。其核心算法通过深度学习分析 3000 万张病理切片,能识别人类肉眼难以察觉的细胞核形态变化。

2. 艺术篇:AI 是创作者还是"数字小偷"?

2025 年 3 月,全球知名拍卖行佳士得拍卖行的"增强智能"专场引发轩然大波:

土耳其裔艺术家雷菲克·阿纳多尔（Refik Anadol）的 AI 作品《机器幻觉——国际空间站之梦 A》（图 1-17）以 27.72 万美元成交，而 5800 名艺术家联名抗议，指责 AI 模型未经授权盗用人类作品训练。争议背后，是 AI 与艺术的深度融合——例如，AI 系统 Botto 能自主生成抽象画作，社区成员投票决定拍卖方向，收益用于算法迭代。

图 1-17　雷菲克·阿纳多尔的《机器幻觉——国际空间站之梦 A》

AI 艺术已从模仿走向原创。清华大学团队开发的 CAD-GPT，能根据用户描述或单张图片生成 3D 建模代码，精准度达专业工程师水平。想象一下，设计师只需说"设计一把悬浮办公椅"，AI 就能在 10 分钟内输出包含力学参数和渲染图的完整方案。

AI 生成的画作在拍卖行拍出高价后，人类艺术家的价值如何界定？这一问题在 2025 亚洲数字艺术展上引发热议。展览中，机械装置《未知的起源：机械胚胎 2.0》通过数据信号模拟生命演化，观众甚至能参与"喂养"算法，影响作品形态。

3. 交通篇：无人驾驶的"最后一公里"

2025 年 3 月，优步与 Waymo 合作在奥斯汀推出无人驾驶出租车服务。用户打开优步 APP，系统会自动匹配 Waymo 的全电动捷豹 I-Pace，车内无安全员，方向盘会根据路况自动旋转。这背后是 Waymo 的"第五代"系统，能识别 99% 的交通标志，甚至预测行人的下一步动作。

Waymo 的传感器每秒收集 400 万点云数据，通过多模态模型实时决策。例如，当遇到施工路段，系统会综合地图数据、路锥位置和工人手势，规划出最优绕行路线。

尽管技术成熟，公众对安全性仍存疑虑。2025 年一项调查显示，仅 38% 的美国人愿意乘坐完全无人驾驶汽车。但行业数据显示，Waymo 的事故率比人类驾驶低 80%，其激光雷达能在夜间识别 200 米外的动物。

4. 科技前沿：多模态 AI 重塑生产力

GPT-4V 的"超能力"：2025 年，GPT-4V 的多模态能力突破想象。它能解析医学影像、识别卫星云图，甚至理解用户在图片上绘制的箭头指令。例如，输入一张手绘草图和"设计智能家居"的提示，GPT-4V 会生成包含电路布局、材料清单和成本估算的完整方案。

AI 与基因革命：在"人类基因组计划 2.0"中，AI 正加速破解生命密码。DeepMind 的 AlphaFold3 已预测出 8000 万种蛋白质结构，帮助科学家发现抗衰老药物靶点。未来，医生可根据患者基因组数据，用 AI 定制抗癌疫苗。

气候治理的"数字大脑"：英伟达的"Earth-2 Cloud Platform"通过 AI 预测极端天气，分辨率达 2 千米。2025 年台风季，该系统提前 72 小时预警菲律宾超级台风，使疏散效率提升 40%。

思政案例

小社区里的 AI 温度

上海某老旧小区引入"AI 安防系统"，不仅能识别陌生人闯入，还能通过摄像头分析独居老人的活动轨迹。某天，系统检测到张爷爷连续 3 小时未出现在客厅，立即通知社区网格员，及时发现老人在家中摔倒。这个案例证明，AI 技术融入基层治理后，就能从冷冰冰的算法变成守护民生的"数字哨兵"。它提醒我们：技术的价值不在于有多"炫酷"，而在于能否解决真实的社会问题，能否让每个个体感受到尊重与关怀。

任务实现

使用海艺网站生成图片。

（1）打开浏览器，输入网址进入海艺官网，如图 1-18 所示。

使用海艺网站生成图片

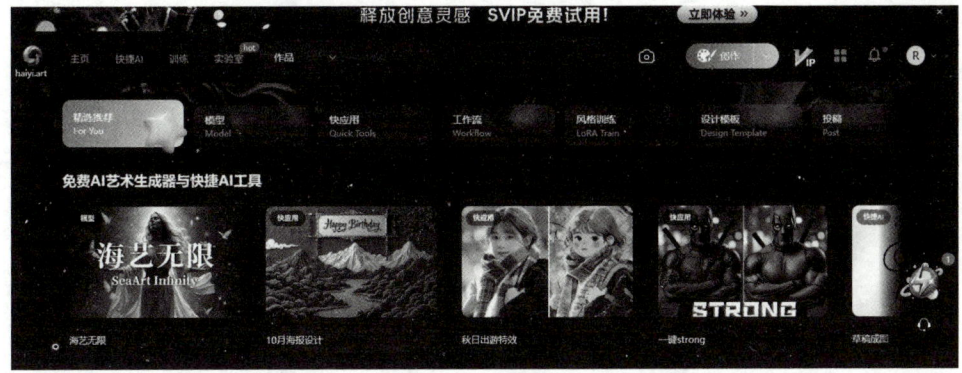

图 1-18 海艺官网首页

（2）单击"免费 AI 艺术生成器与快捷 AI 工具"模块的"草稿成图"按钮，如图 1-19 所示。

图1-19 "草稿成图"按钮

（3）在草稿成图页面，可以在画板上手动作画，如图1-20所示；也可以上传本地图片。

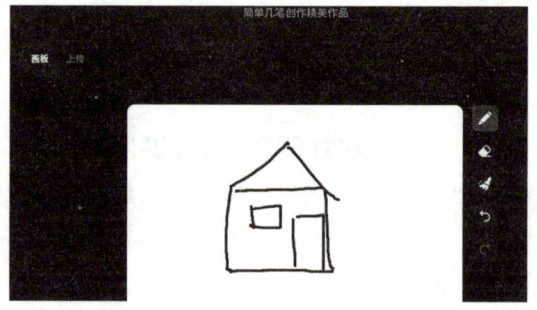

图1-20 手动作画

（4）可以使用页面下方的示例图片进行测试，如选择一张狗的简笔画，如图1-21所示。

图1-21 选择示例图片

（5）单击"创作"按钮，即可生成三张图片，如图 1-22 所示。

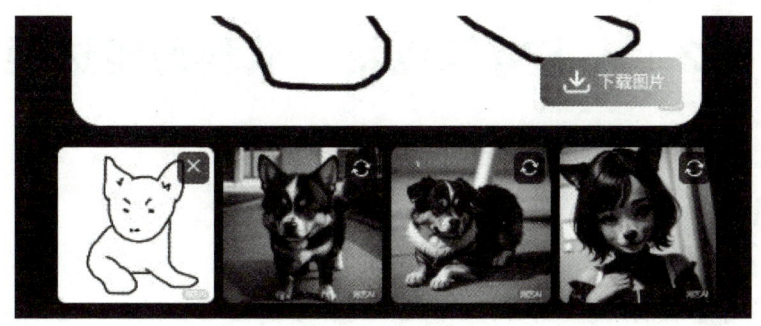

图 1-22　生成图片

（6）如果发现某张图片不符合要求，可以单击图片右上角的刷新按钮，重新生成图片，如图 1-23 所示。

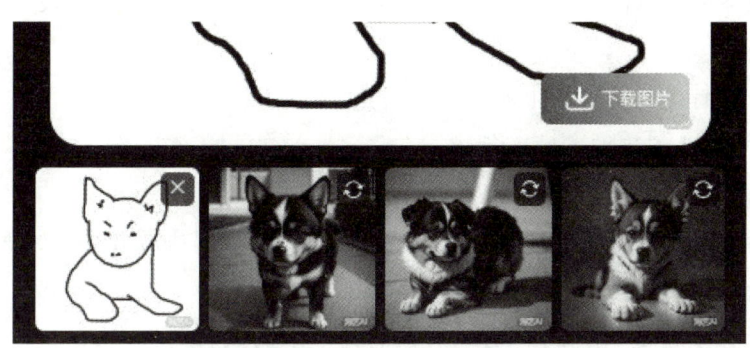

图 1-23　重新生成图片

项目总结

从图灵的纸上演算到 ChatGPT 的全民对话，人工智能的发展史既是技术突破的传奇，也是人类对自身认知的不断反思。在智能音箱里听到熟悉的老歌，在刷脸支付中感受便捷，在推荐系统里发现新兴趣时，我们不应忘记：所有技术的起点，都是人类对更美好世界的向往。掌握 AI 知识，不是为了追逐技术神话，而是为了在这个变革的时代，做一个清醒的参与者、理性的决策者，让人工智能真正成为推动社会进步的"善之工具"。

项目2 人工智能应用：从科幻走进现实

学习目标

知识目标
- 理解智慧农业、智能机器人、人体动作姿态检测等领域的核心技术原理（如物联网传感器、机器视觉、深度学习模型）。
- 掌握 AI 在农业生产、医疗诊断、工业制造等场景的具体应用模式，区分不同技术的适用边界。
- 识别各领域 AI 应用的伦理风险（如农业数据隐私、医疗 AI 误诊责任界定）。

技能目标
- 能分析特定行业场景中的 AI 需求。
- 能评估 AI 解决方案的可行性。

素养目标
- 培养"技术服务民生"的价值理念，关注 AI 在解决粮食安全、医疗资源不均等社会问题中的作用。
- 增强跨学科思维，理解 AI 与传统行业融合的创新逻辑。
- 树立技术伦理意识，在 AI 应用中坚守"以人为本"的原则，避免技术滥用。

应用场景

AI 寻亲：让离散的心重聚

在城市的车水马龙间，李阿姨每天都怀揣着一张泛黄的照片，那是她失踪多年的儿子幼时的模样。照片里孩子笑容灿烂，可岁月模糊了影像，也让寻亲之路愈发渺茫。李阿姨不知道，一场人工智能带来的希望之光，正悄然照进她灰暗的生活。

2024 年 3 月 19 日，五位民警风尘仆仆地从西安来到了武汉华中科技大学。他们是陕西省西安市公安局民警，为了找到 6 名失踪的儿童，他们已经努力了很久。一个偶然的机会他们看到了华中科技大学 AI 宝贝志愿服务队的新闻，这才与服务队取得了联系。

华中科技大学软件学院内，AI 宝贝志愿服务队的办公室灯火通明。队长盛建中紧盯着电脑屏幕上复杂的代码，旁边堆满了资料。2020 年，在读博士的他偶然看到一则寻亲信息，模糊照片里孩子的面容让他心头一紧，"学数字图像处理的我，为何不用所学帮家长们修复照片？"这个念头，如一颗种子，在他心中迅速发芽。

研发图像修复算法谈何容易，需要构建庞大数据库，仅凭一人之力难如登天。但同学们被盛建中的想法打动，纷纷加入。大家日夜奋战，写代码、测试算法，经过半年集中攻关，一套融合"全局修复""人脸增强""超分辨率重建"技术的图像修复人工智能算法诞生。

现场的民警向服务队表示，由于失踪儿童照片模糊不清，他们难以进行人像比对，希望服务队能够帮助修复6名失踪儿童的照片。接到求助后，团队立即开展工作，修复好了6名失踪儿童的照片，并交给了来访民警。2023年4月2日喜报传来，在图像修复14天后，失踪17年的饶倩被成功寻回！

除了修复照片，服务队还搭建起社会寻亲模式。他们积极与公安机关、公益组织合作，提升技侦寻亲准确率。为扩大寻亲信息传播，志愿者把修复照片制作成寻亲胶带，贴在快递包裹上；设计寻亲明信片、短视频，让寻亲信息如蒲公英般飘向四方。他们搭建寻亲小社区，让寻亲家庭相互鼓励、交流线索，从家庭寻亲转变为社会寻亲。

自成立以来，AI宝贝志愿服务队已为1000多名失踪儿童修复照片，助力11个离散家庭重聚，其中就包括电影《亲爱的》原型孙海洋一家。他们默默耕耘，不求回报，即便很多寻亲人不知他们的付出，可队员们说："能帮一个是一个，看到家庭团圆，所有努力都值了。"在人工智能帮助下，一个个破碎家庭重圆，爱与希望，正借由代码与数据，在人间传递。

任务2.1　智慧农业

任务情境

2023年夏天，河南遭遇持续暴雨，某传统养殖场的负责人王师傅心急如焚：上千头生猪的猪圈面临积水风险，人工巡查根本顾不过来。而隔壁采用智能养殖系统的养殖场，却通过AI实时监控水位和猪舍温度，提前启动了排水泵，损失几乎为零。

同样是养猪，为什么差距如此之大？AI如何让"靠天吃饭"的农畜业变得"智慧可控"？

任务分析

在科技飞速发展的时代，AI正以不可阻挡之势重构农业生产链，引领传统农业从依赖经验的模式，向数据驱动的现代化农业转型。

1. AI重构农业生产链

（1）种植环节：赋予农田"数字大脑"。如今，无人机巡检在农业领域发挥着重要作用。以某品牌农业无人机为例，其搭载多光谱摄像头，能够精准识别作物的缺素情况，如当作物氮元素不足时，叶片发黄的症状能被其以95%的高精度捕捉到。新疆棉农在实际应用中，深刻体会到了这项技术带来的巨大变革。以往，对300亩（1亩≈

666.67平方米）棉田进行病虫害检测，需要耗费3天时间，如今借助该品牌农业无人机，短短2小时就能完成，不仅大大节省了时间，农药使用量还减少了30%。

2024年9月24日，在内蒙古通辽，该公司举办了一场关于无人机玉米测产的交流会。玉米在中国种植面积较大，它既是粮食，又能做饲料和工业原料，所以让玉米增产对粮食安全、农民增收意义重大。可玉米种植中后期管理很难。传统的打药设备容易压坏玉米苗，而且玉米长高以后，传统机械和人根本进不去田里作业。

该品牌农业无人机能解决这些难题。如某款无人机，能装50千克的农药用来喷洒，还能装60千克的种子用来播撒，在大片规整的田地里，一天能作业1000～1200亩。它作业效率高，图传稳定，信号不佳时能自动切换，还能精准作业（图2-1）。经过对比分析，用无人机打药的地块比按传统方式管理的地块，预估亩产多127.2千克，增产11.7%。国家重视粮食产能提升，把玉米作为重点，强调依靠科技。无人机技术在玉米种植中后期管理中至关重要。该品牌农业无人机已在全球100多个国家和地区使用，服务300多种作物。

图2-1　某品牌农业无人机在作业中机身喷洒农药的瞬间

与此同时，物联网传感器在农田和蔬菜大棚中也功不可没。在山东寿光的蔬菜大棚里，传感器实时监测土壤墒情、空气温湿度，并结合天气预报模型，对灌溉系统进行自动控制（图2-2）。蔬菜小镇智慧物联移动平台依据全国蔬菜质量标准中心发布的种植标准和农业专家的种植经验，结合前端的传感器感知探头采集的空气、光照、土壤、环境及作物的生长数据，利用数据分析、神经网络、深度学习等信息处理技术，将作物语言转化成计算机语言，形成一套完善可靠的智慧种植解决方案。有一次，传感器在夜间检测到大棚内湿度超过85%，这一异常数据立即触发了通风机运转，成功将黄瓜霜霉病的发生率降低了60%，有效保障了蔬菜的健康生长。

图 2-2 山东寿光蔬菜大棚智慧平台

（2）养殖环节：AI 化身"畜牧管家"。在养殖领域，智能项圈和视频 AI 监控技术为畜牧业带来了新的生机。智能项圈通过对奶牛心率、运动轨迹等数据的分析，能够及时发现奶牛的健康问题。某牧场在采用智能项圈后，乳腺炎的检出时间从症状出现后的 3 天，大幅提前到 12 小时，为奶牛的及时治疗争取了宝贵时间。而在河北某猪场，视频 AI 监控系统时刻关注着生猪的一举一动，能够准确识别生猪打斗、采食异常等情况。引入该系统后，仔猪存活率从 85% 提升至 92%，显著提高了养殖效益。广州影子科技有限公司研发的一个系统对猪圈里的猪进行面部识别，如图 2-3 所示。

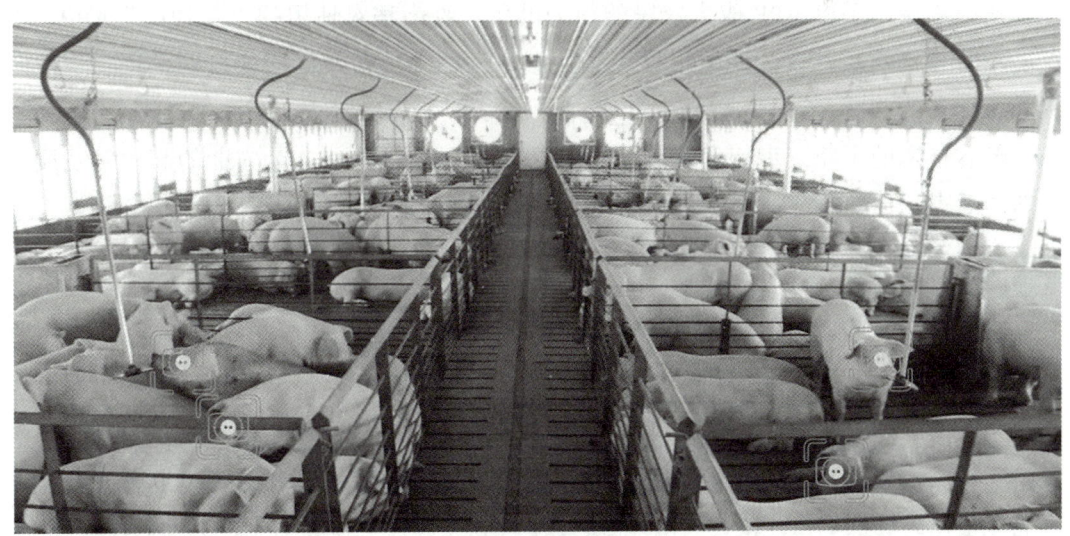

图 2-3 广州影子科技有限公司研发的一个系统对猪圈里的猪进行面部识别

2. 技术核心：多模态数据融合与决策模型

AI 在农业领域的广泛应用，离不开强大的技术支撑。数据采集层通过摄像头、传感器、无人机等设备，构建起"天地一体"的监测网，每亩农田每天产生的数据量超过 10GB。在算法模型层，卷积神经网络（Convolutional Neural Network，CNN）凭借其强大的图像识别能力，对作物病害的识别准确率高达 98%，如对玉米大斑病的精准识别。相关应用如图 2-4 所示。循环神经网络（Recurrent Neural Network，RNN）则在产量预测方面表现出色。

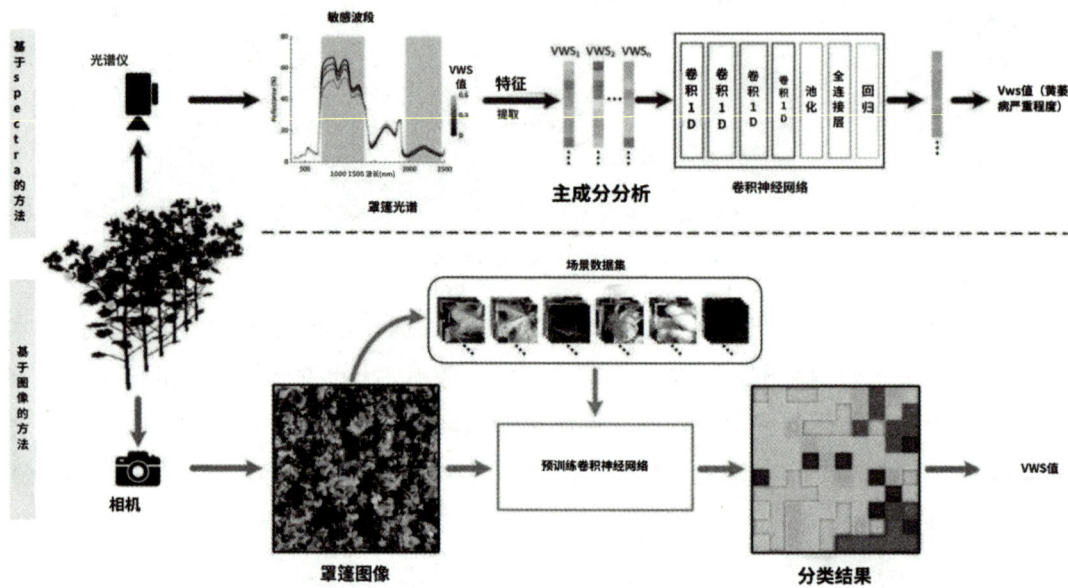

图 2-4　中国科学院与石河子大学利用卷积神经网络评估棉花黄萎病的严重程度

在应用层，手机 APP 成为农民的得力助手，湖南稻农使用的"慧种田"APP，不仅能实时推送农事建议，还能根据历年数据，为稻农推荐最佳插秧日期，让农业生产更加科学高效。

随着技术的不断进步和创新，AI 将在农业领域持续深耕，为农业的高质量发展注入新的活力，推动传统农业向智能化、现代化加速迈进。

思政案例

AI 助力乡村振兴的"中国方案"

AI 能否"爆改"农业？近年来，"AI + 农业"有诸多尝试。在育种方面，中国农业大学教授陈建团队研发的搭载国产 AI 种业大模型"丰登"的智能育种机器人，可在田间初筛具有潜在优质基因的植株，缩短育种周期，在实验室内还能助力科研人员查找优势植株的共性基因片段，为保障粮食安全提供支持。在日常农业生产中，AI 成为"新农具"。为推动"AI 下乡"，农业农村部与腾讯合作推出"耕耘者振兴计划"，对相关人员开展免费 AI 工具培训。不过，AI 与农业的结合也面临着挑战，农业数据复杂，开发维护 AI 系统成本高且尚未形成可复制的商业模式，应用也未全面整合。相关部门正采取措施减少数据开发障碍，各方也在探索推动 AI 全面整合农业产供销全链路的方法。专家指出，实现农业智能化还需提升产业现代化程度。未来，农业可能进一步依赖智能装备，农民有望转变为管理者，成为高技术含量的职业。

任务实现

利用搜索引擎检索人工智能前沿应用。

1. 明确检索主题

在开始检索前，要清晰界定自己想要了解的人工智能前沿应用领域。人工智能应用广泛，如医疗、金融、交通、教育等。可结合自身兴趣或实际需求来确定主题，如"人工智能在医疗影像诊断中的前沿应用""人工智能在自动驾驶领域的最新应用"等。

2. 打开百度搜索引擎

开启浏览器（如 Chrome、Firefox、Edge 等），在地址栏输入百度的网址，按 Enter 键，即可进入百度搜索引擎主页。

3. 构建检索关键词

依据确定的主题，构建精准的检索关键词。构建关键词时可以参考以下技巧。

（1）使用专业术语。使用"自然语言处理""计算机视觉"等专业词汇，这样能让搜索结果更具针对性。

（2）添加限定词，如"最新""前沿""2025 年"等，有助于筛选出最新的信息。

（3）组合同义词和近义词，如"人工智能"可与"AI"替换使用，扩大检索范围。

例如，若想了解人工智能在教育领域的前沿应用，可输入"2025 年人工智能在教育领域的前沿应用"。

4. 输入关键词并检索

在百度搜索引擎的搜索框中输入构建好的关键词，然后单击搜索框右侧的"百度一下"按钮，或者直接按下键盘上的 Enter 键，百度搜索引擎会迅速展示与关键词相关的搜索结果。

5. 筛选和浏览搜索结果

搜索结果页面会呈现众多相关网页，可以根据以下要点筛选和浏览。

（1）网页来源。优先选择权威机构、知名企业、科研院校的网站，如政府部门官网、知名科技媒体（如 36 氪、虎嗅网）、顶尖高校科研成果发布平台等，这些来源的信息通常更准确可靠。

（2）标题和摘要。快速浏览搜索结果的标题和摘要，判断其是否与你的主题相关。若标题和摘要包含你关注的关键信息，可点击进入网页详细阅读。

（3）更新时间。关注网页的发布或更新时间，尽量选择较新的内容，以获取最新的前沿应用信息。

6. 深入挖掘信息

若在搜索结果中未找到足够满意的信息，可尝试以下方法深入挖掘。

（1）调整关键词。修改关键词的表述方式，或者添加、删除一些限定词，重新进行搜索。

（2）使用百度搜索引擎的高级搜索功能。单击搜索结果页面右上角的"设置"按钮，选择"高级搜索"。在高级搜索界面，可以根据网页标题、网页内容、时间范围、文件格式等条件进行更精准的筛选。

（3）参考相关搜索。在搜索结果页面的底部会列出一些相关搜索词，这些词通常是与你输入的关键词相关的其他热门搜索，你可以单击这些词进行进一步搜索。

7. 整理和记录信息

在浏览过程中，把有价值的信息进行整理和记录。可以采用以下方法。

（1）复制粘贴。将重要的文字、数据、案例等复制到文档中，并注明信息来源和网址。

（2）使用笔记工具，如印象笔记、有道笔记等，创建专门的笔记来整理和分类收集到的信息。

（3）制作思维导图。借助 XMind、MindMaster 等思维导图工具，将收集到的信息以可视化的方式呈现，便于理解和记忆。

通过以上步骤，就能利用百度搜索引擎较为全面地检索到人工智能前沿应用的相关信息。

任务 2.2　智能机器人

🔍 任务情境

2022 年的北京冬奥会是一场"科技冬奥"，除了防疫机器人外，还拥有炒菜机器人、送餐机器人、引导机器人、送物机器人、物流机器人等各类服务机器人，堪称一部现实中的"机器人总动员"。冬奥会智慧餐厅的"做饭机器人"可以做出麻辣烫、宫保鸡丁、煲仔饭等中餐，也能做汉堡、意式肉酱意面等西餐，甚至煮饺子、煮馄饨、调鸡尾酒，最难得的都是，它们 24 小时待命，不会累、出餐快，还能减少人员接触，确实无愧"智慧餐厅"的名字，如图 2-5 所示。

从工业车间到生活场景，智能机器人如何从科幻电影中的"钢铁侠"变成现实中的"得力助手"？

🔗 任务分析

在很多人的记忆中，小时候看科幻电影时，那些能说会道、行动敏捷、帮人类解决各种难题的智能机器人,总是让人无比着迷。它们仿佛来自遥远未来,带着神秘色彩。可如今,智能机器人已悄然走进我们的现实生活,从家庭的角角落落,到工厂的生产一线,再到医疗、教育等重要领域,都有它们忙碌的身影,正一步步改变着我们的生活方式。

图 2-5　正在调酒的智能调酒机

1. 家庭中的贴心助手

想象一下,结束了一天忙碌的工作,拖着疲惫的身体回到家中,迎接你的是干净整洁的屋子,温度适宜的环境,还有一杯热气腾腾的咖啡。这不是幻想,智能机器人正让这样的场景逐渐成为现实。以扫地机器人为例,iRobot 公司的 Roomba 系列堪称其中的明星产品(图 2-6),在全球已经售出超 3000 万台。它就像不知疲倦的清洁卫士,内置的传感器能敏锐感知周围环境,巧妙避开家具、玩具等各种障碍物,有条不紊地清扫地面的灰尘、毛发和碎屑。有的扫地机器人还能自动识别地毯,在上面加大吸力,确保清洁效果。如果搭配上擦地机器人,如 iRobot 的 Braava 系列,前扫后擦,配合默契,能把地面打理得一尘不染。它们可以按照预设的程序工作,也能通过手机 APP 远程操控,哪怕你在上班路上,也能随时启动清洁任务,使家中保持清爽洁净的环境。

图 2-6　Roomba 扫地机器人

做饭、洗碗这类家务也开始有智能机器人帮忙分担。日本研发的一些厨房机器人，拥有灵活的机械手臂，能精准地切菜、炒菜。设定好菜谱程序，它就像专业厨师一样，倒油、下料、翻炒，动作一气呵成，做出美味佳肴。还有自动洗碗机机器人，能高效清洗各类餐具，洗完后还能自动烘干、分类收纳，让厨房告别油污和杂乱。

对于照顾老人和小孩，智能机器人同样能发挥重要作用。一些陪伴型机器人，如科大讯飞的阿尔法蛋系列产品集成 AI 语音评测系统，不仅能陪孩子聊天、讲故事、教英语，还能实时纠正孩子的英语发音，覆盖 K12 全学段，是孩子们的"学习搭子"。面对老人，它可以提醒按时吃药、陪伴散步聊天，监测老人的健康状况，一旦发现异常，立刻通知家人。在未来，也许会有更多功能强大的家庭服务机器人出现，如合十思维发布的高拟态双足仿人机器人（图 2-7），身高 168cm，体重 57kg，全身自由度高达 56，能协助老人日常活动，助力家政工作。它基于肌动学原理设计，配备了 BCS 仿生控制策略，在上下楼梯、在不平坦的地面上行走等多种复杂场景下均能稳健前行，还能通过人机交互 N-Decision 系统实现精准的环境感知与智能决策，为家庭生活提供可靠支持。

图 2-7　合十思维高拟态双足仿人机器人 HRS-1

2. 工业生产的得力干将

在工厂车间里，智能机器人是提升生产效率和产品质量的关键力量。传统工业机器人多是按照固定程序工作，灵活性有限。而现在的智能工业机器人，如优必选的工业版 Walker S（图 2-8），借助先进的传感器和智能算法，能实时感知生产环境的变化，自动调整工作参数，实现柔性生产。在蔚来汽车工厂，Walker S 已完成精密装配实训，即将正式上岗。它可以精准地抓取、搬运汽车零部件，完成复杂的装配工作，大大提高了生产效率和产品质量。

图 2-8　优必选 Walker S 在工厂

在一些危险、恶劣的工作环境中，智能机器人更是不可或缺。例如，在化工、煤矿等行业，机器人可以代替人类从事有毒、高温、高粉尘等危险作业。它们可以深入矿井采集样本，在化工车间监测设备运行，避免工人受到伤害。在物流仓储领域，智能分拣机器人在仓库中快速穿梭，通过视觉识别系统准确找到货物，将其搬运到指定位置，极大地提高了货物分拣和配送的效率，让网购的商品能更快送达消费者手中。

3. 医疗领域的创新助力

医疗行业中，智能机器人正在突破手术禁区，提升诊疗的精准度。微创医疗的腹腔内窥镜手术机器人可实现 5G 超远程操控，已在基层医院开展肝胆手术（图 2-9）。它的机械手臂比人手更稳定、更精准，能在狭小的空间内完成精细操作，大大降低了手术风险，提高了手术成功率。在神经外科手术中，机器人可以辅助医生精确定位病变位置，制定手术方案，减少对周围正常组织的损伤。

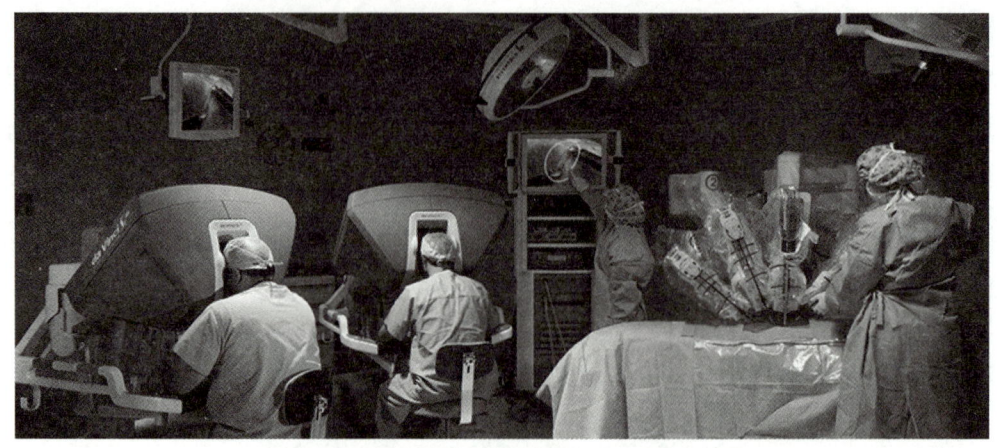

图 2-9　北京某医院引进美国 Intuitive Surgical 公司生产的腹腔内窥镜外科手术机器人

康复治疗方面，智能机器人也能为患者定制个性化康复训练方案。通过传感器实时监测患者的运动数据，根据恢复情况调整训练强度和内容。如帮助中风患者进行肢体康复训练，机器人可以提供持续、稳定的辅助力量，帮助患者恢复肌肉力量和运动功能。有的康复机器人还能与患者互动，鼓励患者坚持训练，提高康复效果，让患者更快地回归正常生活。

4. 教育场景的互动伙伴

智能机器人也在改变教育模式。教育机器人能根据学生的学习进度、兴趣爱好和学习风格，提供定制化的学习内容和教学方法。在编程课堂上，机器人可以作为教学工具，让学生通过操作机器人，直观地理解编程逻辑和算法。学生编写程序，控制机器人完成前进、转弯、抓取物品等动作，在实践中培养编程能力和逻辑思维。

语言学习课堂上，机器人可以充当口语练习伙伴，它能准确地纠正学生的发音，和学生进行对话交流，模拟真实的语言环境。而且，机器人还可以协助教师进行教学管理，如考勤、批改作业等，减轻教师的工作负担，让教师有更多精力关注学生的个性化发展。

智能机器人能有如此出色的表现，离不开背后复杂而先进的技术。它们配备了各种各样的传感器，就像拥有了敏锐的"五官"。视觉传感器让机器人能看清周围环境，识别物体的形状、颜色和位置；触觉传感器使它们在抓取物品时，能感知力度，避免损坏物品；听觉传感器让机器人听懂人类的语言指令。这些传感器收集到大量信息后，传输给机器人的"大脑"——中央处理器。在这里，先进的人工智能算法对信息进行快速分析、处理，做出决策，指挥机器人的"身体"——机械结构执行相应动作。例如，当服务机器人在餐厅送餐时，视觉传感器识别周围桌椅、行人的位置，听觉传感器接收顾客的需求指令，经过算法分析处理后，控制机械手臂平稳地将菜品送到顾客面前。

不过，智能机器人在发展过程中也面临一些挑战。一方面，研发成本较高，使得一些功能强大的机器人价格昂贵,难以大规模普及。如一些医疗手术机器人,售价高达数百万元,限制了其在更多医疗机构的应用。另一方面,随着机器人与人类生活的联系日益紧密,信息安全和隐私问题也逐渐凸显。机器人收集了大量用户数据,如果这些数据被泄露或滥用,将对用户造成损害。此外,人们还担心智能机器人大量应用会导致部分岗位被替代,引发失业问题。东莞某玩具厂引入机器人后,装配岗位减少600个,但同时新增了200个机器人维护员岗位,平均薪资提高40%;从长远来看,每一次技术变革在创造新岗位的同时,也会让人们从重复性、危险性的工作中解脱出来,去从事更具创造性和价值的工作。

智能机器人正以惊人的速度改变着我们的生活,从科幻电影中的幻想,逐渐成为生活中不可或缺的伙伴。随着技术的不断进步,相信在未来,智能机器人会更加智能、高效、安全,走进更多家庭和行业,为人类创造更加美好的生活。

思政案例

机器人背后的"中国智造"突围

2010年前,中国工业机器人市场90%被ABB、库卡等国外品牌垄断。深圳企业大疆另辟蹊径,将无人机领域的电机控制、视觉导航技术迁移到农业机器人,开发出全球首款带避障功能的植保无人机。2023年,大疆农业机器人全球市场占有率达35%,打破外资垄断。这个案例体现了中国科技企业的创新智慧:不盲目跟随国外路径,而是结合本土需求(如丘陵山区的农业机械化需求),走出差异化的技术突破之路,为"中国智造"赢得国际话语权。

任务实现

讨论:AI面临的挑战有哪些?

随着AI技术的不断进步,它已经渗透我们生活的方方面面,从智能手机到自动驾驶汽车,再到医疗诊断和金融服务。然而,随着AI的广泛应用,也面临着一些严峻的挑战。

1. **技术发展的受限**:从"专用"迈向"通用"举步维艰

现阶段,AI多属于"窄领域专家",只能在特定领域发挥作用。农业AI仅能处理农业生产、病虫害监测等相关问题,对医疗诊断却无能为力;客服AI也仅能应对预设范围内的客服咨询,难以解决跨领域问题。通用人工智能(Artificial General Intelligence,AGI)作为AI领域的高级形态,虽然备受期待,但目前仍面临"常识推理"和"迁移学习"等核心难题。某工厂的质检AI就是典型例子,它能够识别零件的缺陷,完成其既定的检测任务。然而,当废品率突然升高时,它却无法深入分析背后的原因,缺乏推理能力,这就导致其不能为生产决策提供更全面、深入的支持。

2. 伦理与法律的困局：技术进步冲击人类既有价值与规则

在 AI 的实际应用中，数据偏见问题频繁出现。以医疗 AI 诊断罕见病为例，由于训练数据中罕见病病例的稀缺，AI 可能给出错误的诊断结果，对患者的生命健康造成严重影响。这表明，在 AI 的训练过程中，建立更具包容性、全面性的数据集至关重要。此外，随着自动驾驶技术的发展，责任界定问题成为法律和伦理领域的难题。当自动驾驶汽车发生事故时，很难确定责任究竟在于车企、算法开发者，还是用户，这使得各国不得不加快探索相关法律框架，以应对这一全新的挑战。

3. 社会适应过程中的失衡：技术红利分配不均引发系列问题

一方面，制造业中机器人的广泛应用，大量取代了蓝领岗位，造成就业结构的剧变。尽管与此同时，催生了对具备"人机协作"技能型人才的需求，但当前的职业教育体系却难以迅速适应这一变化，无法及时为社会培养出足够的相关人才。另一方面，代际之间的数字鸿沟愈发明显。在 60 岁以上人群中，仅有 23% 的人能够熟练使用人脸支付，反映出老年人在数字时代面临的困境。适老化改造不能仅仅停留在对技术进行简单的迁就，而应转向通过教育、培训等方式，主动提升老年人的数字化技术应用能力，实现"主动赋能"。

4. 安全风险的激增：数据与信息安全遭受严重威胁

AI 时代，数据成为重要的资产，但同时也带来了严峻的数据安全问题。一些 APP 为追求商业利益，非法收集用户的人脸等生物信息，导致个人资产通过"刷脸支付"被盗刷的事件时有发生，这凸显了在数据采集过程中，"最小必要"原则未能得到有效落实。此外，AI 生成的虚假新闻和伪造视频正成为操纵舆论的危险工具。

面对这些挑战，人类社会需要采取综合措施。在技术上，加大对通用 AI 基础研究的投入，致力于突破理论瓶颈，推动 AI 从"专用"向"通用"发展；在制度上，加快制定 AI 伦理准则和数据安全法，建立健全技术风险预警机制，规范 AI 的研发和应用；在人文层面，通过教育和宣传，培养全民的数字素养，倡导"技术为人服务"的价值观，确保 AI 的发展成果能够惠及每一个人，让 AI 真正成为拓展人类能力边界、守护人类价值的得力伙伴。

任务 2.3　人体动作姿态检测

任务情境

健身房里，25 岁的程序员小张正在跟着 AI 健身镜锻炼。"你的深蹲膝盖超过脚尖了，注意膝盖与脚尖方向一致"，镜子里的虚拟教练实时纠正动作。而在医院康复科，60 岁的中风患者李阿姨正在使用动作检测系统，AI 通过摄像头分析她的步态，生成个性化康复训练计划。

从运动健身到医疗康复，AI 如何"看懂"人类的动作？这项技术还有哪些神奇应用？

任务分析

在生活中，你是否曾好奇，科技能否像一个无形的观察者，精准捕捉人体每一个动作姿态？如今，人体动作姿态检测技术正在让这一设想成为现实，它宛如拥有"火眼金睛"，能够智能感知人体运动，在多个领域发挥着奇妙作用，深刻改变着我们的生活。

1. 医疗康复：助力患者重获健康活力

在医疗康复领域，人体动作姿态检测技术宛如一位贴心且专业的康复师，为患者的康复之路带来了新的希望。想象一下，一位中风患者在康复过程中，传统的康复评估大多依赖医生的经验和主观判断，存在一定局限性。而现在，借助人体动作姿态检测技术，一切变得更加科学、精准。通过摄像头等设备，系统能够实时捕捉患者的每一个动作，如抬手、抬腿、行走等姿态，并将这些动作转化为详细的数据。

以北京友谊医院为例，该医院应用人体三维姿态与运动行为定量分析系统，对神经内科患者的步态进行分析。在患者执行护士指令动作时，系统基于深度视觉感知和运动捕获技术，对患者全身三维姿态与动作进行电子化还原与记录，再通过 AI 深度学习算法定量分析人体运动学特征和参数。研究发现，改善跌倒高危患者的步速、步幅、双支撑这三项，能有效预防因运动障碍导致的跌倒。护士依据系统给出的数据，为患者量身定制康复护理计划，辅助患者进行康复训练。该测试系统无需患者穿戴额外设备，也无需校准，护士单人即可操作，大大节省了患者的检查时间。自应用该系统后，2023 年科室住院患者仅发生 1 例跌倒不良事件，且原因与步态无关，而观察组患者的步速、步幅和双支撑相比对照组均有明显改善。北京欧雷自主研发"动作比对系统"，如图 2-10 所示。

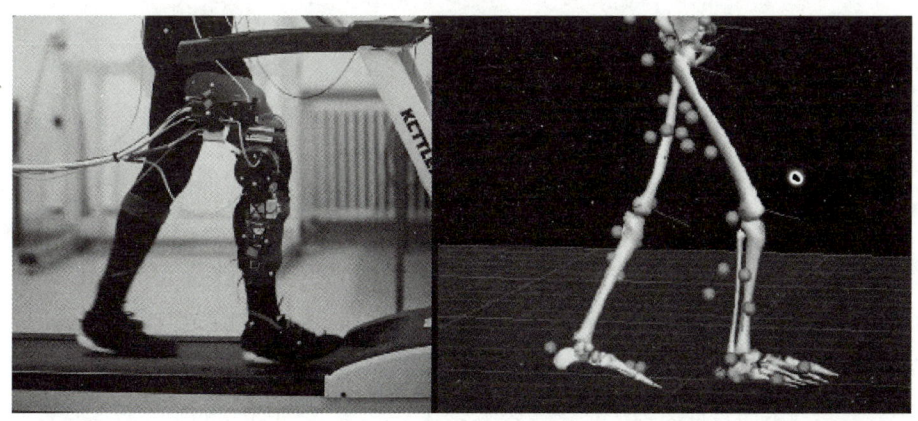

图 2-10　北京欧雷自主研发"动作比对系统"

不仅如此，对于一些患有慢性疾病，如关节炎、腰椎间盘突出的患者，这项技术可以监测他们日常活动中的姿势,及时发现不良姿势习惯,提醒患者纠正,避免病情恶化。例如,系统检测到患者在久坐后起身时,腰部过度弯曲,便会发出提醒,引导患者采用正确的起身姿势,减轻腰部压力。

2. 体育运动:提升运动员表现的秘密武器

在体育运动的舞台上,人体动作姿态检测技术堪称提升运动员表现的"秘密武器"。运动员的每一个细微动作,都可能影响最终的比赛成绩。以往,教练只能凭借肉眼观察运动员的动作,很难精准捕捉一些不易察觉的错误动作。现在,借助先进的人体动作姿态检测技术,一切都变得清晰明了。

商汤科技的 SensePose 人体动作分析技术,能实时捕捉还原运动员三维数据模型,助力教练员纠正运动员训练动作。在标枪运动员的训练中,该技术通过单目摄像头实现动作估计,精准定位手、肩、脚、腰等十几个关键点,将关键点定位在 10 个像素以内的人体关节。教练可以根据系统反馈的数据,分析运动员在投掷标枪时的发力点、身体扭转角度、手臂摆动幅度等关键动作姿态。如果发现运动员在投掷瞬间,身体重心偏移或者手臂发力过早,教练就能及时指导运动员调整动作,提高投掷的准确性和力量。微软的 Azure Kinect 的监测界面如图 2-11 所示。

图 2-11　微软的 Azure Kinect 的监测界面

在日常健身场景中,这项技术同样大显身手。很多人在健身时,由于缺乏专业指导,动作不规范,不仅达不到健身效果,还可能造成运动损伤。现在,一些健身 APP 利用人体动作姿态检测技术,用户只需打开手机摄像头,将自己的健身动作拍摄下来,APP 就能通过分析动作姿态,实时反馈用户的动作是否标准。例如,在做俯卧撑时,系统能判断用户的手臂是否垂直于地面、背部是否保持水平,若动作不标准,会及时提醒用户调整。这就如同为每一位健身爱好者配备了一位私人教练,随时随地获得专业指导。

3. 智能家居与安防:守护家庭安全

在智能家居和安防领域,人体动作姿态检测技术也在悄然发挥着重要作用,为我们的生活带来更多的安全体验。在一些智能家庭中，通过安装在房间内的摄像头和传感器，能够实时监测家庭成员的动作姿态。当家中老人独自在家时，系统时刻关注老人的行动。如果检测到老人突然摔倒，系统会立即发出警报，并将信息发送给老人的子女或相关医疗机构，为老人的生命安全争取宝贵的救援时间。东南大学基于视频的跌倒检测如图2-12所示。

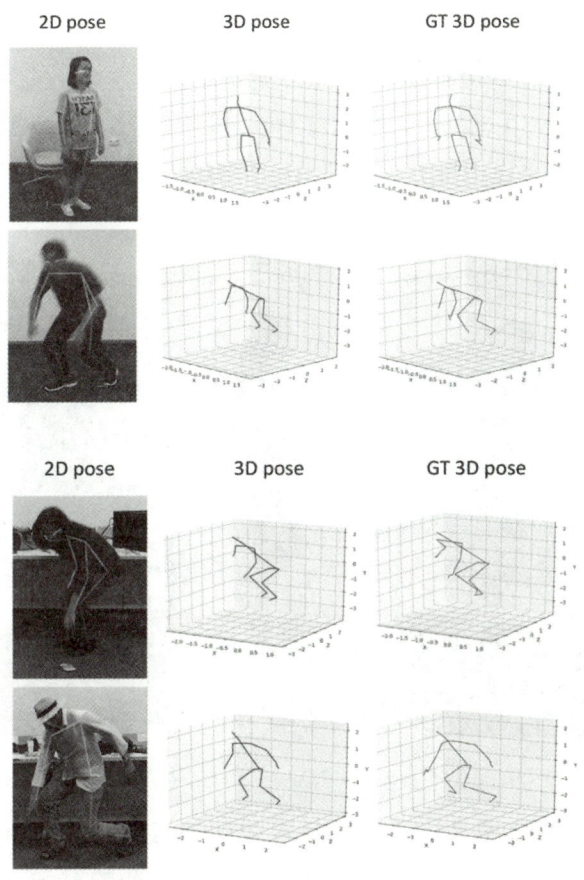

图2-12　东南大学基于视频的跌倒检测

在安防监控方面，步态识别作为人体动作姿态检测技术的一种应用，正逐渐崭露头角。它根据人们行走的姿态实现对个人身份的识别鉴定等。与其他生物特征识别技术相比，步态识别具有独特优势。它可以在较低图像质量下进行，无需对象的配合，检测距离较远。在一些公共场所，如机场、火车站，安防系统利用步态识别技术，对过往行人的行走姿态进行分析。如果发现有行为异常的人员，如行走姿势慌张、步伐异常，系统能够及时发出预警，协助安保人员进行排查，有效维护公共安全。

4．教育娱乐：为互动体验增添新色彩

在教育和娱乐领域，人体动作姿态检测技术也带来了全新的互动体验。在一些学校的体育课堂上，利用人体动作姿态检测技术，教师可以更全面地了解学生的运动能力和动作掌握情况。例如，在教授广播体操时，系统可以实时分析每个学生的动作与标准动作之间的差异，教师根据这些数据，有针对性地对学生进行指导，提高教学效果。

在娱乐方面，AR 虚拟试衣便是人体动作姿态检测技术的有趣应用（图 2-13）。当你走进一家配备 AR 虚拟试衣设备的服装店，站在设备前，设备通过检测你的身体动作姿态，能直观呈现不同姿势下衣服的穿着效果。你可以自由转动身体、抬起手臂，模拟日常活动中的姿态，看到衣服在各种动作下是否合身、舒适，为购物增添了更多乐趣和便捷。此外，在一些虚拟现实（VR）游戏中，玩家戴上设备后，系统通过检测玩家的身体动作姿态，如头部转动、身体移动、手臂挥舞等，让游戏角色做出相应动作，使玩家能够全身心沉浸在虚拟世界中，获得更加真实、刺激的游戏体验。

图 2-13　弥知科技的 AR 虚拟试衣

人体动作姿态检测技术之所以能够实现如此神奇的功能，背后离不开先进的技术支持。它主要依靠计算机视觉、传感器技术以及复杂的算法。摄像头等设备就像"眼睛"，负责采集人体动作的图像或视频信息；传感器则用于感知人体的运动状态、位置等数据。采集到的数据会被传输到系统中，通过各种算法进行分析和处理。例如，通过深度学习算法对大量的人体动作样本进行学习，让系统能够识别不同的动作姿态，并准确分析出其中的关键信息。

尽管人体动作姿态检测技术已经取得了显著进展，但在实际应用中仍面临一些挑战。例如，在复杂环境下，如光线昏暗、人员密集的场所，设备可能难以准确捕捉人体动作姿态；不同个体之间的身体差异，也可能影响检测的准确性。此外，随着这项技术的广泛应用，数据安全和隐私保护问题也日益受到关注。如何确保采集到的人体动作数据不被泄露和滥用，成为亟待解决的问题。

但随着科技的不断进步，相信这些问题都将逐步得到解决。未来，人体动作姿态检测技术有望更加普及和完善，为我们的生活带来更多惊喜和改变。它或许会像现在的智能手机一样，成为我们生活中不可或缺的一部分，让我们的生活变得更加智能、健康、安全和有趣。

任务实现

使用 TensorFlow 在线识别人体姿态。

（1）打开浏览器，输入网址，按 Enter 键，会自动跳转至 TensorFlow 中国官网，如图 2-14 所示。

图 2-14　TensorFlow 官网

（2）单击导航栏的"学习"按钮，进入学习界面，如图 2-15 所示。

图 2-15　TensorFlow 的学习界面

（3）单击"针对 Web"栏目下方的"了解详情"按钮，进入 TensorFlow.js 界面，如图 2-16 所示。TensorFlow.js 允许用户直接在浏览器或 Node.js 中使用机器学习模型。

图 2-16　TensorFlow.js 界面

（4）单击上方子导航条中的"模型"按钮，查看 TensorFlow 官方提供的各种已训练的模型，如图 2-17 所示。

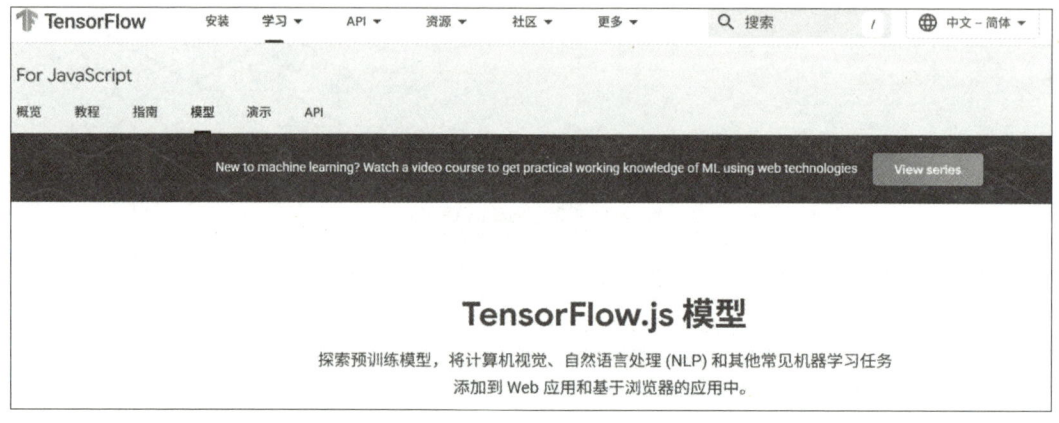

图 2-17　已训练模型

（5）下拉页面，在下方选择"身体"模块的"姿势检测"模型，如图 2-18 所示。

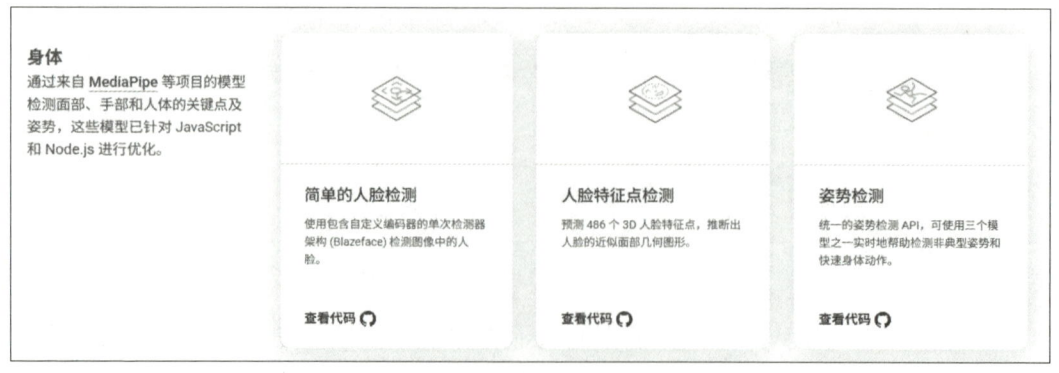

图 2-18　选择"姿势检测"模型

（6）浏览器会自动跳转至 github 页面，如图 2-19 所示。

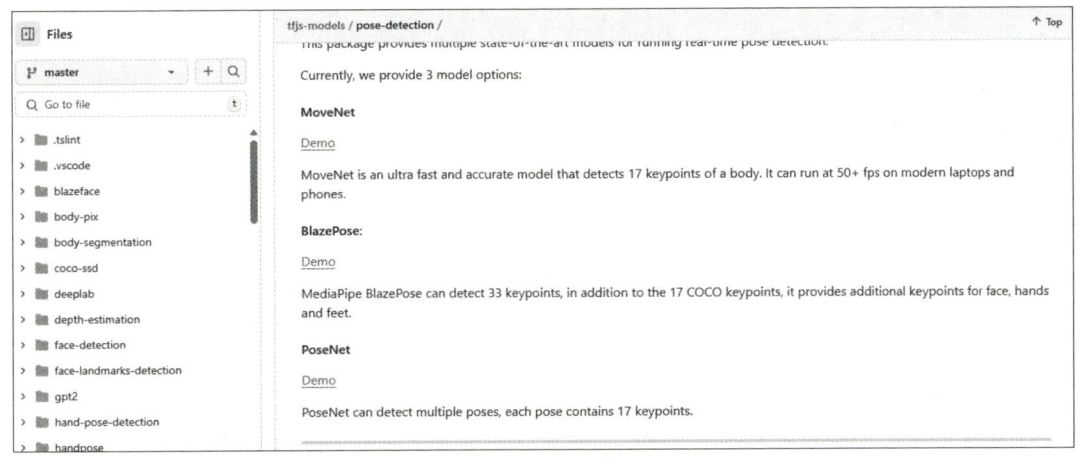

图 2-19　姿势识别的 github 页面

（7）在页面中选择第一个"Demo"按钮，跳转至"MoveNet"模型的示例页面，这时需要调用计算机的摄像头权限，页面图像会实时展示摄像头捕捉的动作，并显示姿势，如图 2-20 所示。MoveNet 是 TensorFlow 官方提供的姿势检测最新模型。TensorFlow 官方一共提供了三个模型，读者可以根据需要自行选择。

图 2-20　检测结果

任务 2.4　数字化修复与重建

任务情境

2023 年，故宫博物院的修复师们对着一幅破损的明代古画发愁：画面三分之一缺失，传统修复需要数月且存在不可逆风险。而借助 AI 数字化修复技术，仅仅 3 天，缺失部分就被"复原"，且保留了原画的笔墨韵味。

从文物保护到影视制作，AI 如何让破碎的历史重获新生？

任务分析

在生活中，我们常常会遇到一些珍贵的物件因存放时间过长或意外而受损，如泛黄破损的老照片、饱经沧桑的文物古迹，或因疾病、创伤而变形的身体部位。如今，数字化修复与重建技术宛如一位神奇的魔法师，能够让这些受损的事物重焕生机，它运用先进的数字手段，对各类对象进行修复和重塑，在文化、医疗、工业等诸多领域都发挥着重要作用。

1. 文化领域：让历史文物重见天日

在湖南长沙的马栏山视频文创产业园，一项项先进数字技术正重塑传统文化保护格局。湘水河畔的浯溪碑林，作为全国重点文物保护单位，被誉为"南国摩崖第一家"，其上刻有颜真卿、米芾、黄庭坚等历代文人墨客的题刻，如图 2-21 所示。

图 2-21　浯溪摩崖石刻

但历经千百年风吹日晒，石碑干裂，风沙划痕累累，许多碑文已难以辨认。马栏山文化数字化创新中心的团队耗时一年半，采用多光谱拍照等先进技术，从多个角度对碑刻全方位拍摄，再经复杂精密的计算机图像计算及渲染，让碑文实现数字复刻。在此基础上，联合专家开展文化释读，为每一块碑文建立全信息模型，让古老的摩崖石刻惊艳再现。

2024年底，基于数字化成果建设的摩崖石刻数字博物馆对外开放，游客借助全息投影、互动屏幕等技术，能"沉浸式"了解石刻背后的历史故事，与历史名家"隔空对话"，如图2-22所示。

图2-22　摩崖石刻数字博物馆展区

不仅是石碑石刻，数字技术还能"唤醒"库房中"沉睡"的文物。湖南芒果数智艺术科技有限责任公司的数字文博AIGC实验室里，多个运行轨道和摄像机自动运转，基于文物神经核表面重建算法等自研技术，9分钟就能完成一件文物的数字化重建。其推出的数字文博大平台"山海"，与湖南博物院等深度合作，汇聚近2.6万件数字文物展品，打造24小时不打烊的"指尖博物馆"，目前平台用户数已突破2800万。

太原理工大学艺术学院文化遗产数字化团队，为天龙山石窟、响堂山石窟的文物数字化复原做出巨大贡献。响堂山石窟开凿于北齐时代，部分石窟遭破坏且有文物流失海外。2017—2018年，团队启动响堂山石窟数字化工作，对石窟本体和流失海外文物进行数字化采集整理。因规模庞大，需进行点云处理，获取石窟表面完整点云、三角网面，再经复杂后期处理完成模型重建。团队翻阅大量文献，4次实地采集数据，建立上百个站点扫描，历经6年完成北响堂第3窟（刻经洞）数字化复原，为流落异乡的文物回归故土提供可能。经数字化复原的天龙山石窟佛像如图2-23所示。

图 2-23　沉浸式影院里展示的经数字化复原的天龙山石窟佛像

2. 医疗行业：助力患者重拾健康容颜

在医疗领域，数字化修复与重建技术给患者带来了新希望。61 岁的谭叔驾车时不慎撞到马路护栏，造成颅面部多处外伤，被送往某医院重症 ICU 抢救。其面部骨骼如破碎花瓶般散落，属于全面部多发性粉碎性骨折，伤情在临床上极具挑战性。该院口腔颌面外科某教授团队利用独创数字化技术，根据患者 CT 检查结果在电脑上设计手术方案（图 2-24），应用多个区域序列性导板辅助，并配合实时动态导板定位验证。术前通过现代医学影像技术、计算机技术和 3D 打印技术，在计算机上模拟黏合碎骨，3D 打印出骨折、碎骨散落状态及手术导板。团队历经 10 小时手术，采用多区域数字化导板单独和复合应用，并配合实时动态导航定点验证，使骨折处精准复位，谭叔最终顺利恢复。

宁夏某医院口腔颌面外科采用数字化 3D 打印技术，为 14 岁患颞下颌关节强直的小田重建右侧下颌。先利用 3D 打印设计牵张成骨器安放位置，一期进行牵张成骨延长颌骨和软组织，4 个月后二期手术取出牵张成骨器，利用数字化 3D 打印截骨导板及下颌骨模型，截除颌骨强直部分，截取小段肋软骨重建颞下颌关节。术后小田咬合关系良好，口腔语言和咀嚼功能恢复正常，面部形态及张口度也恢复正常。

3. 日常生活：定格美好瞬间

在日常生活里，我们也能深切感受到数字化修复与重建技术的魅力。很多家庭都珍藏着老照片，可随着时间推移，照片会出现褪色、划痕、破损等状况。过去，修复老照片是专业修图师的工作，现在借助数字化技术，普通人也能轻松实现。如利用 Photoshop 等软件，就能对老照片进行修复。首先对照片进行高分辨率扫描，将其转化为数字图像。接着利用软件中的修复画笔、仿制图章等工具，对照片上的划痕、污渍进行修复；通过色彩调整功能，还原照片原本色彩；再进行裁剪、尺寸设置等操作，让照片焕然一新。

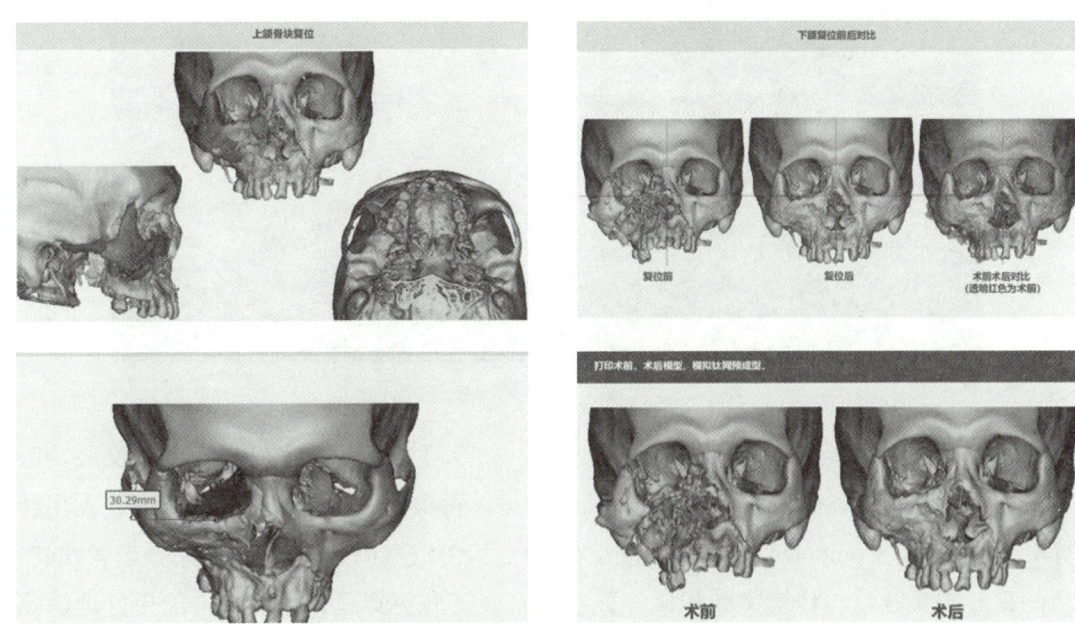

图 2-24　采取独创的数字化技术，设计具体的手术治疗方案

一些手机 APP 也具备老照片修复功能，利用人工智能算法，能自动识别照片中的问题并进行修复。例如，你有一张奶奶年轻时的照片，上面有不少划痕且颜色暗淡，使用 APP 修复后，划痕消失，色彩变得鲜艳，奶奶年轻时的美丽容颜再次清晰呈现。这不仅让我们重新看到珍贵回忆，还能将修复后的照片打印出来，继续珍藏。老照片修复前后对比如图 2-25 所示。

图 2-25（一）　老照片修复前后对比

图 2-25（二） 老照片修复前后对比

还有一些因意外或疾病失去肢体的患者，如今可以借助数字化技术定制义肢。医生通过对患者残肢进行 3D 扫描，获取精确数据，再根据患者需求和身体状况，利用计算机辅助设计（Computer-Aided Design，CAD）和 3D 打印技术，制作出贴合患者残肢、功能良好的义肢。与传统义肢相比，数字化定制义肢更舒适、更贴合，能更好地满足患者日常生活和工作需求。

数字化修复与重建技术之所以能实现如此神奇效果，依靠的是计算机科学、图像处理、3D 建模、人工智能等多学科技术支撑。通过各种传感器、扫描仪获取受损对象的原始数据，再利用复杂算法对数据处理、分析，最后借助 3D 打印、虚拟现实等技术，实现修复和重建。

当然，这项技术在发展应用中也面临挑战。在文化遗产保护领域，数字化采集成本高，需要专业设备和技术人员，且数据长期保存和管理也是难题；医疗方面，数字化技术虽然能提高手术精度、缩短治疗周期，但费用相对较高，可能让部分患者难以承受；日常生活应用中，技术普及程度有待提高，一些老年人对数字化操作不熟悉。

但随着科技不断进步，这些问题终将逐步解决。未来，数字化修复与重建技术有望更加普及、精准、高效，在更多领域发挥重要作用，让更多受损事物重焕生机，为我们的生活带来更多惊喜。

思政案例

AI 守护文化根脉的中国实践

2020 年，敦煌研究院与腾讯合作，用 AI 技术对 220 幅北魏至元代的壁画进行数字化修复（图 2-26）。特别的是，修复过程中加入了"文化专家审核"环节：当 AI 自动补全的飞天飘带颜色与同期壁画颜料不符时，系统会标记并等待人工调整。这种"技术+人文"的结合,既利用了 AI 的效率,又坚守了文化传承的严谨性,为全球文物数字化保护提供了"中国方案"。技术不是万能的,只有融入对文化的敬畏与理解,才能真正成为守护文明的利器。

图 2-26　敦煌研究院与腾讯合作项目"数字藏经洞"

任务实现

通过在线方式,将建筑图片转成 3D 模型。

（1）打开浏览器,输入网址,进入 Meshy 官网,如图 2-27 所示。Meshy 是一家全球领先的 3D 生成式人工智能公司,致力于推动 3D 通用人工智能技术的发展。通过一流的产品体验和先进的 AI 技术,Meshy 降低了 3D 内容创作的门槛,使得 3D 内容创作更加简单、高效和有趣。其用户遍布游戏开发、影视娱乐、3D 打印、AR/VR、教育培训等领域,服务的创作者超过百万。Meshy 的核心产品是一个 3D AI 工具包,能够使用户轻松地将文本或 2D 图像转换为 3D 资产。

将建筑图片转成
3D 模型

图 2-27　Meshy 官网

（2）首次登录需要注册账号。登录之后单击"图片生成模型"按钮,跳转到图片生成模型页面,如图 2-28 所示。

图 2-28　图片生成模型页面

（3）选择一张建筑图片，如图 2-29 所示。

图 2-29　广州市标志性建筑：镇海楼

（4）将图片拖至页面左侧的图片区，或者单击图片区上传图片，即可上传图片到系统。单击左侧下方"生成"按钮，就可以生成草稿，如图 2-30 所示。

（5）草稿一般有 4 个，可以选择其中一个进行渲染，如图 2-31 所示。

（6）单击"确认"按钮，即可生成最终的效果图，如图 2-32 所示。

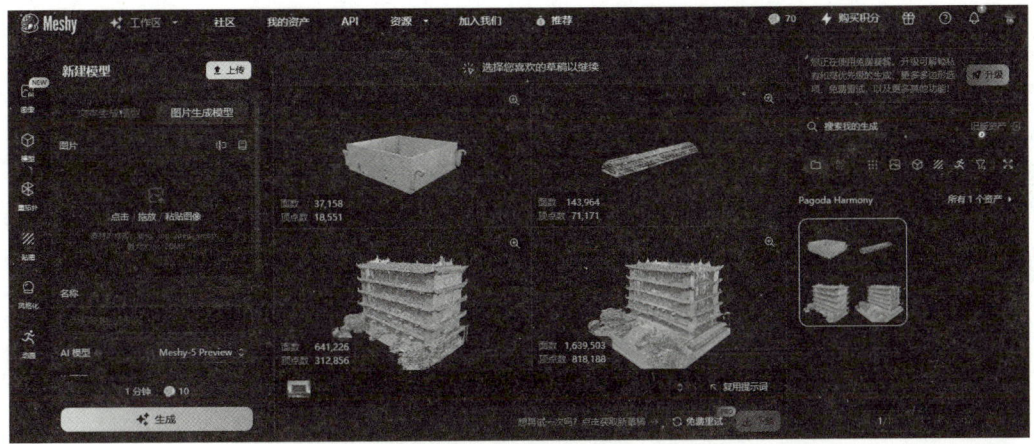

图 2-30 生成草稿

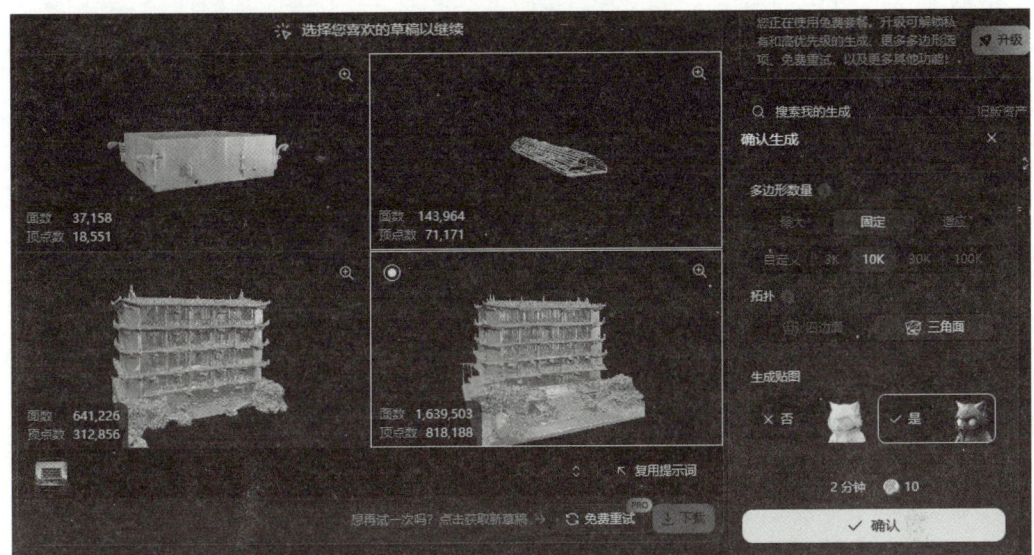

图 2-31 选择草稿

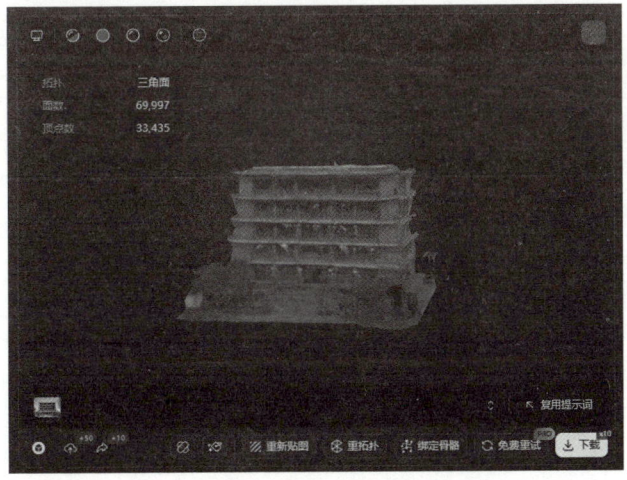

图 2-32 渲染 3D 模型

项目总结

从田间的无人机到手术室的机械臂，从文物修复的数字画笔到运动健身的虚拟教练，人工智能正以"润物细无声"的方式重构我们的世界。每个应用场景背后，不仅是技术的突破，更是人类对效率、健康、文化传承的不懈追求。

但我们必须清醒认识到：AI 是工具，而非目的。当智慧农业提升产量时，不能忘记守护土地的可持续性；当智能机器人提高效率时，要记得关注劳动者的技能转型；当姿态检测守护健康时，需坚守隐私保护的底线。唯有将技术创新与人文关怀相结合，才能让人工智能真正成为推动社会进步的"现实力量"，而非冰冷的代码集合。

在这个 AI 从科幻走进现实的时代，我们每个人都是参与者。理解技术、善用技术、引导技术，才能在这场变革中找准定位，让未来的世界既充满科技的便利，又闪耀人性的温暖。

项目3　理解大模型与生成式AI：人工智能开始创作

 学习目标

知识目标

- 深入理解GPT等大模型的基本原理，包括Transformer架构、预训练和微调机制，明白它们如何支撑AI实现多样化创作。
- 掌握生成式AI的核心技术，如扩散模型、对抗生成网络的工作方式和应用场景。
- 认识生成式AI在社会、经济和文化领域的价值，以及与之相关的版权和伦理问题。

技能目标

- 能够熟练使用文心一言等生成式AI工具，完成文本创作、图像生成等任务。
- 根据实际需求，调整提示词，优化AI生成内容的质量和效果。

素养目标

- 培养对技术创新的敏锐感知和积极探索精神，主动学习和应用新的AI技术。
- 树立正确的技术伦理观，在使用生成式AI时，尊重他人的知识产权，遵守道德和法律规范。
- 增强跨学科思维，理解AI技术与艺术、文学、商业等领域的融合，推动创新应用。

 应用场景

文案策划人的新帮手

　　李明是一家广告公司的文案策划，临近春节，公司接到一个大型电商平台的春节促销文案任务。时间紧、任务重，李明绞尽脑汁，却始终找不到灵感。偶然间，他听说了文心一言这款生成式AI工具，决定尝试一下。

　　他打开文心一言，输入提示词："春节电商促销文案，突出优惠力度，吸引消费者购买。"很快，文心一言就生成了多条文案，李明看着这些文案，思路一下子被打开了。他在AI生成文案的基础上，结合公司的创意和平台特点，进行了优化和修改。

　　最终，这份文案得到了客户的高度认可。不仅如此，李明还发现，文心一言不仅能生成文案，还能给出创意策划建议。这次经历让李明深刻体会到，生成式AI不是取

代他的工作，而是成为他创作过程中的得力助手。

任务 3.1　什么是生成式 AI

任务情境

小张是一名文学爱好者，某天他在网上看到一首 GPT 创作的诗歌，其用词精妙、意境深远，很难想象是由机器生成的。与此同时，他的程序员朋友告诉他，GPT 能快速生成高质量的代码，帮助解决复杂的编程问题。小张十分疑惑：GPT 究竟是什么？它为什么能像人一样进行多样化创作？

任务分析

在当今科技飞速发展的时代，生成式人工智能如同一颗耀眼的新星，照亮了我们生活的各个角落。它的出现，不仅改变了我们获取和创造内容的方式，更开启了一个全新的智能创作新纪元。那么，究竟什么是生成式人工智能呢？

从定义上来说，生成式 AI 是一种能够根据提示生成文本、图像或其他媒体信息的人工智能。它借助机器学习技术，基于大规模多模态数据集，创造出新的文本、程序代码、图像、视频和声音等数据，具备处理多种任务和场景的能力。简单来讲，生成式 AI 就像是一个超级"创作大师"，只要给它一些指令，它就能发挥"想象力"，创作出各种精彩的内容。

生成式 AI 与人工智能生成内容（Artificial Intelligence Generated Content，AIGC）密切相关，可以说，生成式 AI 是实现 AIGC 的关键技术手段。AIGC 涵盖了人工智能生成内容这一广泛范畴，而生成式人工智能则是其中发挥核心作用的"主角"，通过其强大的算法和模型，让 AIGC 从设想变为现实。回顾其发展历程，可谓是一部充满探索与突破的科技进化史。

在早期发展阶段（20 世纪 50 年代—90 年代），由于当时科技水平有限，AIGC 仅处于小范围实验阶段。1957 年，莱杰伦·希勒（Lejaren Hiller）和伦纳德·艾萨克森（Leonard Isaacson）将计算机程序中的控制变量转换成音符，创作出历史上第一支由计算机创作的音乐作品《依利亚克组曲》（*The Illiac Suite*），这一创举犹如在黑暗中点亮了一盏明灯，为后续的发展奠定了基础。1966 年，约瑟夫·魏岑鲍姆（Joseph Weizenbaum）和肯尼斯·科尔比（Kenneth Colby）合作开发了世界上第一款可进行人机对话的机器人"艾丽莎"（Eliza），它通过关键字扫描和重组完成交互任务，尽管功能相对简单，但却是人机交互领域的重要尝试，如图 3-1 所示。

到了 20 世纪 80 年代中期，IBM 基于 HMM 模型创造了语音控制打字机"坦戈拉"，能处理约 20000 个单词。然而，由于高昂的系统成本，20 世纪 80 年代末至 20 世纪 90 年代中期各国政府减少了在人工智能领域的投入，导致 AIGC 发展陷入瓶颈，未能取得重大突破。

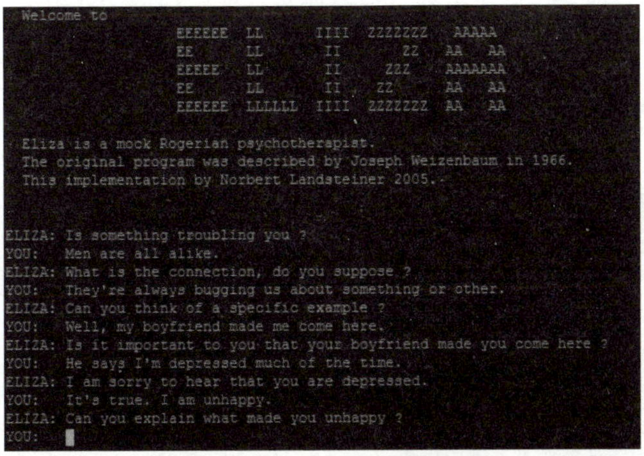

图 3-1　艾丽莎聊天界面

进入沉淀积累阶段（20 世纪 90 年代—21 世纪 10 年代），AIGC 逐渐从实验性向实用性演变。2006 年，深度学习算法取得重大突破，同时 GPU、TPU 等算力设备性能提升，互联网为各类人工智能算法提供海量训练数据，这些因素共同推动了人工智能的显著进步。2007 年，纽约大学的罗斯·古德温（Ross Goodwin）装配的人工智能系统创作了世界上第一部完全由人工智能创作的小说 1 the Road（图 3-2）。2012 年，微软展示了一个基于深层神经网络的全自动同声传译系统，能够通过语音识别、语言翻译、语音合成等技术将英文演讲者的内容自动转换成中文语音。但此时 AIGC 仍然面临算法瓶颈，限制了其在创作任务上的表现，应用范围有限，效果也有待提升。

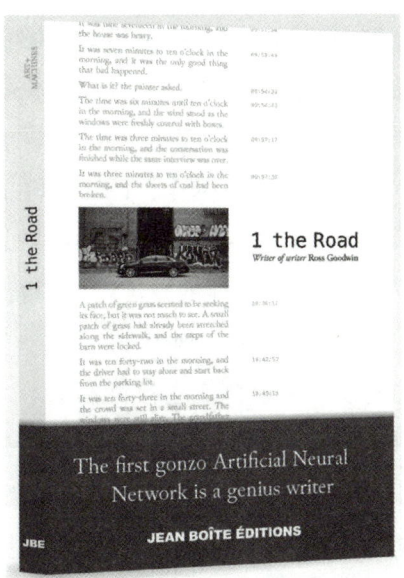

图 3-2　1 the Road

直到 21 世纪 10 年代中期至今的快速发展阶段，随着深度学习算法的不断革新，特别是生成式对抗网络（Generative Adversarial Networks，GAN）的提出和持续迭代，AIGC 迎来了爆发式增长。生成内容呈现多样化，逼真程度逐渐提高，甚至达到了人类难以分辨的水平。2017 年，微软推出了人工智能少女"小冰"，发布了世界上首部完全由人工智能创作的诗集《阳光失了玻璃窗》，如图 3-3、图 3-4 所示。

图 3-3 微软小冰

图 3-4 《阳光失了玻璃窗》（注：微软小冰创作的诗集于 2017 年 5 月 19 日由湛庐文化在北京发布。）

2018 年，英伟达发布了 StyleGAN 模型，该模型能够自动生成逼真的图片，目前已经升级到第四代模型 StyleGAN - XL。2019 年，DeepMind 发布了 DVD - GAN 模型，用于生成连续视频。2021 年，OpenAI 推出了 DALL - E，并于一年后推出了升级版本 DALL - E - 2，用户只需输入简短的描述性文字，DALL - E - 2 即可创作出卡通、写实、抽象等风格的绘画作品。而 2022 年年底 OpenAI 推出的 ChatGPT，更是引发了全球范围内的广泛关注和热议，将生成式人工智能的发展推向了新的高潮。

ChatGPT 全称为"聊天生成式预训练变换模型"，是一款模仿自然语言的应用。它利用神经网络架构并接受大量数据和语料库进行机器学习，能够模仿普通人的对话和写作。例如，当你向 ChatGPT 询问"如何制定一份健康的减肥食谱"时，它会迅速分析你的问题，然后从其学习的海量数据中提取相关信息，组织语言后给出一份详细的食谱建议，包括早餐、午餐、晚餐的菜品搭配以及食材用量等，就像一位专业的营养师在与你交流。又如，你想写一篇关于"未来城市生活"的文章，ChatGPT 可以为你提供文章大纲,甚至帮你生成完整的段落内容,从城市的交通、建筑、环境到人们的生活方式等进行生动描绘。

生成式 AI 具有诸多令人瞩目的优点,它极大地提高了内容创作的效率。以新闻写作为例,以往记者撰写一篇普通的新闻稿件可能需要花费数小时进行资料收集、整理和撰写,而现在借助生成式 AI,它可以在短短几分钟内根据新闻事件的关键信息生成稿件初稿,记者只需在此基础上进行核实和补充细节,就能快速完成一篇高质量的新闻报道,大大节省了时间和精力。在艺术创作领域,它能为创作者提供源源不断的灵感。一位画家在创作一幅以"梦幻森林"为主题的画作时,可能会因为缺乏灵感而陷入困境。此时,通过输入"梦幻森林,有发光的树木、飞舞的精灵"等提示,生成式 AI 可以生成多幅不同风格的概念图,为画家提供构图、色彩搭配等方面的参考,帮助画家打破创作瓶颈,激发创作灵感。用 Midjourney 生成图像的示例如图 3-5 所示。

图 3-5　以"月夜里盛满银河的游泳池"(swimming pool filled with a galaxy on a moonlit night)为提示词,用 Midjourney 生成的图像

同时,生成式 AI 能够实现个性化内容生成。在电商领域,它可以根据每位用户的浏览历史、购买偏好等数据,为用户生成个性化的商品推荐文案和广告内容。例如,对于一位经常购买运动装备的用户,生成式 AI 生成的推荐文案可能会突出运动产品的性能、舒适度以及适合的运动场景等特点,从而提高用户对推荐内容的关注度和购买意愿。

生成式 AI 的应用场景极为广泛，几乎涵盖了我们生活的方方面面。在医疗领域，它可以协助医生进行疾病诊断和治疗方案的制定。通过分析大量的病历数据、医学影像以及最新的医学研究成果，生成式 AI 能够为医生提供辅助诊断建议，帮助医生更准确地识别疾病特征。例如，在诊断肺部疾病时，它可以对 X 射线、CT 等影像进行分析，标记出可能存在病变的区域，并给出病变的可能性判断和相关依据，提高诊断的准确性和效率。在教育领域，它可以作为一种强大的辅助教学工具。根据学生的学习进度、知识掌握程度和学习风格，生成式 AI 能够为学生定制个性化的学习计划、生成针对性的练习题以及提供详细的解答和辅导。例如，对于一位数学学习困难的学生，它可以根据学生的薄弱知识点，生成一系列具有针对性的练习题，并逐步引导学生理解和掌握解题方法，就像为学生配备了一位专属的私人教师。在娱乐产业，生成式 AI 同样发挥着重要作用。电影制作公司可以利用它生成逼真的特效场景、虚拟角色等。以制作一部科幻电影为例，生成式 AI 可以根据导演的创意描述，生成外星生物的形象设计、外星环境的虚拟场景等，为电影制作节省大量的时间和成本，同时创造出更加震撼的视觉效果。游戏开发中，它能生成多样化的游戏关卡、剧情和角色对话，为玩家带来更加丰富和个性化的游戏体验。

在设计领域，生成式 AI 也展现出了巨大的潜力。平面设计师在设计海报、宣传册等作品时，可以借助生成式 AI 快速生成多种设计方案。输入产品特点、宣传主题和目标受众等信息后，它能在短时间内生成不同风格、布局的设计初稿，设计师再根据自己的专业判断进行筛选和优化，大大提高了设计效率。室内设计师可以利用它根据房间的尺寸、形状和客户的需求，生成室内装修的三维效果图，帮助客户提前直观地感受装修后的效果，减少沟通成本和设计方案修改次数。

尽管生成式 AI 的研究取得了显著的进展，但也面临一些挑战和问题。例如，它生成的内容可能存在准确性和可靠性的问题，有时会出现事实性错误或逻辑不连贯的情况。在一些需要高度专业知识和严谨性的领域，如医疗诊断、法律咨询等，这可能会带来严重的后果。同时，生成式 AI 的发展也引发了关于版权、隐私和伦理等方面的争议。例如，由人工智能生成的作品，其版权归属如何界定；在数据收集和使用过程中，如何保护用户的隐私不被侵犯；以及人工智能是否会取代人类工作，导致大规模失业等问题，都需要我们深入思考和探讨。

随着技术的不断进步和完善，生成式 AI 有望在更多领域发挥更大的作用，为我们的生活带来更多的便利和惊喜。但在享受技术带来的红利时，我们也需保持理性和谨慎，制定合理的政策和规范，引导生成式 AI 健康、可持续地发展，让这一强大的技术真正造福人类社会。

任务实现

根据班级实际情况进行讨论：AI 生成内容是否应标注版权？

在 AI 蓬勃发展的时代，AI 生成内容的版权标注已成为一个兼具复杂性与紧迫性的重要议题，其不仅涉及技术、经济等领域，更与思政层面的版权保护观念紧密相连，这一讨论对维护创作者权益、规范市场秩序、推动创新文化发展具有深远意义。

1. 版权归属困境：多元主体的责任交织

AI 生成内容的版权归属问题呈现多维度复杂性。从法律视角看，AI 不具备独立法律人格，无法成为权利主体，但其创作过程涉及开发者、用户与算法的深度互动：开发者构建底层算法模型（如 GPT-3 的代码架构），用户通过提示词进行创作引导，AI 系统则整合海量训练数据（可能包含受版权保护的作品）完成最终输出。这种"技术框架＋人工干预＋数据驱动"的创作模式，彻底打破了"人类作者"的传统认定标准。

2. 版权标注价值：构建良性创新生态的三重维度

（1）权益保护基石。标注 AI 生成内容的版权，是对创作者权益的有力保护，契合思政教育中尊重劳动、尊重创造的价值导向。当 AI 生成内容被广泛应用于各个领域时，如果缺乏版权标注，其很容易被滥用或未经授权使用。例如，一些广告商可能会未经许可使用 AI 生成的图片、文案，损害开发者和用户的合法权益。通过标注版权，一旦发生侵权行为，能够明确责任主体，为创作者提供法律维权的依据，从而激励开发者不断优化算法、提升 AI 的创作能力，鼓励用户积极参与创作，为 AI 内容创作营造良好的创新环境，推动整个行业的持续发展。例如，有些平台在生成文本时自动添加"本内容由 AI 生成，版权归用户与平台共有"水印，既避免用户作品被恶意盗用，也防止平台技术成果被无授权商业化。

（2）市场秩序护栏。在市场经济环境下，标注 AI 生成内容的版权有助于维护市场秩序，防止不正当竞争。在生成式 AI 产业中，内容创作是核心竞争力之一。如果对 AI 生成内容的版权不加规范，部分企业可能会通过侵权使用他人 AI 生成成果，降低自身创作成本，破坏市场的公平竞争环境。版权标注能够规范市场行为，促使企业依靠自身的创新能力和服务质量参与竞争，推动 AI 产业健康、有序地发展，体现思政教育中公平、公正的价值观念。

（3）信息透明窗口。消费者享有知情权，有权知道所接触的内容是否由 AI 生成。标注 AI 生成内容的版权，不仅满足了消费者的知情权，更有助于塑造诚信的社会文化。当消费者在阅读文章、欣赏艺术作品时，能够清晰地了解其创作来源，从而做出更加理性的判断。这种对消费者权益的尊重，符合思政教育中诚实守信的价值要求，有利于营造诚信、透明的社会环境。

3. 协同治理展望：构建科技向善的生态网络

解决 AI 版权标注难题需要多方主体协同：立法机关应加快《人工智能版权法》专项立法，明确"创作阈值"标准；科技企业需履行伦理责任，如字节跳动对剪映 AI 生成视频强制添加浮动标识；教育机构应加强科技伦理课程，培养"既懂技术又重规则"的新型人才。只有通过技术革新、制度完善、理念提升的三维联动，才能在 AI 创作浪潮中守护创新火种,实现"技术赋能"与"权利保障"的动态平衡。

任务 3.2　生成式 AI 的核心技术

任务情境

小王是一名数字艺术创作者,他发现近年来,越来越多的艺术家开始使用生成式 AI 创作作品,这些作品风格独特、创意十足。他对背后的技术原理十分好奇,想要深入了解生成式 AI 是如何生成高质量的图像和文本的。

任务分析

在当今数字化浪潮中,生成式 AI 宛如一颗耀眼的明星,以令人惊叹的创造力,重塑着我们生活的方方面面。从栩栩如生的图像到流畅自然的文本,从灵动美妙的音乐到引人入胜的视频,生成式 AI 正不断突破人们的想象边界。而这一切神奇表现的背后,是一系列复杂且精妙的核心技术在发挥作用,它们就像隐藏在幕后的"魔法引擎",为生成式 AI 注入源源不断的创作动力。

1. 深度学习:构建智能创作的基石

深度学习(图3-6)是机器学习的重要分支,机器学习包括传统机器学习和深度学习。传统机器学习主要包括监督学习、无监督学习、半监督学习,传统机器学习在小数据集上表现良好。而深度学习则需要大量的数据进行训练,它在生成式 AI 中扮演着基石的角色,它基于人工神经网络,模拟人类大脑神经元的工作方式。通过构建包含输入层、隐藏层和输出层的多层神经网络,深度学习模型能够对大量数据进行自主学习和特征提取。就像我们认识猫的过程,深度学习模型通过分析海量的猫的图片,从最初对猫的模糊认知,逐渐掌握猫的各种特征,如尖尖的耳朵、毛茸茸的身体、长长的尾巴等,从而能够准确识别和生成与猫相关的内容。

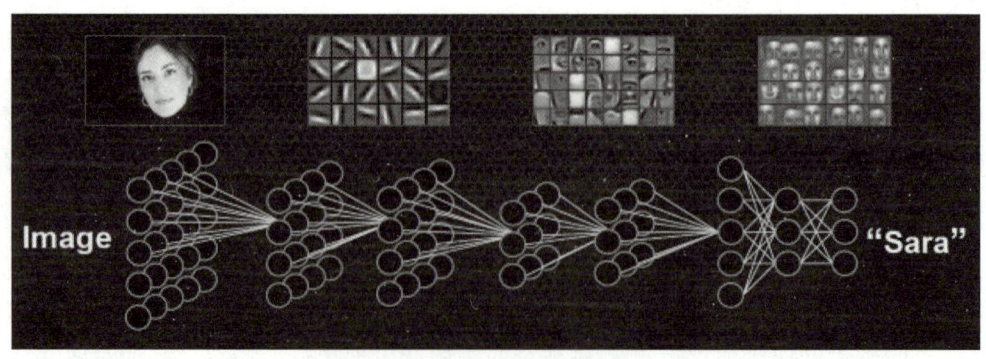

图 3-6　深度学习

在图像生成领域,卷积神经网络是深度学习的重要应用之一。它利用卷积层、池化层和全连接层等组件，对图像数据进行逐层处理。以生成一幅美丽的风景画为例，卷积神经网络首先会对大量的风景画进行学习，提取出不同的视觉特征，如天空的蓝色调、树木的形状、草地的纹理等。当接收到生成指令时，它会根据学习到的特征，从输入的噪声数据开始，逐步构建出一幅具有真实感的风景画。图像生成模型借助先进的卷积神经网络架构，能够根据用户输入的简单文本描述，如"宁静的海边，有一座白色的灯塔"，精准地生成对应的高质量图像，将文字中的画面栩栩如生地呈现出来。

在自然语言处理方面，循环神经网络及其变体长短时记忆网络（Long Short-Term Memory，LSTM）（图3-7）和门控循环单元（Gated Recurrent Unit，GRU）发挥着关键作用。这些网络结构能够处理具有顺序性的文本数据，记住前文信息并用于后续文本的生成。例如，ChatGPT在生成回答时，通过LSTM网络对用户输入的问题进行分析，理解问题的语义和上下文，然后基于学习到的语言知识和模式，逐字生成连贯且有逻辑的回答。当你对它说"请介绍一下巴黎的著名景点"时，它能够根据之前学习到的关于巴黎的大量文本信息，有条理地介绍埃菲尔铁塔、卢浮宫等景点，仿佛一位知识渊博的导游在与你交流。

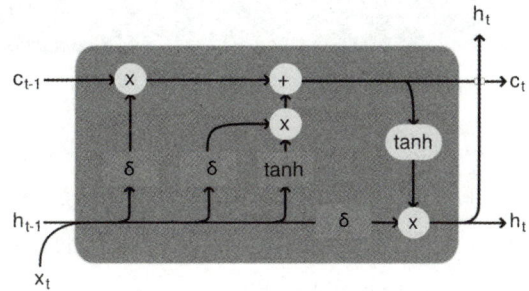

图3-7　LSTM结构图

2. 生成对抗网络：创意碰撞的"博弈战场"

生成对抗网络（Generative Adversarial Network，GAN）由生成器和判别器组成，二者相互博弈，共同推动生成式AI的进步。生成器的任务是根据输入的数据，如随机噪声，生成新的内容，如图像、文本等；判别器则负责判断生成器生成的内容是真实的（来自训练数据）还是虚假的（由生成器生成）。这就如同一场激烈的"猫鼠游戏"，生成器不断努力生成更逼真的内容来欺骗判别器，而判别器则不断提升自己的鉴别能力，以识破生成器的"伪装"。在这个过程中，双方的能力都在不断提升，最终生成器能够生成几乎与真实数据无异的内容。

以生成逼真的人脸图像为例，生成器会尝试生成各种人脸图像，从五官的形状到肤色、表情等细节。判别器则会将这些生成的图像与大量真实人脸图像进行对比，判断其真伪。如果生成器生成的人脸图像存在明显瑕疵，如五官比例失调、面部模糊等，判别器很容易就能识别出来并判定为虚假。生成器会根据判别器的反馈，调整自己的生成策略，经过无数次的迭代训练，生成器生成的人脸图像越来越逼真，甚至达到以假乱真的程度。英伟达的 StyleGAN 模型就是生成对抗网络的杰出代表，它生成的人脸图像不仅真实感极强，而且具有丰富的多样性，从不同种族、年龄到各种表情的人脸，都能轻松生成，如图 3-8 所示。

图 3-8　StyleGAN 模型生成的各种人脸

在文本生成方面，生成对抗网络也能发挥作用。例如，通过训练一个生成器来生成新闻报道，判别器则判断生成的新闻报道是否符合真实新闻的风格、语法和逻辑。生成器不断优化，生成的新闻报道越来越像真实记者撰写的稿件，在语言表达、信息完整性和合理性等方面都能达到较高水平。

3. 变分自编码器：数据空间的"压缩与重构大师"

变分自编码器（Variational Autoencoder，VAE）通过将输入数据编码为潜在向量，再从潜在向量解码重构出原始数据，实现对数据特征的学习和生成。它就像一个智能的"压缩包"工具，能够将复杂的数据压缩成简洁的潜在表示，同时保留关键信息，并且可以根据这些潜在表示重新构建出数据。在图像生成中，VAE 能够学习图像的潜在空间分布，通过在潜在空间中进行采样和变换，生成具有不同特征的新图像。

例如，对于一组动物图片，VAE 会分析每张图片中动物的种类、颜色、姿态等特征，并将其编码为潜在向量。当需要生成新的动物图片时，它可以在潜在空间中随机采样一个向量，然后根据这个向量解码生成一幅新的动物图片。而且，通过调整潜在向量的某些维度，可以控制生成图像的特定特征。如果希望生成一只体型更大的猫，就可以通过调整与体型相关的潜在向量维度来实现。

在文本生成中，VAE 同样可以将文本编码为潜在向量，理解文本的语义和结构信息。基于潜在向量，它能够生成具有相似语义但不同表达方式的新文本。当给定一个主题

"旅游的意义"，VAE 可以生成多篇围绕这个主题但内容和风格各异的文章，为创作者提供丰富的灵感来源。

4. 扩散模型：从噪声中"还原"真实

扩散模型（Diffusion Model）的原理是先向数据中逐步添加噪声，使数据逐渐变得模糊、无序，然后通过学习这个逆向过程，即从噪声中逐步去除噪声，还原出原始数据，从而实现数据生成。以图像生成为例，最初输入一张完全随机的噪声图像，模型通过不断地对噪声进行处理，逐渐"雕琢"出清晰的图像。

想象一下，有一幅被层层迷雾笼罩的画作，扩散模型就像一位耐心的修复师，从几乎看不清任何东西的噪声图像（迷雾）开始，逐步去除噪声（拨开迷雾），让画作中的内容逐渐清晰呈现。在这个过程中，模型学习到了从噪声到真实图像的映射关系，从而能够根据不同的输入，生成各种高质量的图像。Stable Diffusion 就是一款基于扩散模型的知名图像生成工具，它能够根据用户输入的文本描述，从噪声中生成精美的艺术作品，无论是奇幻的科幻场景，还是浪漫的自然风光，都能轻松驾驭。Stable Diffusion 对同一主题生成的不同风格的图片如图 3-9 所示。

图 3-9　Stable Diffusion 对同一主题生成的不同风格的图片

在视频生成领域，扩散模型也开始崭露头角。它可以通过对视频帧序列的分析，在每一帧上应用扩散过程，从噪声中生成连贯的视频画面，为视频创作带来了全新的可能性。

5. 大语言模型：自然语言处理的"智慧大脑"

大语言模型（Large Language Model，LLM），如 GPT 系列、百度文心一言等，是生成式 AI 在自然语言处理方面的重大突破。它们基于海量的文本数据进行训练，学习到了丰富的语言知识，具备了语义理解能力。这些模型能够处理各种自然语言任务，包括文本生成、问答、翻译、摘要等。

以 GPT-4 为例，它经过对互联网上大量文本的学习，能够理解极其复杂的语言指令，并生成高质量的回答。当你向它提出一个专业性很强的问题，如"量子计算在金融风险管理中的应用前景如何"时，它能够迅速调动其庞大的知识储备，给出条理清晰、内容丰富的回答，不仅介绍量子计算的基本原理，还会详细分析在金融风险管理中可能的应用场景和潜在优势，就像一位专业的金融科技分析师在进行讲解。

在文本创作方面，大语言模型可以根据给定的主题或提示，创作出完整的文章、故事、诗歌等。例如，你给出"以未来城市为背景，创作一篇科幻小说"的提示词，GPT-4 能够迅速构思出一个充满想象力的故事框架，描述未来城市的奇特景象、人们的生活方式以及可能发生的冒险情节，为创作者节省大量的时间和精力，同时也能激发创作者的灵感。

生成式 AI 的这些核心技术相互交织、协同发展，为我们带来了前所未有的智能创作体验。然而，技术的发展也伴随着诸多挑战，如生成内容的质量控制、版权问题、数据隐私保护等。但相信随着科技的不断进步和完善，生成式 AI 将在更多领域发挥更大的作用，为人类的创新和发展注入新的活力，让我们的生活变得更加丰富多彩。

思政案例

一些企业利用生成式 AI 技术，开发智能客服系统，为用户提供 24 小时不间断的服务，有效提升了服务效率和质量，降低了企业运营成本。这一实践体现了技术创新在推动企业发展、满足人民群众美好生活需要方面的积极作用，鼓励企业在追求经济效益的同时，也要关注社会效益，为社会创造更多价值。

任务实现

使用 TensorFlow 游乐场功能，实现神经网络。

TensorFlow 游乐场

（1）在浏览器中输入网址，打开页面，如图 3-10 所示。在页面正上方显示文字：Tinker With a Neural Network Right Here in Your Browser. Don't Worry, You Can't Break It. We Promise.（在你的浏览器中可以随意修改神经网络。别担心。我们保证，你不会搞坏它。）

（2）在这个游乐场的左上角，有 4 种不同形态的数据可以供用户使用，如图 3-11 所示，分别为圆形、异或、高斯分布、螺旋结构。每一个点，都具有 2 个特征：x_1 和 x_2，表示点的位置。数据集中的点有 2 类：橙色和蓝色。神经网络的目标，就是通过训练，知道哪些位置的点是橙色、哪些位置的点是蓝色。

查看 4 组数据集会发现，前 3 种都能相对简单地区分开，而最后一组螺旋数据是最难的。

（3）TensorFlow 游乐场中的数据十分灵活。我们可以调整 noise（干扰）的大小，还可以改变训练数据和测试数据的比例。图 3-12 所示是不同 noise 的数据分布。

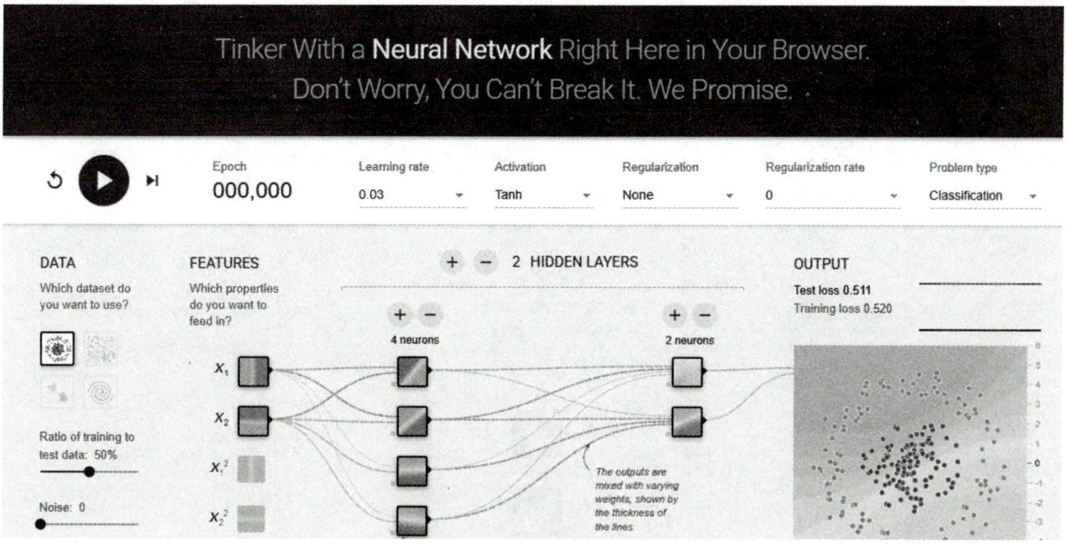

图 3-10 TensorFlow 游乐场

图 3-11 数据集形态

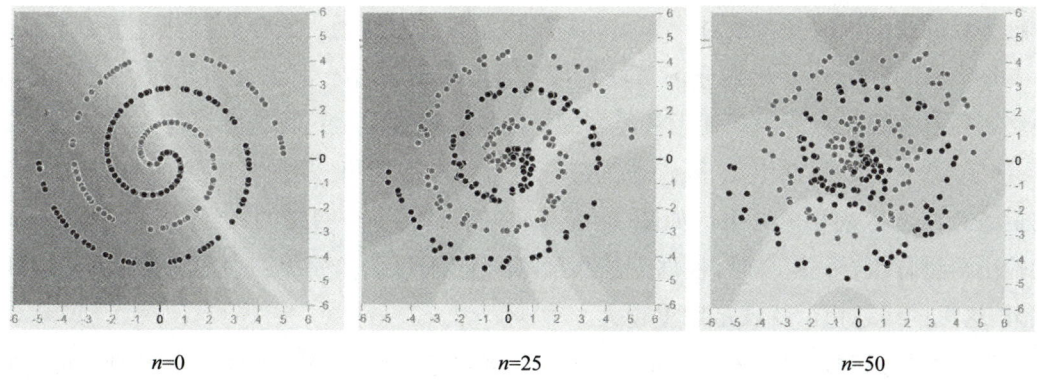

$n=0$　　　　　　　　　　$n=25$　　　　　　　　　　$n=50$

图 3-12 不同 noise 的数据分布

（4）当把每一个数据点的信息喂给机器学习系统时，需要做特征提取。例如，当用户区分蓝莓和橙子时，大小、颜色等都是合适的特征。而在游乐场中每一个点都有 x_1 和 x_2 两个特征。除此之外，由这两个特征还可以衍生出许多其他特征，如图 3-13 所示。

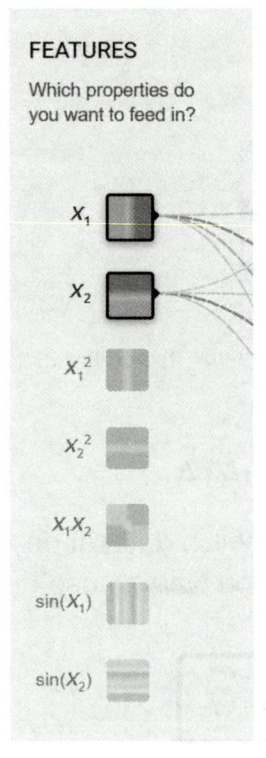

图 3-13　特征选择

简单来说，机器学习 classifier（分类器）其实是试图在平面中画一条或多条线，希望能够 100% 正确地区分蓝色和橙色的点，蓝色的点会在线的一边，橙色的点会在另一边。

上面这些图非常直观。第一张图中，选择 x_1 作为唯一特征，本质上就是画一条和 x_1 轴垂直的线。当改变参数时，其实就是将这条线左右移动。其他的特征也是如此。

很容易可以看出，机器学习算法需要智能地结合其中一种或多种特征，才能成功地将蓝色点和橙色点分类。使用神经网络，能够方便地完成这种选择任务。

（5）游乐场默认选定 x_1 和 x_2 作为特征，神经网络的每一层的每个神经元，都会将它们进行组合，来算出结果，如图 3-14 所示。下一层神经网络的神经元，会把这一层的输出再进行组合。组合时,根据上一次预测的准确性,会给每个组合不同的 weights（比重）。这里的线越粗，就表示比重越大。

（6）我们只输入最基本的特征 x_1、x_2，只要给予足够多层的神经网络和神经元，神经网络会自己组合出最有用的特征。在试验中，我们只输入 x_1、x_2，而选择一个 6 层的，每层有 8 个神经元的神经网络，如图 3-15 所示。

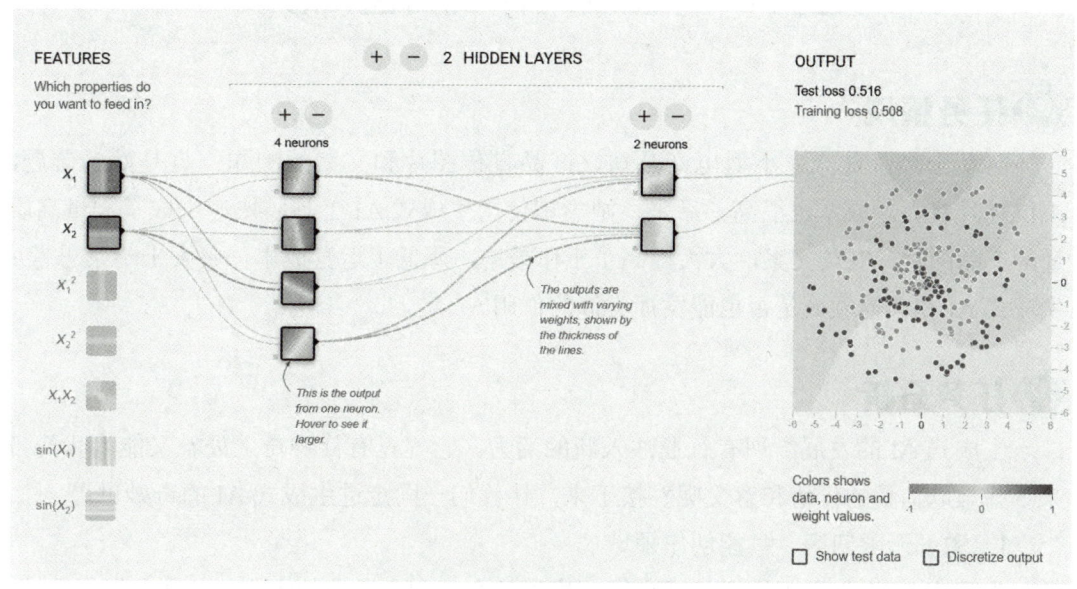

图 3-14　神经网络默认结构

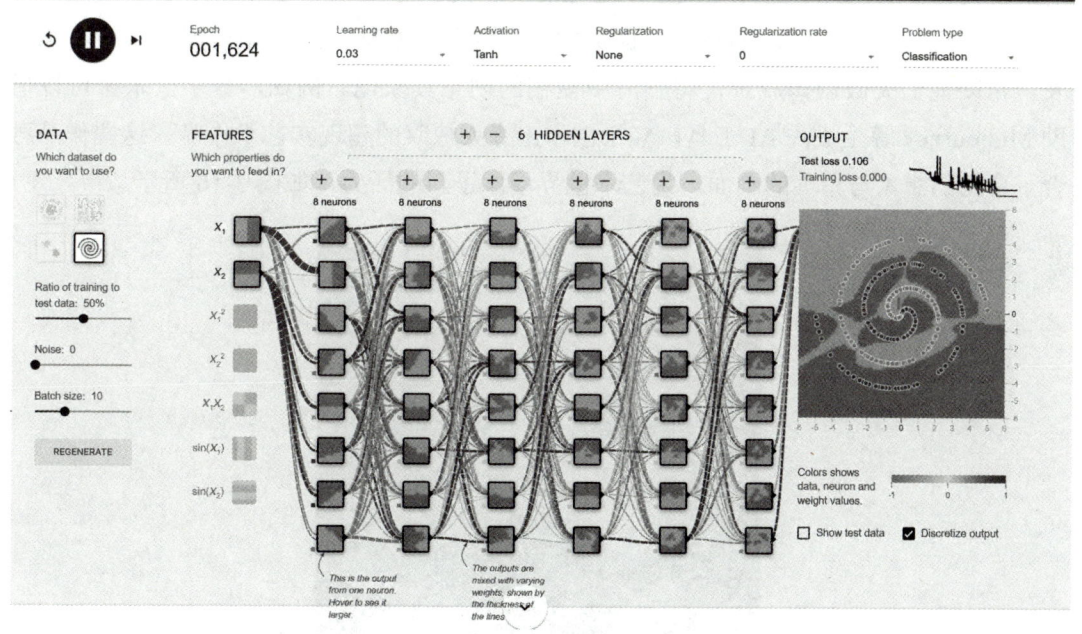

图 3-15　神经网络进行分类

根据结果发现，通过增加神经元和神经网络的层数，即使没有输入许多特征，神经网络也能够成功地分类。

神经网络的伟大之处就在于此。系统自己就能学习到哪些特征是有效的、哪些是无效的，这就大大提高了解决复杂机器学习问题的能力。

任务 3.3　生成式 AI 的价值和意义

🔍 任务情境

赵女士经营着一家小型电商公司,产品宣传图片和文案的制作一直是她的难题,不仅耗时费力,成本也很高。后来,她尝试使用生成式 AI 工具,快速生成了大量高质量的产品图片和宣传文案,大大提高了工作效率,降低了运营成本。赵女士不禁思考:生成式 AI 在其他领域是否也能发挥类似的作用?

🔗 任务分析

生成式 AI 的发展给现有行业注入新的活力。它究竟有何神奇之处?又能为我们带来哪些难以估量的价值和意义呢?接下来,让我们一同走进生成式 AI 的奇妙世界。

1. 激发无限创意,赋能创作领域

生成式 AI 为创意工作者们开启了一扇通往全新创意天地的大门。在艺术创作领域,它就像一位不知疲倦且创意无限的助手。画家们在创作灵感枯竭时,只需向生成式 AI 输入诸如"梦幻星空下的神秘城堡"这样的简单文字提示,瞬间,生成式 AI 便能生成多幅风格各异的概念图,为画家们提供构图、色彩搭配甚至细节元素等方面的灵感启发,帮助他们突破创作瓶颈,将脑海中模糊的创意具象化。例如,数字艺术家可以借助 Midjourney 等生成式 AI 工具,轻松创作出令人惊叹的超现实艺术作品,这些作品融合了奇幻的想象与精美的画面,为艺术世界增添了新的活力,如图 3-16 所示。

图 3-16　Midjourney 生成的照片

在音乐创作方面，生成式 AI 同样表现出色。它能够学习不同音乐风格的特点，如古典音乐的优雅、流行音乐的动感、摇滚音乐的激情等，然后根据创作者给定的主题、情感基调或节奏要求，创作出完整的旋律甚至整首歌曲。一位独立音乐人想要创作一首表达对大自然热爱的抒情歌曲，生成式 AI 可以迅速生成一段优美的旋律，以及与之匹配的和弦和节奏，为音乐人提供创作基础，大大缩短了创作周期，让音乐创作变得更加高效和有趣。

在文学创作领域，生成式 AI 也展现出了巨大的潜力。作家们在构思故事时，可以利用 AI 生成故事大纲、人物设定以及情节发展的建议。例如，当作家想要创作一部科幻小说时，生成式 AI 可以根据对大量科幻作品的学习，为作家提供独特的科幻设定，如未来世界的社会结构、科技发明以及可能出现的冲突等，帮助作家构建一个丰富而充满想象力的科幻世界。而且，AI 还能在作家创作过程中，根据前文内容续写段落，为故事的发展提供新的思路和方向。

2. 提升工作效率，重塑产业格局

生成式 AI 在各个行业中都发挥着提升工作效率的重要作用，成为推动产业发展的强大动力。在广告和营销行业，以往制作一个吸引人的广告海报或宣传视频，需要设计师、文案策划、摄影师等多个专业人员协同工作，耗费大量的时间和精力。如今，借助生成式 AI，营销人员只需输入产品特点、目标受众以及期望的宣传效果等关键信息，生成式 AI 就能快速生成多种广告创意方案，包括海报设计、视频脚本以及宣传文案等。这些方案不仅能够精准把握目标受众的喜好，还能突出产品的核心卖点，大大缩短了广告制作周期，降低了营销成本。例如，一家电商企业在推出新品时，利用生成式 AI 在短短几个小时内就生成了一系列不同风格的社交媒体推广海报和文案，迅速在各大平台上进行宣传，抢占了市场先机。

在软件开发领域，生成式 AI 可以帮助开发者快速生成代码框架、函数库甚至完整的应用程序模块。当开发者面对一个复杂的项目需求时，生成式 AI 能够根据对大量代码库的学习和理解，自动生成符合需求的代码片段，减少了开发者手动编写代码的工作量，提高了开发效率。同时，生成式 AI 还能对代码进行优化和调试，帮助开发者发现潜在的错误和漏洞，提升代码质量。例如，GitHub Copilot 就是一款基于生成式 AI 的代码编写助手，它能够在开发者编写代码时提供智能代码补全和建议，大大加快了编程速度，让开发者能够更加专注于解决复杂的业务逻辑问题。

在设计行业，无论是平面设计、室内设计还是工业设计，生成式 AI 都能为设计师提供高效的设计解决方案。在平面设计中，设计师可以利用生成式 AI 快速生成不同风格的 Logo 设计、宣传册排版以及包装设计等方案，通过与生成式 AI 的交互和调整，快速找到最符合客户需求的设计方向。在室内设计方面，业主只需输入房间的尺寸、功能需求以及个人喜好等信息，生成式 AI 就能生成多个室内布局和装修效果的 3D 模型，让业主直观地感受不同设计方案的效果，大大提高了设计沟通的效率和准确性。在工业设计中，生成式 AI 可以根据产品的功能要求和设计约束，生成多种产品外观和结构

设计方案，为设计师提供创新的设计思路，加速产品研发进程。

3. 助力个性化体验，满足多元需求

生成式 AI 能够深入理解用户的个性化需求，为用户提供高度定制化的体验。在电商领域，它通过分析用户的浏览历史、购买记录以及个人偏好等数据，为每个用户量身定制个性化的商品推荐。例如，一位经常购买运动装备的用户，在打开电商平台时，生成式 AI 会优先推荐适合其运动风格和习惯的运动鞋、运动服装以及相关配件，推荐文案也会根据用户的兴趣点进行定制，如强调产品的高性能、舒适度以及时尚设计等，这种个性化推荐大大提高了用户发现心仪商品的概率，提升了购物体验和购买转化率。

在教育领域，生成式 AI 可以根据学生的学习进度、知识掌握程度以及学习风格，为学生定制个性化的学习计划和辅导内容。例如，对于数学学习困难的学生，生成式 AI 能够分析其薄弱知识点，生成针对性的练习题和详细的解题步骤，以通俗易懂的方式帮助学生理解和掌握知识。同时，生成式 AI 还能根据学生的答题情况实时调整学习计划，提供个性化的学习建议，就像为每个学生配备了一位专属的私人教师，满足学生的差异化学习需求，提高学习效果。

在娱乐领域，生成式 AI 也为用户带来了个性化的娱乐体验。以游戏为例，AI 可以根据玩家的游戏历史、操作习惯以及偏好的游戏类型，生成个性化的游戏关卡、任务和角色设定。玩家在游戏过程中，能够感受到游戏内容仿佛是专门为自己定制的，从而增强游戏的沉浸感和趣味性。此外，在影视推荐方面，生成式 AI 能够通过分析用户的观影历史和评价，精准推荐符合用户口味的电影、电视剧和综艺节目，让用户更容易发现自己喜欢的影视作品，节省筛选娱乐内容的时间。

4. 加速科学研究，突破认知边界

生成式 AI 在科学研究领域扮演着至关重要的角色，为科学家们提供了强大的研究工具和创新方法。在药物研发方面，新药的研发过程往往很漫长且成本很高，需要筛选大量的化合物来寻找具有潜在治疗效果的药物分子。生成式 AI 可以通过对大量药物分子数据的学习，模拟药物分子与靶点的相互作用，预测药物的活性和副作用，帮助科学家快速筛选出有潜力的药物分子，缩短研发周期，降低研发成本。例如，利用生成式 AI 技术，科学家们能够在短时间内生成数百万种虚拟药物分子，并从中筛选出最有可能成为新药的候选分子，大大提高了药物研发的效率和成功率。

在材料科学领域，生成式 AI 可以帮助科学家设计新型材料。通过对材料的结构、性能和合成方法等数据的学习，生成式 AI 能够预测不同材料组合和结构的性能，为科学家提供设计新型材料的思路和方案。例如，在寻找一种具有高强度、低密度且耐高温的新型航空材料时，生成式 AI 可以通过模拟和计算，推荐几种可能的材料配方和制备工艺，科学家们再根据这些建议进行实验验证，大大加速了新型材料的研发进程，为航空航天等领域的发展提供了有力支持。

在天文学研究中，生成式 AI 可以处理和分析海量的天文观测数据。天文学家通过望远镜收集到的数据量极为庞大，从中发现有价值的信息犹如大海捞针。生成式 AI 能

够对这些数据进行深度学习，识别出星系的形态、恒星的演化阶段以及可能存在的系外行星等特征，帮助天文学家更高效地分析数据，发现新的天文现象和规律，拓展人类对宇宙的认知边界。

5. 促进文化传承与交流，丰富人类精神世界

生成式AI在文化传承与交流方面发挥着独特的作用，让古老的文化遗产重焕生机，促进不同文化之间的相互理解与融合。在文化遗产保护领域，许多珍贵的文物、古籍由于年代久远，面临着损坏、丢失的风险。生成式AI可以通过对文物的数字化模型进行学习和分析，对受损的文物进行虚拟修复和重建。例如，对于一座部分坍塌的古代建筑，生成式AI可以根据其现存的结构和历史资料，生成完整的建筑模型，展示其原本的风貌，为文物保护和修复工作提供重要参考。同时，生成式AI还能将古籍中的文字进行数字化处理和修复，使那些模糊不清或残缺不全的文字得以重现，方便学者进行研究和解读，传承人类的文化智慧。

在跨文化交流方面，生成式AI能够帮助人们更好地理解和欣赏不同国家和民族的文化。通过对不同文化背景下的文学、艺术、音乐等作品的学习，生成式AI可以生成融合多种文化元素的作品，促进文化的交流与融合。例如，生成式AI可以根据中国传统绘画的技法和西方油画的色彩特点，生成具有独特风格的绘画作品，让人们在欣赏作品的过程中，感受到不同文化的魅力。此外，在语言翻译方面，生成式AI的发展也使得跨语言交流更加顺畅和准确，打破了语言障碍，促进了全球文化的交流与共享。

生成式AI正以前所未有的速度和深度融入我们的生活，为我们带来了诸多价值和意义。它激发了无限的创意，提升了工作效率，满足了个性化需求，加速了科学研究，促进了文化传承与交流。然而，如同任何强大的技术一样，生成式AI也面临一些挑战，如数据隐私、伦理道德以及可能导致的就业结构变化等问题。我们需要在享受技术带来的便利的同时，积极应对这些挑战，制定合理的政策和规范，引导生成式AI健康、可持续地发展，让它真正成为推动人类社会进步和发展的强大力量，为我们创造更加美好的未来。

思政案例

在乡村振兴战略中，一些地区利用生成式AI技术，开发特色农产品的品牌宣传和电商营销方案，帮助农民拓宽销售渠道，增加收入。这一举措体现了科技赋能乡村振兴的重要作用，鼓励科技工作者关注农村发展，将先进技术应用到农业和农村领域，促进城乡融合发展。

任务实现

临近情人节，小李想给女朋友发送一条独特的节日祝福语，但又不知道该如何表达。他听说文心一言可以生成高质量的文本内容，于是决定借助文心一言创作一条专属的情人节祝福语。

借助文心一言创作一条专属的情人节祝福语

1. 了解文心一言

文心一言是百度研发的知识增强大语言模型，具有强大的文本生成能力。它能够理解用户的意图，根据提示词生成相应的文本内容，并且可以在生成过程中融入知识和情感，如图 3-17 所示。

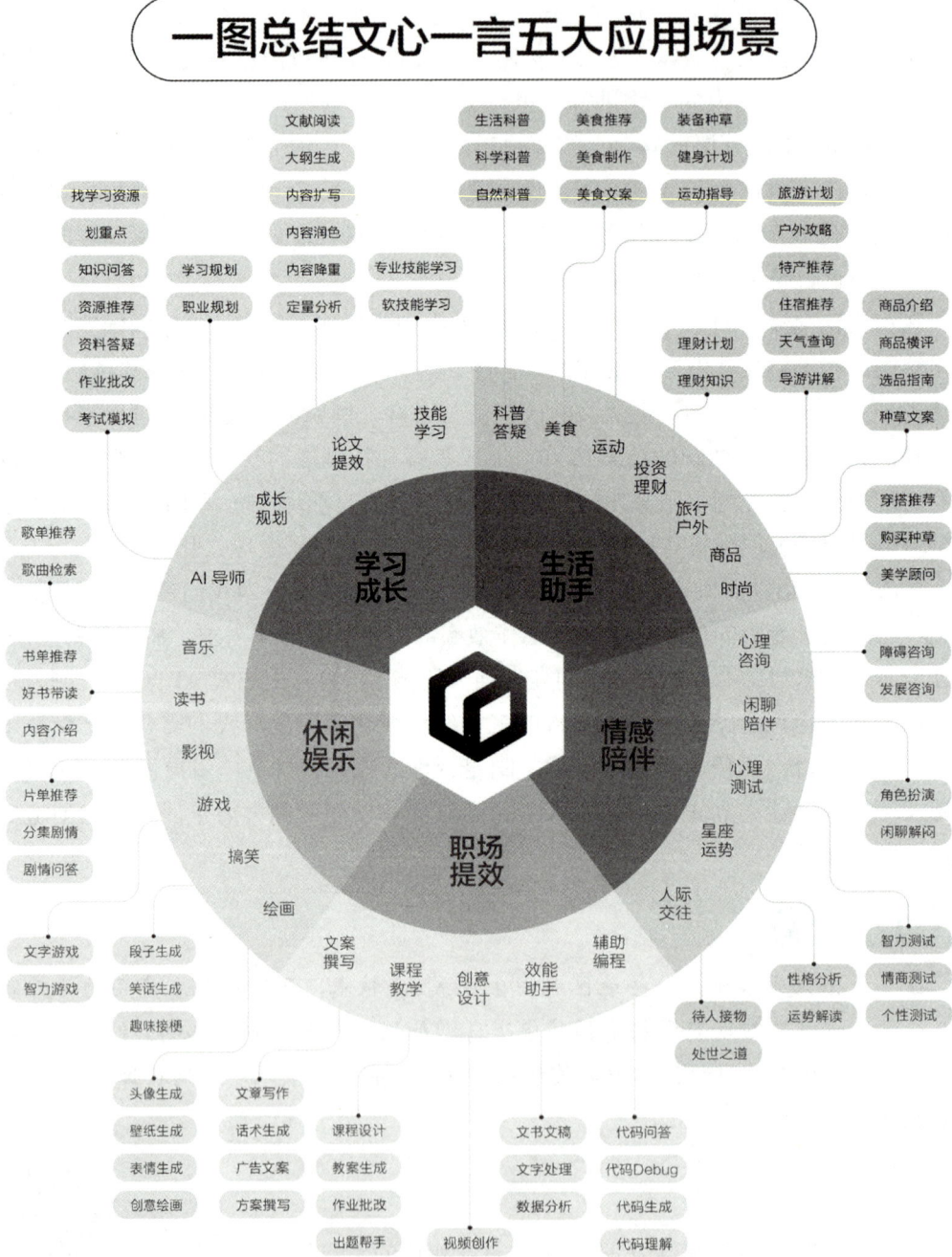

图 3-17　文心一言应用场景

2. 优化提示词

为了获得满意的节日祝福语，需要精心设计提示词。提示词应明确表达祝福的对象、节日类型以及想要传达的情感。例如，"为女朋友生成一条浪漫的情人节祝福语，融入两人的相处回忆"，这样的提示词能够引导文心一言生成更符合需求的内容。

3. 准备

访问文心一言的官方网站，如图 3-18 所示。

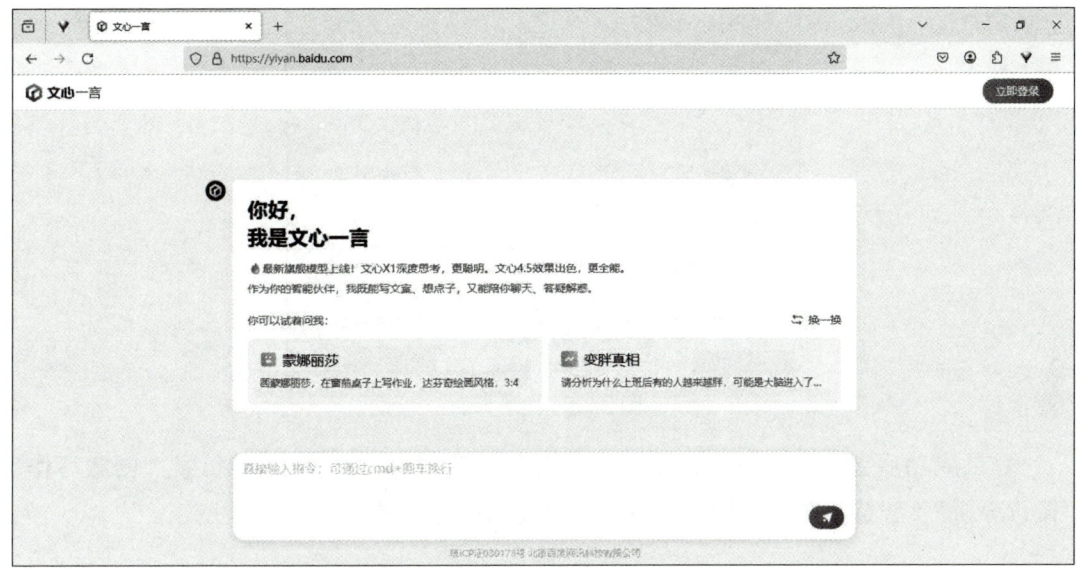

图 3-18　文心一言界面

单击"立即登录"按钮，就会跳转到登录界面，如图 3-19 所示。

图 3-19　登录界面

在登录界面上，你可以选择用百度 APP、手机号或者百度账号来登录。如果没有账号，可以单击右下角的"立即注册"按钮，进入注册界面。按照提示填写相关信息

（如用户名、密码、邮箱等），完成注册过程，如图 3-20 所示。

图 3-20 注册界面

登录成功后会进入主界面，主界面的左侧导航栏可以选择"新对话""创意写作""阅读分析""智慧绘图"等图标。下面可以展示历史记录，如图 3-21 所示。

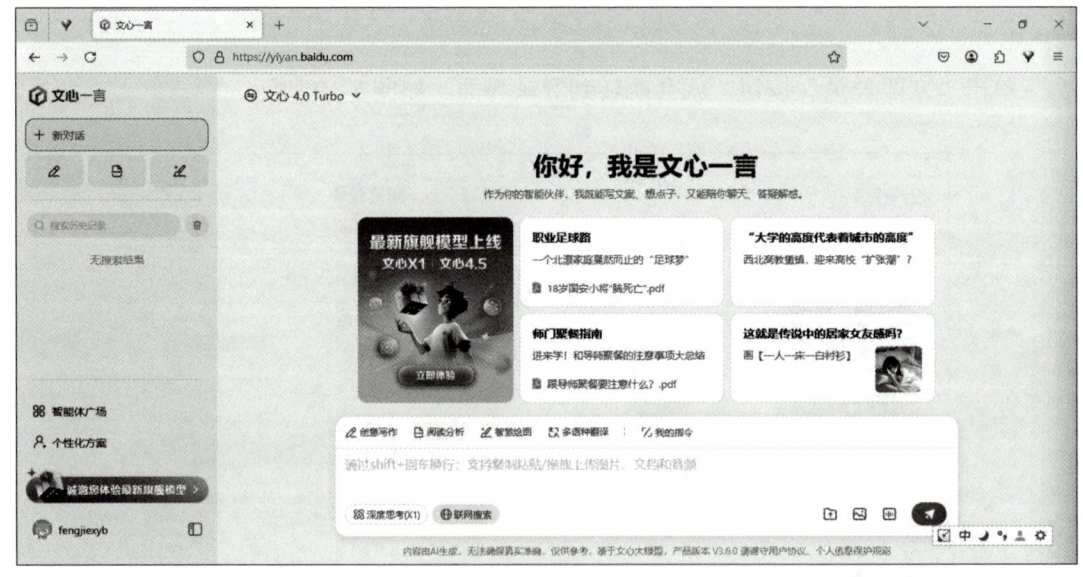

图 3-21 文心一言主界面

4. 生成祝福语

在主界面的下方，可以看到一个像聊天对话框一样的输入框，这就是和文心一言交流的地方。在对话框里，可以输入任何你想问的问题或者你想说的话，文心一言会立即开始处理你的问题。

在对话框中输入精心设计的提示词，如"为女朋友生成一条浪漫的情人节祝福语，融入我们一起看海的美好回忆"，文心一言会生成祝福语，如图 3-22 所示。

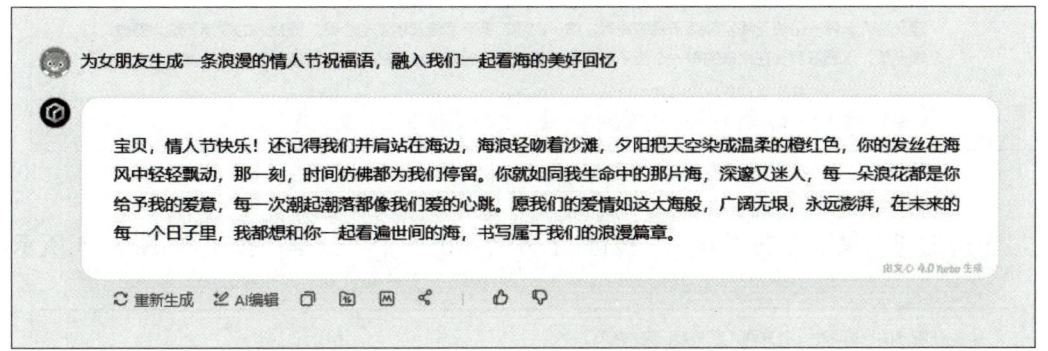

图 3-22　生成祝福语

5. 优化内容

查看文心一言生成的祝福语，如果不满意，可以单击"重新生成"按钮。也可以根据生成内容进一步调整提示词，如"在刚才的祝福语中，补充两人在一起已经 214 天了"，直到获得满意的结果，如图 3-23、图 3-24 所示。

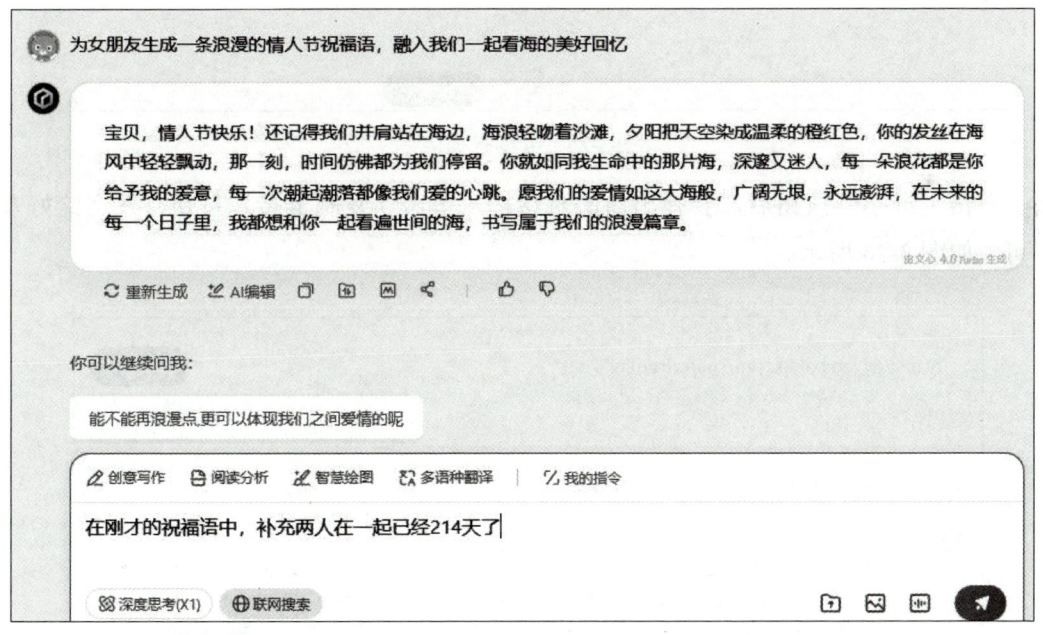

图 3-23　补充修改

6. 应用分享

将生成的祝福语发送给女朋友，并观察对方的反应。可以与朋友分享使用文心一言生成祝福语的体验和心得。

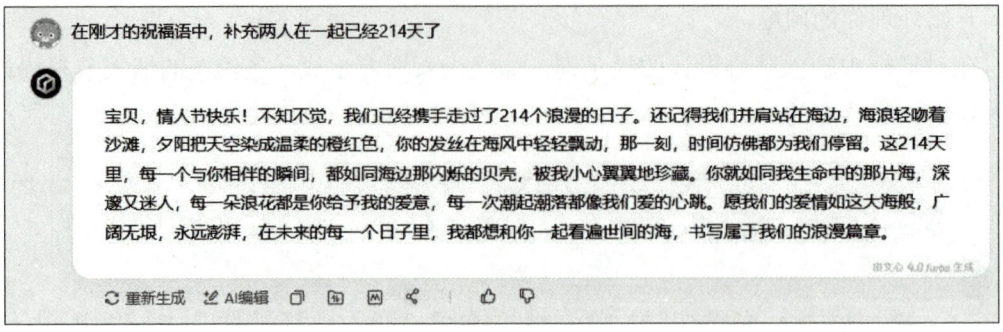

图 3-24 优化结果

单击生成结果下方的"分享"按键,下方会弹出一个"分享"按钮,如图 3-25 所示。

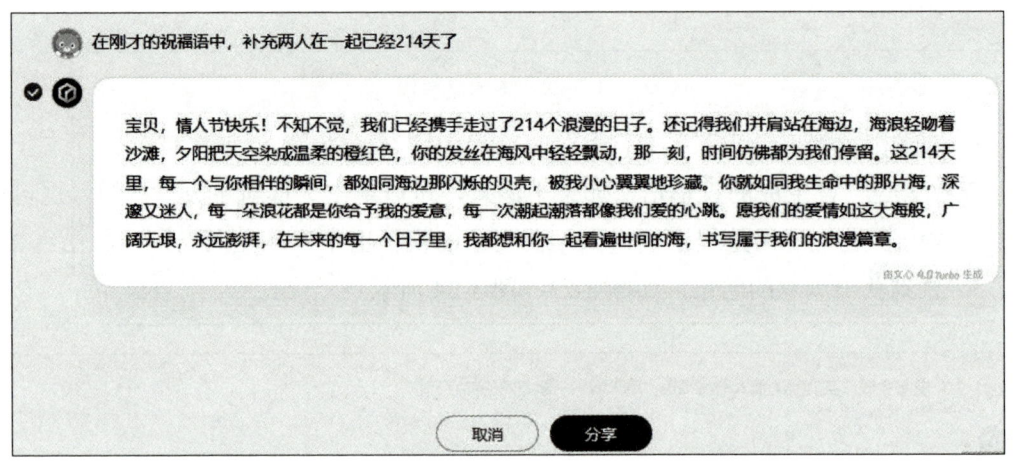

图 3-25 分享祝福语

单击"分享"按钮后,会弹出新的对话框,单击"复制链接"按钮,发送给好友即可,如图 3-26 所示。

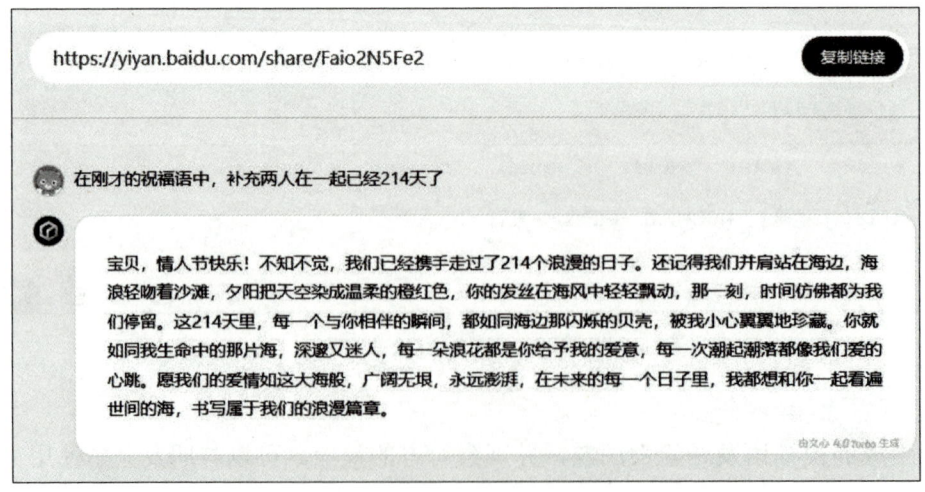

图 3-26 生成分享链接

项目总结

本项目围绕大模型与生成式 AI 展开,通过对 GPT 等典型模型的剖析,了解了其工作原理和创作能力。同时,深入探讨了生成式 AI 的核心技术、价值以及伦理问题,并通过实践操作,掌握了文心一言等工具的使用方法。在未来,生成式 AI 将继续发展,深刻改变我们的生活和工作方式。我们需要不断学习和探索,充分发挥其优势,同时应对各种挑战,让生成式 AI 更好地服务于人类社会。

项目 4　DeepSeek 基础

学习目标

知识目标
- 了解 DeepSeek 的基本概念、技术原理、性能优势、应用场景。
- 熟悉其注册和登录方法、界面操作、功能使用及提示词编写方法。
- 掌握不同部署方式（在线、本地）的特点和操作流程。

技能目标
- 能够熟练完成 DeepSeek 的注册、登录与基本操作。
- 学会运用提示词与 DeepSeek 进行有效交互，解决各类问题。
- 学会使用 DeepSeek 的增强功能（深度思考、联网搜索等）。

素养目标
- 培养对新兴技术的探索精神和创新意识。
- 增强数据安全和隐私保护意识。
- 提升利用先进技术解决实际问题的思维和能力。
- 树立正确的技术价值观，认识到技术应服务于人类社会发展。

应用场景

在某所学校，老师布置了一项关于人工智能发展的研究作业，要求学生分析人工智能在各领域的应用及影响。学生小李想到了 DeepSeek，他注册并登录后，利用深度思考功能输入"人工智能在教育、医疗、金融领域的具体应用和面临的挑战"。DeepSeek 迅速给出详细分析，不仅梳理出人工智能在各领域的应用实例，还深入探讨了数据安全、伦理道德等挑战。小李借助这些内容，顺利完成作业并获得老师表扬。他兴奋地和同学分享："以前做这类作业，找资料特别麻烦，DeepSeek 帮我节省了好多时间，还让我学到了更多知识！"

任务 4.1　DeepSeek 简介

任务情境

在繁华都市的一家科技初创公司里，年轻的创业者小李正为公司的发展方向苦苦思索。公司聚焦于智能教育领域，旨在为学生提供更高效、个性化的学习辅助工具，但现有的技术方案总是无法达到预期效果。一天，小李在行业交流会上偶然听到了 DeepSeek，对其强大的自然语言处理能力和广泛的应用潜力产生了浓厚兴趣。他决定深入了解 DeepSeek，看看是否能为公司带来新的转机。

任务分析

在科技蓬勃发展的时代浪潮中，人工智能领域不断涌现出令人瞩目的创新成果，而 DeepSeek 无疑是其中一颗耀眼的新星。2025 年 1 月 27 日，美国股市经历了一场剧烈震荡，英伟达、微软、谷歌母公司 Alphabet、Meta 等美国主要科技股纷纷受挫，英伟达股价更是暴跌近 17%，单日市值蒸发约 6000 亿美元，创下美股历史最高纪录。而引发这场股市巨变的关键因素，正是来自中国的人工智能初创公司——深度求索（DeepSeek）。这家成立于 2023 年 7 月的公司，虽成立时间不长，但在人工智能领域展现出了惊人的实力与潜力，其开发的大语言模型 DeepSeek，一经推出便在行业内引起了轰动。

DeepSeek 是一款功能强大的大语言模型，它宛如一个知识渊博且思维敏捷的"超级大脑"，具备卓越的自然语言处理能力。无论是日常轻松的聊天对话，还是复杂专业的问题求解；无论是高难度的代码编写，还是繁琐的资料整理工作，DeepSeek 都能应对自如，为用户提供精准、高效的服务。

与其他同类大语言模型相比，DeepSeek 在技术层面实现了重大突破。它采用了先进的算法和优化技术，在算力利用上更加高效，极大地降低了对数据量和算力的依赖。以往，像 OpenAI 等公司开发大语言模型时，常常遵循"大力出奇迹"的模式，需要投入大量的算力和海量的数据来支撑。然而，DeepSeek 却另辟蹊径，走出了一条"小力也能出奇迹"的创新之路。它凭借较小的算力和相对较少的数据量，通过独特的创新方法，实现了卓越的性能表现。这一突破不仅为人工智能的发展开拓了新的方向，也让众多资源有限的研究机构和开发者看到了实现技术突破的希望。

在成本控制方面，DeepSeek 展现出了巨大的优势。以其最新发布的 DeepSeek - R1 模型为例，该模型的训练仅耗时不到两个月，计算成本仅约 600 万美元。与之形成鲜明对比的是，美国公司在人工智能技术研发上的投入常常数以亿计甚至高达数十亿美元。DeepSeek 的低成本优势使其在激烈的市场竞争中脱颖而出，让更多用户能够以较低的成本享受到先进的人工智能技术，有力地推动了人工智能技术的普及与应用。

DeepSeek 之所以能在人工智能领域大放异彩，其先进的技术原理是关键。它基于深度学习技术，模仿人脑神经网络的结构和功能，通过构建大量的神经元和连接，使计算机能够自动从海量数据中学习特征和模式。在模型架构上，DeepSeek 采用了 Transformer 架构，这是一种基于自注意力机制的深度学习模型，在处理序列数据中的长距离依赖关系方面表现卓越，在自然语言处理等任务中优势明显。

以翻译任务为例，传统的循环神经网络在处理长句子时，需要逐个处理单词，容易出现梯度消失或梯度爆炸的问题，导致对长距离依赖关系的捕捉能力较弱。而 Transformer 架构的自注意力机制，赋予了模型一种特殊的"超能力"。它能让模型在处理每个单词时，同时关注句子中的其他单词，从而更全面、准确地理解句子的整体含义，进而实现更精准的翻译。

除了 Transformer 架构，DeepSeek 还引入了混合专家模型（Mixture of Experts，MoE）。MoE 架构就像一个由众多专业"专家"组成的团队，每个"专家"都擅长处理某一类特定任务。当模型接收到一个任务时，它会根据任务的特点，智能地选择最擅长处理该任务的"专家"去执行，而不是让所有模块都参与处理，这样大大减少了不必要的计算量，使模型在处理复杂任务时既快速又灵活。例如，DeepSeek - V3 拥有 6710 亿参数，但每个 token 仅激活 370 亿参数，通过这种方式，模型在保持强大能力的同时，显著提升了运行效率。

在训练方法上，DeepSeek 运用了分布式训练、混合精度训练、强化学习与多词元预测等多种先进技术。分布式训练就像是一场大规模的团队协作，将训练数据分配到多个计算节点上，每个节点独立计算梯度，最后进行梯度聚合和参数更新，大大加快了训练速度。混合精度训练则利用半精度（FP16）和单精度（FP32）浮点数进行训练，在减少显存占用、加速训练过程的同时，通过损失缩放等技术，有效避免了精度损失，保证了模型性能。强化学习让模型能够自主探索推理模式，通过不断地试错和学习，优化自身的推理能力；多词元预测技术则可以一次预测多个 token，如同人们说话时会连续说出几个词来表达完整意思一样，大大提高了模型的推理速度和生成内容的连贯性。

在性能方面，DeepSeek 展现出了强大的实力，与其他主流模型相比优势显著。在推理能力上，以 DeepSeek - R1 为例，根据第三方基准测试数据，在复杂问题解决及编码精确度方面，它超越了 Meta 的 Llama3.1、OpenAI 的 GPT - 4o 以及 Anthropic 的 ClaudeSonnet3.5 等知名模型。例如，在面对复杂的数学逻辑推理题时，DeepSeek 能够迅速分析题目中的条件和关系，通过严谨清晰的逻辑推理，给出准确的答案，而其他模型可能会出现推理过程混乱或答案错误的情况。

在自然语言处理任务中，DeepSeek 同样表现出色。无论是文本生成、情感分析还是机器翻译，它都能轻松胜任。在文本生成方面，它生成的文本内容丰富、逻辑连贯、语言自然，能够满足各种场景的需求。例如，让它创作一篇关于人工智能未来发展的文章，它不仅能够深入阐述人工智能的发展趋势，还能结合实际案例进行分析，提出独到的见解，文章结构严谨，语言表达流畅，宛如资深行业专家撰写。

在图像和视频分析领域，DeepSeek 也在不断拓展其能力边界。尽管它主要侧重于自然语言处理，但通过与其他技术的融合，已经能够实现一些多模态的应用。它可以对图像中的内容进行精准描述，结合图像中的视觉信息和文本信息，进行更深入的理解和分析；在视频分析方面，它能够识别视频中的关键事件、人物动作等，为视频内容的理解和管理提供有力支持。

DeepSeek 的应用场景十分广泛，涵盖了教育、医疗、金融、娱乐等多个重要领域。在教育领域，它可以充当智能学习助手，帮助学生解答各种学科难题，提供个性化的学习建议和辅导。当学生遇到数学难题时，DeepSeek 能够详细地讲解解题思路和方法，引导学生逐步理解和掌握知识点；在语文学习中，它可以帮助学生进行作文批改、语法纠错，提升学生的写作能力。

在医疗领域，DeepSeek 可以辅助医生进行疾病诊断和治疗方案的制定。它能够快速分析患者的病历、检查结果等数据，提供可能的诊断建议和治疗参考，帮助医生做出更准确的决策。对于一些罕见病和复杂病例，DeepSeek 还可以通过分析大量的医学文献和病例数据，为医生提供新的治疗思路和方法。

在金融领域，DeepSeek 可以用于风险评估、投资分析等。它能够对市场数据、企业财务报表等进行深入分析，评估投资风险，预测市场趋势，为投资者提供决策支持。在信贷审批中，DeepSeek 可以快速评估申请人的信用状况，提高审批效率和准确性。

在娱乐领域，DeepSeek 也有着广泛的应用。它可以用于游戏开发，为游戏角色赋予更智能的对话和行为，提升游戏的趣味性和互动性；在影视创作中，它可以帮助编剧生成故事创意、剧本大纲，提高创作效率。

那么，为什么众多用户会选择 DeepSeek 呢？首先，DeepSeek 具有强大的性能和广泛的适用性。无论是科研领域的数据分析、文献综述，还是商业领域的客户服务、市场分析、内容创作，DeepSeek 都能发挥重要作用。它能够理解和处理各种复杂的任务，为用户提供高质量的解决方案，有效提高工作效率和质量。

其次，DeepSeek 的成本优势使其成为众多用户的理想之选。对于小型企业和研究机构，有限的预算常常限制了他们对先进技术的应用。而 DeepSeek 以较低的成本提供了强大的功能，让这些用户也能够享受人工智能带来的便利和优势。即使是大型企业，在追求高效益的同时，也会考虑成本因素，DeepSeek 的低成本无疑增加了它在市场上的竞争力。

此外，DeepSeek 的开源和持续创新也是吸引用户的重要因素。它秉持开源精神，将其最新的 AI 系统开源，与全球开发者共享代码，为开发者提供了更多的创新空间和可能性。开发者可以基于 DeepSeek 的开源代码进行二次开发和优化，满足不同场景的需求。同时，DeepSeek 团队不断进行技术创新和模型优化，定期推出新的版本和功能，使得模型能够不断适应新的任务和挑战，保持在人工智能领域的领先地位。

思政案例

在当今全球科技激烈竞争的大舞台上，人工智能领域无疑是最受瞩目的焦点之一。而 DeepSeek 的横空出世，宛如一颗璀璨的新星，照亮了中国人工智能发展的道路，成为当之无愧的"国人之光"，对我国人工智能发展有着深远意义，也深刻影响着现实的各个层面。

从技术创新层面来看，DeepSeek 依靠独特技术路线，在性能强大的同时，训练成本却不高。其团队主要由国内高校毕业生和在读博士生组成，这充分证明了我国教育体系在培养顶尖人才方面的卓越成效。这些本土培养的人才，凭借自身扎实的专业知识和勇于创新的精神，在 DeepSeek 的研发中发挥了关键作用，让中国在全球人工智能技术竞争中占据重要一席。这不仅彰显了我国自主创新能力的提升，更为我国科技产业的长远发展注入了强心剂，激励着更多年轻人才投身科技创新，在各领域突破"卡脖子"难题。

DeepSeek 的成功，让我们看到了中国科技创新的无限潜力。它不仅是一项技术成果，更是中国科技实力崛起的象征，激励着全体国人在实现科技强国的道路上奋勇前行，以科技之力推动国家繁荣昌盛，为构建人类命运共同体贡献中国智慧和中国方案。

任务实现

1. 注册与登录

DeepSeek 和其他大部分大语言模型一样，想要使用需要进行用户注册并登录。

DeepSeek 基础操作

首先在浏览器中打开 DeepSeek 官方网站，进入官网界面，如图 4-1 所示。

图 4-1　DeepSeek 官网界面

在页面下方有两个按钮。单击左侧"开始对话"按钮，会打开一个新的界面。如果当前还没有登录，就会跳转到登录界面，如图 4-2 所示。

图 4-2　DeepSeek 登录界面

DeepSeek 登录和注册是同一个界面，目前仅支持手机号和微信注册。如果当前手机号没有被注册，登录时会自动注册。使用手机号注册需要选择验证码登录（这也是默认的登录方式）。用户需要输入自己的手机号（默认是中国大陆地区，区号为86），选中"我已经阅读并同意用户协议与隐私政策，未注册的手机号将自动注册"（为了保障自身的合法权益和隐私安全，建议用户仔细阅读后再注册），之后单击"发送验证码"按钮。当手机收到验证码短信之后，将验证码填入对应输入框。之后单击"登录"按钮即可跳转到主界面，如图 4-3 所示。

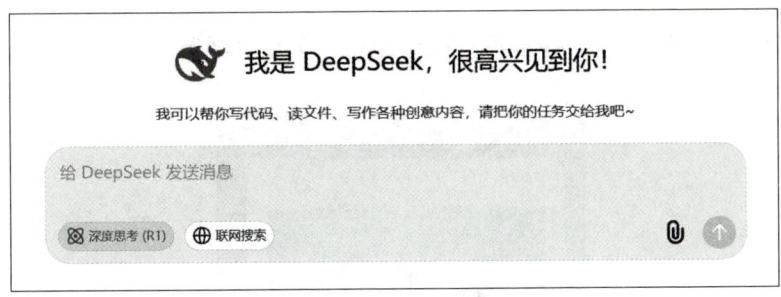

图 4-3　DeepSeek 主界面

也可以单击下方"使用微信扫码登录"按钮，会弹出二维码界面，打开手机微信扫描二维码即可注册，如图 4-4 所示。

注册后，会提示 DeepSeek 申请使用你的头像和昵称，这时单击"允许"按钮即可，如图 4-5 所示。

图 4-4 DeepSeek 微信登录界面

单击"允许"按钮后,DeepSeek 为了保障账号安全,要求绑定手机号,因此还需要输入手机号和验证码,如图 4-6 所示。

图 4-5 DeepSeek 申请使用头像和昵称界面

图 4-6 绑定手机号

此时需要进行验证,根据提示进行操作即可,如图 4-7 所示。

图 4-7 注册验证

通过验证之后,单击"绑定"按钮,即可跳转到主界面了。

如果不想使用验证码登录，也可以选择注册登录账户。单击"密码登录"按钮，这时不能直接登录，需要单击下方"立即注册"按钮，打开注册界面，如图4-8所示。

图 4-8　注册用户

之后输入手机号码和密码，单击"发送验证码"按钮。当手机收到验证码短信之后，将验证码填入对应输入框。勾选"我已阅读并同意用户协议与隐私政策"，同时可以根据自己的实际情况选择注册用途，单击"注册"按钮，即可跳转到主界面。

注册成功后，下次输入账号、密码即可登录，开启 DeepSeek 之旅。

2. 界面介绍与导航

在浏览器中打开 DeepSeek 官方网站之后进入主界面，如图4-9所示。在此界面中，左上角是 DeepSeek 的 Logo 和名称。DeepSeek 的 Logo 是一只可爱的鲸鱼。右上角是 API 开放平台和语言切换按钮。DeepSeek 允许用户使用中文和英文界面。

在界面正中，有一条最新新闻，单击可以查看详细内容。

在界面下方有两个按钮。单击左侧"开始对话"按钮，会打开一个新的界面，开始和 DeepSeek 进行交互。如果当前还没有注册账户，就会跳转到登录界面。将鼠标指针移到右侧按钮上时，会弹出一个二维码，手机扫描二维码可以下载 DeepSeek 手机 APP。

界面最下方是 DeepSeek 的一些链接，有各个版本的 github 网址、各版本的网址和用户文档等内容，如图4-10所示。

进入对话界面后，左侧有一个隐藏的边栏，如图4-11所示。单击"打开边栏"按钮，可以看到历史对话记录，即每一次和 DeepSeek 的交互都能够找到。

图 4-9　DeepSeek 官网界面

图 4-10　DeepSeek 脚注

图 4-11　打开边栏

在边栏上，还有"开启新对话"按钮、"下载 APP"按钮和"个人信息"按钮。

在界面正中，可以在输入框中输入你想要和 DeepSeek 沟通的内容，输入之后，输入框右下角的向上箭头变成蓝色按钮，单击此按钮，就可以进行交互，如图 4-12 所示。

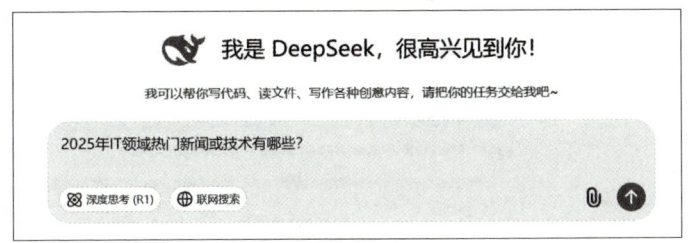

图 4-12　输入文字

例如，输入"2025 年 IT 领域热门新闻或技术有哪些"，单击箭头，DeepSeek 就会自动生成答案，如图 4-13 所示。在答案生成过程中，蓝色箭头变成"停止"按钮。单击"停止"按钮可以终止生成。

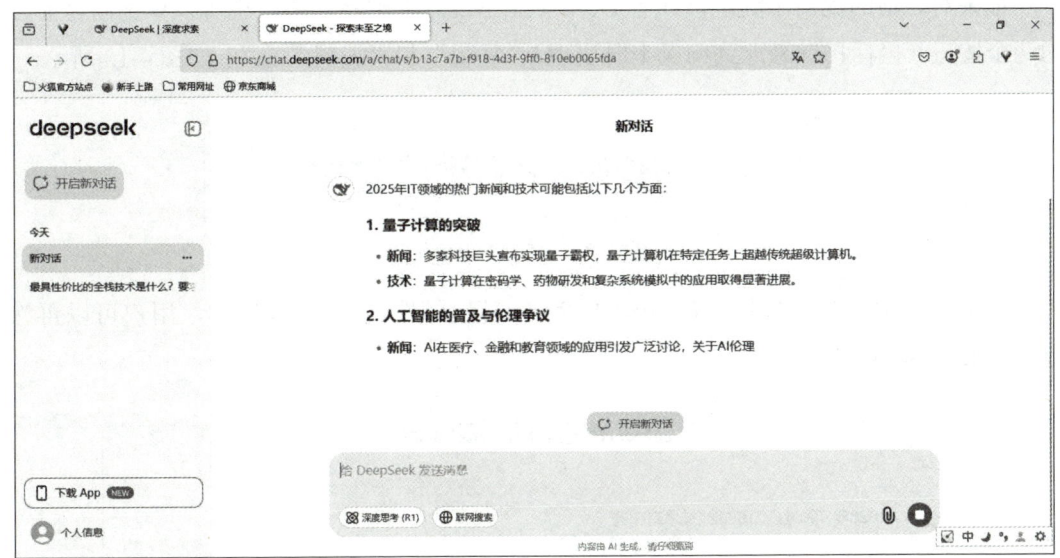

图 4-13　生成答案

答案生成之后，在答案下方出现四个按钮，分别为"复制""重新生成""喜欢"和"不喜欢"，如图 4-14 所示。单击"复制"按钮，可以将答案复制为 Markdown 格式，用于后续修改。如果不喜欢当前答案，可以单击"重新生成"按钮，让 DeepSeek 重新回答。如果觉得答案满意，可以单击"喜欢"按钮，给 DeepSeek 反馈。如果多次生成均不满意，也可以单击"不喜欢"按钮。

在答案下方还有一个蓝色的"开启新对话"按钮。DeepSeek 会记录每一次的问题，并进行综合分析。如果希望开启一个新的问题，而不和之前的问题关联，可以单击此按钮，开启新的交互。

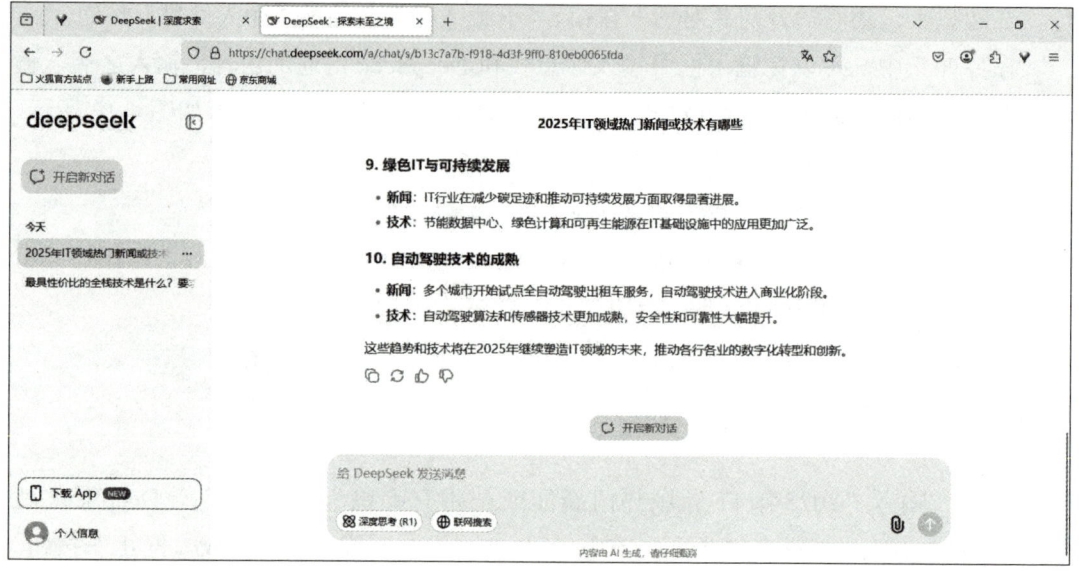

图 4-14　答案操作按钮

如果对之前的提问不满意，或者 DeepSeek 出现意外中断回答，也可以单击问题前方的两个按钮（鼠标指针悬浮到问题上时出现）"复制"和"编辑消息"，如图 4-15 所示。

图 4-15　编辑问题按钮

单击"编辑消息"按钮，DeepSeek 会自动将原问题放到输入框中，用户可以再次提问，如图 4-16 所示。

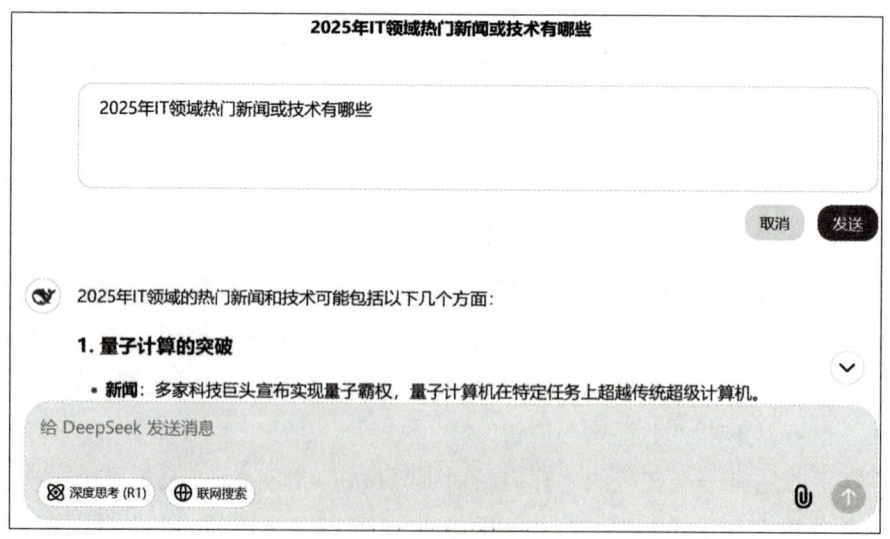

图 4-16　再次提问

此时，单击"发送"按钮，在问题下方会出现提问次数标志，如图 4-17 所示。

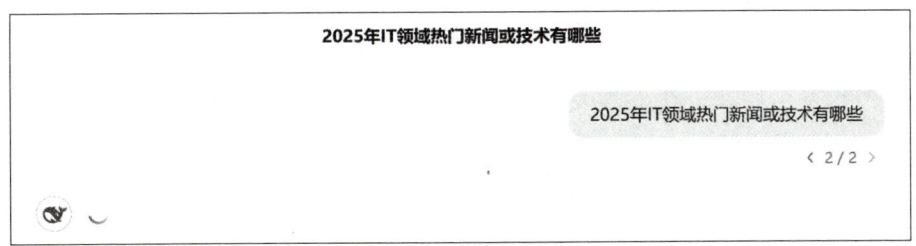

图 4-17　提问次数

3. 增强功能

目前 DeepSeek 在线版使用的模型为 DeepSeek V-3 版。如果用户觉得答案过于肤浅，可以使用深度思考或联网搜索功能，如图 4-18 所示。

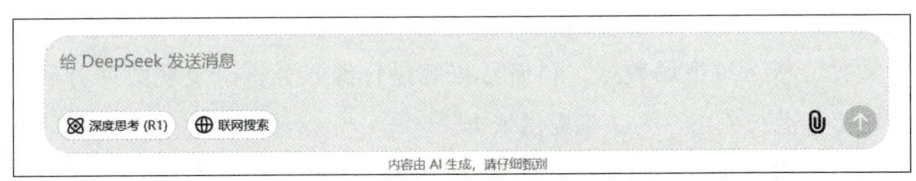

图 4-18　增强功能

在 DeepSeek 的网页版或 APP 中，单击"深度思考（R1）"按钮开启该模式，然后在文本框内输入问题或任务，模型会基于海量数据进行深度分析，并逐步拆解问题，提供详细的思维链过程和更精准的答案。

深度思考功能基于 DeepSeek-R1-Lite 模型，在回答问题前构建内部思维链，利用强化学习机制和思维链技术，通过链式推理显性化思考路径，逐步分析并得出结论，如图 4-19 所示。

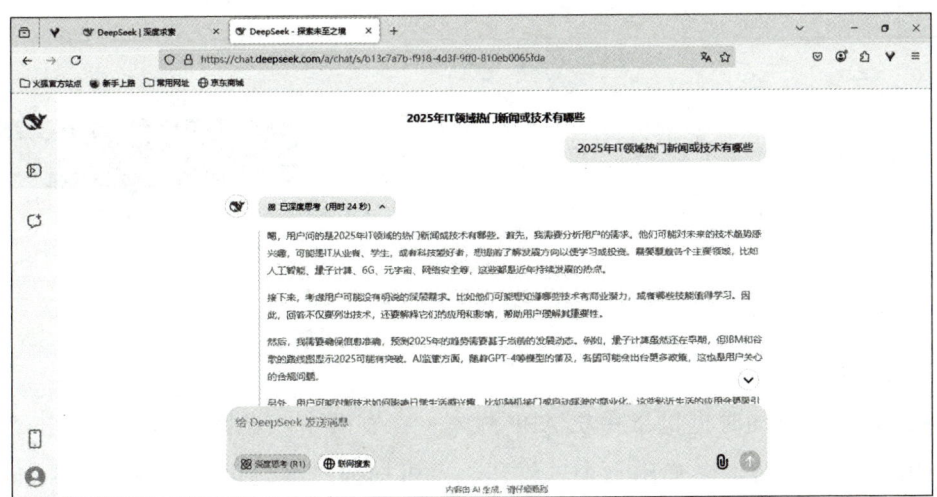

图 4-19　深度思考

深度思考功能具有以下特点。

- 展示思维过程：不仅给出答案，还呈现完整的分析论证链条，将思考过程像剥洋葱一样一层一层展示出来，使用户能清晰看到"机器如何思考"。
- 擅长复杂问题：在处理复杂的逻辑推理、数据分析、编程问题以及需要深度创意的工作等方面表现出色，能从多个维度全面分析问题。
- 类人推理方式：具有类似人类的推理方式，如自我质疑、返回重新思考、不断假设验证等，在遇到困惑时甚至会"中断"思路。

这种方法，在很多方面效果明显。

- 学习研究：适合处理复杂的学术问题，如数学定理证明、物理原理推导、编程逻辑设计等，帮助学生做奥数题、研究课题，协助科研人员进行学术探索。
- 创意写作：在小说创作、诗歌创作、文案策划等工作中，能帮助梳理情节逻辑、构建创意框架、挖掘主题深度。
- 数据分析：对市场数据、科研数据等进行深入分析，发现数据背后的规律、趋势和潜在关系，为决策提供依据。
- 复杂问题解决：可用于解决工作中遇到的复杂业务问题、管理问题等，如制定大型项目的策划方案、分析企业发展战略等。

联网搜索功能通过接入互联网，利用网络上丰富的信息资源，自动提取问题中的关键词，并进行多方面的搜索。可以快速获取时效性高的最新信息，如新闻、股市数据、天气、赛事结果等，帮助用户在最短的时间内获得所需的最新信息。

此外，如果问题比较复杂，也可以在提问时上传附件。单击"上传附件"按钮，在弹出的窗口中选择文件即可，如图4-20所示。上传的文件一般为文档或图片。DeepSeek会自动识别图片和文件内容进行分析。

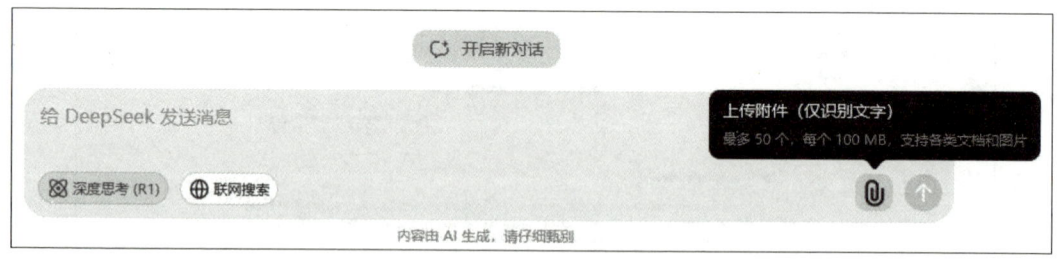

图 4-20 上传附件

4. 手机版本

DeepSeek官方同时提供了手机APP版本。在官网中，当鼠标指针悬浮在"获取手机APP"按钮上时，会弹出一个二维码，手机扫描二维码可以下载DeepSeek手机APP。也可以从应用商店下载，如图4-21所示。

图 4-21　APP 下载

在手机上安装之后,打开 APP,即可看到主界面,如图 4-22 所示。

图 4-22　APP 主界面

手机版和网页版使用方法基本一致,可以单击下方的"+"按钮,上传图片或文件,也可以使用语音输入法进行输入,支持中英文混合输入,如图 4-23 所示。

图 4-23　APP 输入功能选项

在网页端和手机端均登录同一账号,历史对话自动同步(间隔约 1 分钟)。向右滑动界面,可以看到历史记录,如图 4-24 所示。在手机端未完成的对话,也可以在电脑端继续编辑。

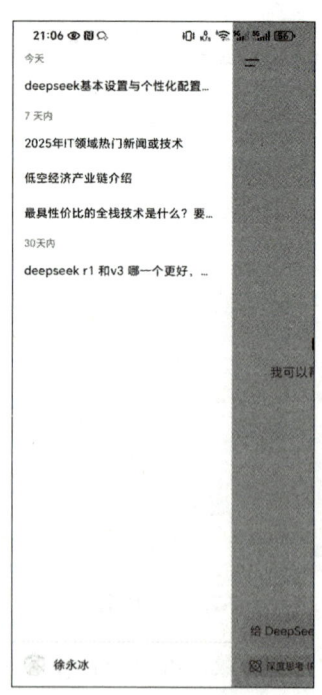

图 4-24　APP 历史记录查看

任务 4.2　DeepSeek 提示词设计

🔍 任务情境

广告公司的创意团队正在为一款新上市的智能手表策划宣传方案。团队成员小王负责撰写宣传文案，但绞尽脑汁也没有灵感。这时，同事推荐他使用 DeepSeek 来辅助创作，但小王不知道如何编写有效的提示词来引导 DeepSeek 生成满意的文案。为了按时完成任务，小王必须尽快掌握 DeepSeek 提示词的编写技巧。

🔗 任务分析

编写 DeepSeek 提示词，核心在于精准引导模型输出。首先要明确目标，例如，写宣传文案时，要确定文案的主题、受众和预期效果，若要宣传智能手表，需明确目标受众是年轻消费者，预期效果是突出产品特点，吸引购买。简洁清晰地表达需求，避免复杂模糊表述，细化问题，让 DeepSeek 清楚知道任务要求。提供上下文和背景信息，如宣传智能手表时，可说明产品的独特功能、市场定位等，帮助模型更好地理解任务。结构化提示词，采用"任务描述＋具体要求＋输出格式"的结构，使任务要求更清晰，如"为新上市的智能手表撰写宣传文案，突出其健康监测、时尚外观和长续航特点，语言风格时尚活泼，适合社交媒体发布，输出格式为图文并茂的推文"。巧用示例规范输出风格，提供符合期望风格的示例，让模型参考。设置限制条件，从字数、内容范围、语言风格等方面限定输出，确保结果符合预期。还可通过分步引导、角色扮演、迭代优化等技巧，提升提示词效果，如让 DeepSeek 扮演资深广告策划师创作文案，根据初次输出结果优化提示词，不断提高文案质量。

▶ 任务实现

1. 基础技巧：搭建有效沟通的基石

（1）明确目标，有的放矢。在编写提示词之前，明确自己的目标至关重要。不同的任务需要不同类型的提示词来引导 DeepSeek。例如，如果你希望它帮你写一篇关于人工智能发展趋势的文章，那么简单地输入"写一篇文章"显然是不够的。这样模糊的提示词会让 DeepSeek 难以确定文章的主题、重点和方向，最终生成的内容可能无法满足你的需求。

相反，若你输入"撰写一篇 3000 字左右，关于人工智能在未来五年内的发展趋势分析文章，需涵盖技术突破、应用场景拓展以及对社会经济的影响等方面，并引用至少三个权威研究报告的数据作为支撑"，这样明确的提示词能让 DeepSeek 清楚地了解你的要求，从而生成一篇更具针对性和深度的文章。

同样，在解答问题时，明确问题的核心和期望的答案类型也很关键。例如，对于"如何提高学习效率"这个问题，由于缺乏具体的背景和限制，DeepSeek给出的回答可能比较宽泛。但如果改为"我是一名高中生，每天晚上学习时间有限，如何在有限时间内提高数学和英语这两门学科的学习效率，给出具体的学习方法和时间分配建议"，就能引导DeepSeek提供更贴合你实际情况的解决方案。

（2）简洁清晰，细化问题。简洁明了的指令是让DeepSeek准确理解你需求的关键。避免使用复杂、模糊或容易产生歧义的语言，尽量用简洁的短句来表达你的意图。例如，"帮我搞一篇怎么提升生活品质，包含日常小技巧和心态调整，最好还能有点实际案例的那种文章，字数在1500字上下"，这样的表述就较为啰嗦，且部分用词口语化，可能会影响DeepSeek对需求的理解。我们可以将其优化为"撰写一篇1500字左右的文章，阐述提升生活品质的方法，包括日常实用小技巧、心态调整策略，并提供具体案例"，这样的提示词简洁清晰，DeepSeek能够快速抓取关键信息，生成符合要求的内容。

此外，在描述任务时，要确保每个指令都具有明确的指向性。例如，"分析一下这个产品的优缺点，并给出改进建议，还要和市场上其他同类产品进行对比，突出我们产品的独特之处，最后写个总结"，这样的表述虽然包含了多个任务，但各个任务之间的逻辑关系和先后顺序不够明确。可以改为"首先，分析该产品的优点和缺点；其次，将其与市场上其他同类产品进行对比，突出本产品的独特之处；然后，针对产品的缺点给出改进建议；最后，对以上内容进行总结"，通过明确的步骤和逻辑引导，让DeepSeek能够有条不紊地完成任务。

（3）提供上下文，完善背景信息。在很多情况下，为DeepSeek提供特定的背景信息能够帮助它更好地理解任务，从而生成更准确、更有价值的回答。例如，当你要求它写一篇关于环保的文章时，如果加上"在全球气候变化日益严峻的背景下，各国都在积极推进可持续发展战略"这样的背景信息，DeepSeek就能在文章中更好地结合现实情况，阐述环保的重要性和紧迫性，以及相关的政策措施和实际行动。

又如，在询问关于某个历史事件的问题时，提供事件发生的时间、地点、相关人物等背景信息，能让DeepSeek给出更全面、更深入的解答。例如，"请介绍一下工业革命，从它的起源、主要发明、对社会经济的影响等方面进行阐述"，这样的问题比较宽泛。若改为"18世纪60年代，工业革命首先在英国爆发，它对人类社会产生了深远影响。请详细介绍英国工业革命的起源、主要发明创造，以及这些发明如何推动了英国社会经济的变革，对世界其他国家又产生了哪些影响"，通过提供具体的时间、地点和更明确的问题方向，DeepSeek就能围绕这些背景信息，给出更具针对性和专业性的回答。

在实际应用中，我们还可以根据具体任务提供更多相关的细节信息。例如，在要求DeepSeek创作一个故事时，可以提供故事发生的时代背景、主要人物的性格特点和身份设定等，让它能够在这些背景框架下，创作出更符合你想象的故事。

2. 进阶技巧：提升交互效果的关键

（1）结构化提示词，有序引导。当面对复杂任务时，将提示词结构化能让 DeepSeek 更清晰地理解用户的意图。结构化提示词就像一份条理清晰的任务清单，将复杂的问题拆解成多个有序的部分，引导 DeepSeek 逐步完成任务。常见的结构可以是"任务描述＋具体要求＋输出格式"。

以策划一场线上营销活动为例，若只是简单地输入"帮我策划一个线上营销活动"，DeepSeek 可能会给出一个较为宽泛的框架，缺乏针对性和细节。可以采用结构化提示词："任务：为一款新推出的智能手表策划线上营销活动。具体要求：活动时间设定在新品发布后的一个月内，目标受众为 18～35 岁的年轻消费者，需结合社交媒体平台进行推广，活动形式要包含互动环节以提高用户参与度，预算控制在 50 万元以内。输出格式：以表格形式呈现活动策划方案，包括活动时间、活动内容、推广渠道、预算分配等。"通过这样结构化的提示词，DeepSeek 能够明确活动的各个关键要素，按照设定的结构和要求，生成一份详细且有条理的活动策划方案。在实际应用中，结构化提示词不仅适用于策划类任务，在数据分析、项目管理等领域也同样有效。它能帮助用户将复杂的思维过程转化为清晰的指令，让 DeepSeek 更好地协同工作，提高任务完成的效率和质量。

> **任务**：为一款新推出的智能手表策划线上营销活动。**具体要求**：活动时间设定在新品发布后的一个月内，目标受众为 18～35 岁的年轻消费者，需结合社交媒体平台进行推广，活动形式要包含互动环节以提高用户参与度，预算控制在 50 万元以内。**输出格式**：以表格形式呈现活动策划方案，包括活动时间、活动内容、推广渠道、预算分配等。

已深度思考（用时 33 秒）

好的，我现在需要为一款新推出的智能手表策划一个线上营销活动，活动时间是在新品发布后的一个月内，目标受众是 18～35 岁的年轻消费者，要用社交媒体平台推广，还要有互动环节，预算控制在 50 万元以内。输出要用表格形式，包括活动时间、内容、渠道、预算分配等。

首先，我得确定目标受众的特点。18～35 岁的年轻人，他们活跃在哪些社交媒体平台呢？可能包括微博、微信、抖音、B 站、小红书、Instagram、TikTok 这些。需要考虑不同平台的特点，比如抖音和 TikTok 适合短视频，小红书适合种草和评测，微博适合话题营销，微信适合公众号和社群互动。

接下来是活动的时间安排。活动持续一个月，但可能需要分阶段进行，比如预热期、发布期、持续期、高潮期和收尾期。每个阶段有不同的侧重点。比如前两周可能主要是预热和发布，中间两周保持热度，最后一周进行高潮活动，比如抽奖或者挑战赛。

活动内容方面，必须包含互动环节。可能的互动形式包括线上抽奖、用户生成内容（User-Generated Content，UGC）的征集、挑战赛、直播互动、测评活动等。例如，可以设计一个"我的智能生活"短视频挑战赛，鼓励用户展示他们如何使用智能手表，然后评选优秀作品给予奖励。同时，可以联合 KOL 或网红进行产品测评，增加可信度和曝光量。

推广渠道需要覆盖主要的社交媒体平台，每个平台可能有不同的活动形式。比如在抖音和 TikTok 做挑战赛，微博上发起话题讨论，微信里通过公众号推文和社群互动，小红书上的关键意见领袖（Key Opinion Leader，KOL）测评，B 站的深度评测视频，Instagram 的美图分享活动等。

预算分配方面，总共有 50 万元。可能需要分配在 KOL 合作、广告投放、抽奖奖品、平台推广费用、内容制作、技术支持等方面。比如 KOL 合作可能占比较大，因为需要他们带动流量和参与。广告投放比如信息流广告、开屏广告等。奖品方面要吸引人但不过于昂贵，比如智能手表本身、周边产品或者购物券。技术方面可能需要开发 H5 小游戏或者抽奖页面。

需要考虑如何衡量活动效果，比如参与人数、互动量、转发量、销售额增长等，但可能不需要在表格中体现，但策划时需要考虑到。

现在需要把这些思路整合成一个表格，分阶段安排活动时间、具体内容、推广渠道和预算分配。要确保每个阶段的活动有衔接，互动环节足够吸引人，预算合理分配，不超过 50 万元。

可能的活动阶段划分：
（1）预热期（第 1 周）：发布预告，制造悬念，吸引关注。
（2）发布期（第 2 周）：正式发布，直播活动，KOL 推广。
（3）互动期（第 3 周）：挑战赛启动，用户生成内容。
（4）高潮期（第 4 周）：抽奖活动，结果公布，二次传播。
（5）收尾期（最后几天）：总结回顾，感谢用户。

每个阶段的活动内容需要具体，比如直播、挑战赛、抽奖、测评征集等。推广渠道要对应不同的活动内容，比如直播可能在抖音和 B 站，挑战赛在抖音和小红书，抽奖在微博和微信。

预算方面，KOL 合作可能占 20%～30%，广告投放 30%，抽奖和奖品 20%，内容制作和技术支持各 10% 左右。需要具体计算每个项目的费用，确保总和不超过 50 万元。

需要检查是否有遗漏的环节，是否每个活动都有互动元素，预算是否合理，时间安排是否紧凑，能否覆盖目标受众的主要平台。

可能的问题：如何确保用户的参与度？可能需要设置吸引人的奖励，比如免费产品、折扣券，或者荣誉性的奖励如精选展示。另外，活动规则要简单易懂，降低参与门槛，比如短视频挑战赛只需带特定话题即可。

测试不同的推广渠道的效果，可能需要调整预算分配，比如如果某个平台反应更好，可以增加投入。但在策划阶段需要预先分配，后续执行时再优化。

总结下来，表格需要包括时间、活动内容、推广渠道、预算分配。每个阶段的活动内容要具体，渠道明确，预算合理。

以下是为新推出的智能手表策划的线上营销活动方案，以表格形式呈现：

活动阶段	时间安排	活动内容	推广渠道	预算分配
预热期	第 1 周	1. 悬念海报＋倒计时：发布"未来科技"系列悬念海报，突出手表核心功能关键词。 2. KOL 剧透：邀请科技/生活方式类博主发布模糊产品图，引发猜测。	微博、微信朋友圈广告、Instagram Stories	KOL 合作：5 万元 广告投放：3 万元
发布期	第 2 周（新品当日）	1. 线上直播发布会：结合产品演示、功能体验及限时优惠。 2. 全网开箱测评：向头部科技/生活类 KOL 寄送样品，同步发布深度测评视频	抖音/B 站直播、小红书/微博开箱视频、微信社群	直播制作：4 万元 KOL 合作：10 万元

活动阶段	时间安排	活动内容	推广渠道	预算分配
互动期	第3周	1. "24小时挑战赛":用户拍摄创意短视频,展示手表在运动/睡眠/社交等场景的应用,带话题#我的智能搭档#。 2. H5小游戏:设计"智能手表功能解锁"互动游戏,分享得分可抽奖	抖音/快手(挑战赛)、微信(H5)、微博(话题)	UGC奖励:8万元 技术开发:5万元
高潮期	第4周	1. 限时团购+裂变:3人成团享折扣,邀请好友助力可叠加优惠。 2. 测评征文活动:征集用户长文测评,优秀者赠年度会员权益	微信小程序、小红书/B站专栏、电商平台	优惠补贴:10万元 内容激励:3万元
收尾期	最后几天	数据战报+情感营销:发布活动参与数据(如UGC数量),制作用户故事合集视频,强化品牌温度	全平台同步推送、朋友圈长图文	视频制作:2万元

预算总计:50万元(细分:KOL合作15万元、广告投放3万元、直播4万元、UGC奖励8万元、技术开发5万元、优惠补贴10万元、内容激励3万元、视频制作2万元)。

关键设计逻辑:
1. 分层互动:从轻量级(点赞转发)到深度参与(UGC、测评),逐步提升用户卷入度。
2. 平台特性匹配:抖音侧重短视频挑战、微信强化私域转化、小红书主打口碑种草。
3. 长效价值:通过用户故事合集和测评沉淀,为后续口碑传播提供素材。
4. 成本控制:采用"KOL+素人"组合(头部带动声量、腰部扩散渗透),补贴以"折扣+荣誉"并行降低现金压力。

(2)巧用示例,规范输出风格。在许多情况下,用户希望 DeepSeek 生成的内容符合特定的风格或格式,这时提供示例是一种非常有效的方法。示例就像一个模板,让 DeepSeek 能够直观地了解用户期望的输出样式,从而生成更贴合要求的内容。

例如,在撰写产品描述时,如果用户希望 DeepSeek 生成的描述具有简洁明了、突出产品特点的风格,可以先提供一个示例:"[产品名称],一款专为现代都市人设计的智能背包。它采用高品质防水面料,能有效抵御雨水侵袭,保护你的物品安全。内部设计合理,多个分区可轻松收纳各类物品,满足你的日常出行需求。独特的背负系统,减轻肩部压力,让你出行更轻松。"

然后输入提示词:"请按照上述示例的风格,为一款新推出的无线降噪耳机撰写产品描述,需突出耳机的降噪功能、音质效果、续航能力以及佩戴舒适度等特点。"通过这样的方式,DeepSeek 能够参考示例的风格和结构,生成一份风格统一、重点突出的产品描述。

在文案写作、创意设计等场景中,示例的作用更加显著。它可以帮助 DeepSeek 理解用户对语言风格、表达方式、创意方向等方面的要求,避免生成的内容与用户期望相差甚远。无论是幽默风趣的广告文案,还是严谨专业的学术论文摘要,都可以通过提供合适的示例,引导 DeepSeek 输出符合要求的内容。

(3)设置限制条件,精准把控输出。为了避免 DeepSeek 的输出过于宽泛或偏离用户预期，设置限制条件是必不可少的技巧。限制条件可以从多个方面入手，如字数限制、内容范围限定、语言风格要求、目标受众等。

例如，当用户要求 DeepSeek 写一篇关于旅游的文章时，如果不加以限制，它可能会生成一篇篇幅很长、内容涵盖广泛的文章。但如果我们添加限制条件："写一篇 800～1000 字的关于云南大理旅游的文章，重点介绍大理的自然风光和特色美食，语言风格轻松活泼，适合在旅游类社交媒体平台发布。"这样一来，DeepSeek 就会在规定的字数范围内，围绕大理的自然风光和特色美食展开描述，并且采用轻松活泼的语言风格，使文章更符合发布在旅游类社交媒体平台的要求。

在一些专业领域的应用中，限制条件的设置更为关键。例如，在法律文书写作中，可能需要限定内容必须符合特定的法律法规和行业规范；在技术文档撰写中，可能要求语言准确、严谨，避免使用模糊或夸张的表述。通过合理设置限制条件，我们能够更加精准地把控 DeepSeek 的输出，使其生成的内容完全符合我们的需求，提高工作效率和成果质量。

> 为在华外国人写一篇 200 字的关于云南大理旅游的文章，重点介绍大理的自然风光和特色美食，语言风格轻松活泼，适合在旅游类社交媒体平台发布，要求输出为英文。

已深度思考（用时 67 秒）

好的，用户让我为在华外国人写一篇 200 字的云南大理旅游文章，重点介绍自然风光和特色美食，语言风格轻松活泼，适合旅游类社交媒体平台发布，要求输出英文。首先，我需要确定用户的需求。他们可能是在运营一个旅游类的社交媒体账号，目标读者是居住在中国的外国人，所以内容需要符合他们的兴趣点，同时语言要吸引人，容易引发互动。

接下来，我得考虑大理的主要卖点。自然风光方面，洱海、苍山、三塔这些是必提的。特色美食的话，乳扇、大理砂锅鱼、喜洲粑粑这些比较有代表性。需要将这些信息用轻松活泼的语言呈现，可能加入一些 emoji 和口语化的表达，比如 "hidden gem" 或者 "foodie heaven" 之类的词汇。

然后，结构方面，可能需要一个吸引眼球的标题，开头用感叹句引起兴趣，中间分自然景观和美食两部分，每部分用简短的段落描述，最后加上交通提示和鼓励行动的句子，比如 "Pack your bags" 之类的。要注意字数控制在 200 字左右，所以每个部分不能展开太多，要简洁有力。

还要考虑英文的表达是否地道，可能需要使用一些旅游常用的词汇，比如 "jaw-dropping views" "stroll through" "must-try" 等。同时，避免使用过于复杂的句子结构，保持句子简短，有节奏感。比如使用短句和感叹号来增强活力。

另外，用户可能希望文章能够激发读者的旅行欲望，所以需要加入一些感性的描述，比如 "azure waters" "snow-capped peaks" "golden sunset" 等，让读者有画面感。同时，提到交通便利，比如高铁连接，让读者觉得容易到达。

最后检查是否符合所有要求：200 字左右，英文，轻松活泼，适合社交媒体，涵盖自然风光和美食。可能需要调整用词，确保流畅自然，没有语法错误，并且充满热情，让读者觉得大理是一个不容错过的旅游目的地。

> **Dali: Where Nature Whispers & Flavors Dance!** 🏔️ 🌸
> Hey wanderlusters! Ready to unlock a slice of paradise? Dali, nestled between jaw-dropping Erhai Lake and the majestic Cangshan Mountains, is the spot for soul-soothing views and tastebud adventures!
> Picture this: Cycling along Erhai's azure waters, wind kissing your face as snow-capped peaks wink at you from afar. Hike Cangshan's misty trails, then sip local tea in a Bai ethnic village—their iconic three-pagoda silhouette glows golden at sunset. Pure magic! 🚴 ♀ ⛰
> Now, let's talk FOOD! Dali's a foodie heaven. Bite into rushan (cheese rolls drizzled with rose jam)—crunchy, sweet, and oh-so-instagrammable. Craving warmth? Dive into a steaming xiaguoyu hotpot, packed with fresh lake fish and wild mushrooms. Don't miss Xizhou baba, a flaky sesame bread that'll make you hug the vendor! 🥮 🍲
> Pro tip: Chat with locals at the weekend market—their smiles are as bright as tie-dyed fabrics hanging everywhere.
> Pack your bags—Dali's calling! (P.S. The high-speed train from Kunming makes it a breeze!) 🌈 ✈
> #DaliDiaries #EatPlayLoveYunnan #HiddenGemChina
> （Word count: 198）

3. 高级技巧：挖掘 DeepSeek 潜力的秘诀

（1）分步引导，攻克复杂任务。当面对复杂任务时，将提示词拆分为多个步骤是一种非常有效的策略。例如，在制定一个大型项目的策划方案时，若一次性要求 DeepSeek 生成完整的方案，它可能会因为任务过于复杂而无法给出全面且深入的内容。这时，我们可以将任务分解为多个小步骤，逐步引导 DeepSeek 完成。

首先，输入"分析项目的目标和受众群体，列出主要的目标和受众特征"，让 DeepSeek 对项目的基本方向有清晰的认识。接着，"根据目标和受众，提出 3～5 个可行的项目主题和初步的活动形式"，这一步引导它进行创意构思。然后，"针对每个项目主题和活动形式，详细规划具体的执行步骤，包括时间安排、人员分工等"，逐步细化方案内容。最后，"整合前面的内容，生成一份完整的项目策划方案，格式要求为 Word 文档大纲形式，包含项目概述、目标、主题、执行步骤、预算等板块"。

通过这样分步引导的方式，DeepSeek 能够在每一步集中精力完成一个小任务，最终整合出一个完整且高质量的项目策划方案。这种方法不仅适用于项目策划，在撰写学术论文、进行复杂的数据分析等任务中也同样有效，能够帮助我们更有条理地完成复杂工作。

（2）角色扮演，定制专业输出。让 DeepSeek 扮演特定角色是获取更具专业性和针对性输出的巧妙技巧。在不同的场景下，我们可以根据需求为 DeepSeek 设定不同的角色。例如，当我们需要撰写一份专业的法律分析报告时，可以让它扮演资深律师："你是一位从业 20 年，擅长商业法律领域的资深律师，现在需要你对 [具体商业法律案例] 进行深入分析，包括案件的核心法律问题、相关法律条文的应用、可能的判决结果以及对企业的法律风险提示等方面，输出内容要符合法律专业报告的格式和规范要求。"

这样一来，DeepSeek 会从资深律师的专业角度出发，运用专业的法律知识和语言风格进行分析和解答，生成的报告更具专业性和权威性。同样，在市场营销领域，用户可以让它扮演资深市场营销专家，为新产品的推广制定策略；在教育领域，让它扮演优秀教师，设计教学方案或解答学生的学习问题。通过角色扮演，DeepSeek 能够更好地模拟特定领域的专业思维和行为方式，为用户提供更贴合实际需求的专业内容。

 你是一个设计师，如果让你设计一款降噪耳机，你会考虑哪些要素？

 已深度思考（用时 12 秒）

作为设计师，设计一款降噪耳机需要综合技术、用户体验和美学等多维度需求。以下是核心考量要素及细化说明，以表格形式呈现设计框架：

- 降噪耳机设计要素框架表

维度	核心要素	设计要点与实现方式	用户价值
降噪性能	1. 主动降噪技术	• 采用混合式降噪（前馈+反馈麦克风） • 支持多频段降噪调节（如低频噪音针对性削弱） • 自适应环境降噪模式	消除交通、办公等场景噪声，提升沉浸感
	2. 被动降噪（物理隔音）	• 耳塞人体工学设计（提供 3～5 种硅胶/记忆棉耳套尺寸） • 密闭性结构优化（贴合耳道曲线）	增强隔音效果，减少耳压不适
音质表现	1. 音频硬件配置	• 高解析度动圈/动铁单元 • 支持 LDAC/AptX HD 等高清编码协议 • 定制化 EQ 预设（通过 APP 调节）	保障音质清晰度与层次感，满足音乐/影视需求
	2. 降噪与音质平衡	• 独立声学腔体设计减少音损 • 降噪算法与音频解码协同调校（避免降噪压缩音域）	实现"安静环境"与"高保真音质"双赢
舒适性	1. 佩戴体验	• 轻量化材质（单耳≤5g） • 耳挂/耳塞可选结构（运动防脱落/日常舒适） • 压力均衡孔设计降低耳压	长时间佩戴无负担，适配通勤、运动等场景
	2. 交互友好性	• 触控/物理按键逻辑简化（单击暂停、滑动调音量） • 佩戴检测传感器（摘下自动暂停）	减少操作学习成本，提升使用便捷性

维度	核心要素	设计要点与实现方式	用户价值
续航与连接	1. 电池性能	• 单次续航≥8小时（降噪开启） • 支持快充（充电10分钟=2小时使用） • 无线充电盒额外提供24小时续航	解决续航焦虑，适应长途旅行等高强度使用
	2. 连接稳定性	• 蓝牙5.3+多设备切换 • 低延迟模式（游戏/视频场景＜60ms） • 抗干扰天线设计（复杂环境下稳定连接）	无缝切换设备，保障通话/娱乐流畅性
外观与个性化	1. 视觉设计	• 极简流线型/未来科技感风格选择 • 多色可选（基础色+限量渐变款） • 半透明腔体（露出部分元器件增强技术感）	满足年轻用户对时尚与个性化的追求
	2. 定制服务	• APP自定义触控功能 • 激光雕刻姓名/图案（限量版）	增强用户与产品的情感联结
智能功能	1. 场景化模式	• 环境音透传（调节外界声音强度） • 运动模式（加强低音+降噪优化） • 睡眠模式（白噪声+超轻柔佩戴）	适配办公、运动、睡眠等多场景需求
	2. AI集成	• 语音助手唤醒（如Hi Siri/小爱同学） • 智能听力保护（根据环境音量自动限幅）	提升交互效率，保护听力健康
环保与耐用性	1. 材料选择	• 可回收生物基塑料/金属框架 • IPX5防水防汗（运动场景）	延长使用寿命，减少环境负担
	2. 维修便利性	• 模块化设计（电池/耳塞可更换） • 官方以旧换新计划	降低用户长期使用成本

- 设计优先级排序
  1. 基础体验三角：降噪效果→音质→舒适性（决定用户留存）
  2. 差异化竞争点：智能场景模式+个性化外观（吸引目标用户）
  3. 成本控制关键：模块化结构+通用芯片方案（平衡性能与定价）

- 用户场景痛点解决方案
- 通勤族：强降噪+环境音模式快速切换（地铁噪声与机场广播场景）
- 运动爱好者：防脱落设计+防水防汗（跑步/健身房场景）
- 办公族：长续航+佩戴检测（会议间隙快速摘戴）
- 发烧友：高清编码支持+自定义EQ（满足音质挑剔需求）

通过整合上述要素，最终设计需在技术可行性与用户体验之间找到平衡，同时通过外观和功能创新建立品牌辨识度。

4. 常见误区与应对策略

（1）过于笼统，缺乏精准。在使用 DeepSeek 时，提示词过于笼统是一个常见的问题，这往往会导致 DeepSeek 无法准确理解用户的具体需求，从而生成的内容与用户的期望相差甚远。例如，当用户输入"给我写一篇文章"这样的提示词时，DeepSeek 面临的是一个极其宽泛的指令，它无法确定文章的主题、体裁、受众、字数要求以及具体内容方向等关键信息。这就像我们让一个人去完成一项任务，但却没有告诉他具体要做什么、做到什么程度以及在什么条件下完成，结果自然是难以令人满意的。

在这种情况下，DeepSeek 可能会随机选择一个主题，或者按照其默认的模板生成一篇通用型的文章，这样的文章往往缺乏针对性和实用性。为了避免这种情况，用户需要在编写提示词时尽可能地明确主体和限定范围。例如，如果用户想要一篇关于人工智能在教育领域应用的议论文，可以这样编写提示词："撰写一篇 1500 字左右的议论文，探讨人工智能在教育领域的应用现状、面临的挑战以及未来发展趋势，需结合具体案例进行分析，并在文章结尾提出自己对人工智能与教育融合前景的看法。"通过这样明确的提示词，DeepSeek 能够清楚地了解用户的需求，从而生成更符合要求的文章。

（2）忽略细节，输出偏差。忽略关键细节也是在使用提示词过程中容易出现的问题。即使用户给出了大致的任务方向，但如果缺少一些关键信息，DeepSeek 生成的输出可能会与用户的预期存在偏差。以设计一个活动策划方案为例，如果我们只输入"设计一个公司团建活动策划方案"，虽然 DeepSeek 能够理解用户需要一个团建活动方案，但由于缺乏一些关键细节，如活动预算、参与人数、活动时间限制、员工的兴趣偏好以及公司的文化特点等，它生成的方案可能并不符合公司的实际情况和员工的期望。例如，方案中选择的活动场地可能超出了预算，或者活动内容不适合大多数员工的年龄和兴趣，这样的方案显然无法满足实际需求。因此，在编写提示词时，用户要尽可能地细化要求，补充关键信息。对于上述团建活动策划方案的提示词，用户可以优化为："为 [公司名称] 设计一个预算在 5 万元以内，适合 200 名员工参与，活动时间为周六一天的公司团建活动策划方案。员工年龄主要在 25～40 岁之间，大部分员工对户外运动和团队合作游戏感兴趣，公司文化注重创新和团队协作。方案需包含活动流程安排、所需物资清单、人员分工以及预算分配等内容。"这样详细的提示词能够帮助 DeepSeek 生成更贴合实际需求的活动策划方案。

（3）过度复杂，重点迷失。当提示词过长或过于复杂时，DeepSeek 可能会在众多的信息中迷失重点，导致生成的内容混乱或偏离主题。有些用户为了让 DeepSeek 全面了解自己的需求，会在提示词中加入过多的细节、条件和说明，结果反而使提示词变得冗长复杂，让 DeepSeek 难以把握核心要点。例如，在要求 DeepSeek 写一篇关于环保的文章时，有的用户可能会这样编写提示词："写一篇关于环保的文章，要涵盖全球气候变化、塑料污染、森林砍伐、水资源短缺、能源转型等多个方面，每个方面都要详细阐述其现状、原因、影响以及解决方案，还要结合最新的研究数据和实际案例进行分析，同时要考虑不同国家和地区的差异，并且文章要具有创新性和前瞻性，语言要生动形象，通俗易懂，适合在大众媒体上发表，字数在 3000 字以上。"

这样的提示词虽然看似全面，但过于复杂，DeepSeek 在处理时可能会顾此失彼，无法突出重点。而且，过多的信息也可能导致 DeepSeek 在理解和组织内容时出现混乱，最终生成的文章可能结构不清晰，逻辑不连贯。为了避免这种情况，用户应该简化提示词的内容，突出核心需求。例如，用户可以将上述提示词简化为："写一篇 3000 字左右关于环保的文章，重点分析塑料污染对海洋生态的影响及解决方案，结合权威研究数据和实际案例，语言通俗易懂，适合在大众媒体上发表。"这样的提示词简洁明了，重点突出，能够让 DeepSeek 更好地理解我们的需求，从而生成更优质的内容。

5. 官方提示库

DeepSeek 官方提供了一个非常实用的提示库，里面包含 10 多种不同领域的提示词示例，涵盖了生活、工作、学习等多个方面，如图 4-25 所示。

图 4-25　DeepSeek 官网提示库界面

用户可以根据自己的需求，选择合适的类别，以代码改写为例：单击"代码改写"按钮，就会弹出相应的页面，如图 4-26 所示。

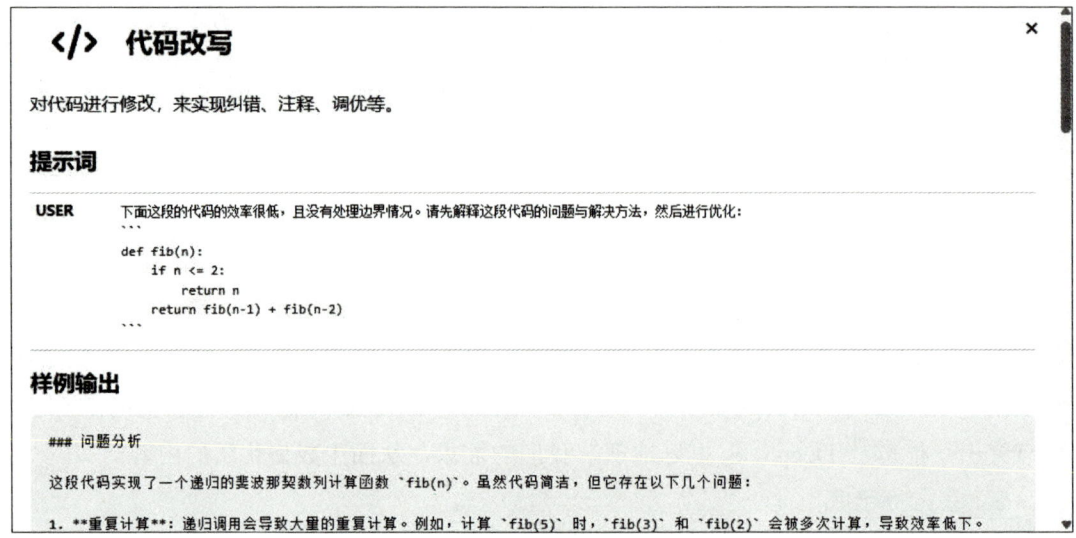

图 4-26　代码改写提示词

页面中有相应的案例介绍，用户可根据案例写出自己的提示词。

掌握了 DeepSeek 官方提示库的使用方法，就能充分发挥其强大的功能，无论是工作中的文案撰写、数据分析，还是生活中的旅游规划、美食推荐，它都能成为用户的得力助手。

拓展内容

1. DeepSeek 本地部署

DeepSeek 的本地部署（On-Premises Deployment）指将系统部署在企业或组织的自有服务器或私有云环境中，而非依赖第三方公有云服务。这种部署方式在很多场景下具有显著优势。例如，在金融、医疗、国家安全等行业，可以将数据完全存储于本地服务器，避免第三方云平台的数据泄露风险。同时，本地网络环境可减少数据传输延迟，提升实时性要求高的任务效率（如高频数据分析、实时决策）。在 DeepSeek 开放的初期，由于过于火爆，太多用户同时访问，系统经常无法回答问题。这时本地部署 DeepSeek 就显得十分必要。

当然尽管优势显著，本地部署也有一些问题，如需采购服务器、存储设备及网络设施，并承担运维成本。搭建平台需具备 IT 基础设施搭建、安全防护及系统维护能力。因此是否需要在本地搭建 DeepSeek，需要根据自身的需求来决定。

（1）安装 Ollama。Ollama 是一个开源的大语言模型服务工具，用于简化在本地运行大语言模型，降低使用大语言模型的门槛，使得大语言模型的开发者、研究人员和爱好者能够在本地环境快速实验、管理和部署最新大语言模型，包括 Llama 3、Phi 3、Mistral、Gemma 等开源的大语言模型。

首先进入 Ollama 官网。目前 Ollama 支持 macOS、Linux、Windows，下载支持 Windows 的安装包，如图 4-27 所示。

图 4-27　下载 Ollama 安装包

下载之后得到一个 ".exe" 可执行文件，双击安装即可。

Ollama 在各个平台下的默认模型存储路径：

Mac：~/.ollama/models

Linux：/usr/share/ollama/.ollama/models

Windows：C:\Users\%username%\.ollama\models

在 Windows 中，Ollama 默认把模型下载到 C 盘，所以安装完成之后建议先更改一下模型安装目录，否则 C 盘容易空间不足。

右击"此电脑"，在弹出的快捷菜单中选择"属性"，如图 4-28 所示。

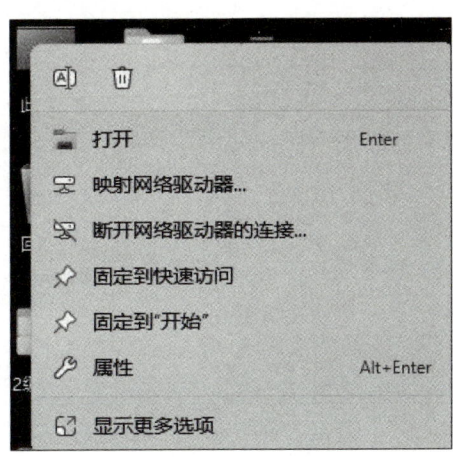

图 4-28　右键快捷菜单

弹出设置窗口，单击"高级系统设置"按钮，如图 4-29 所示。

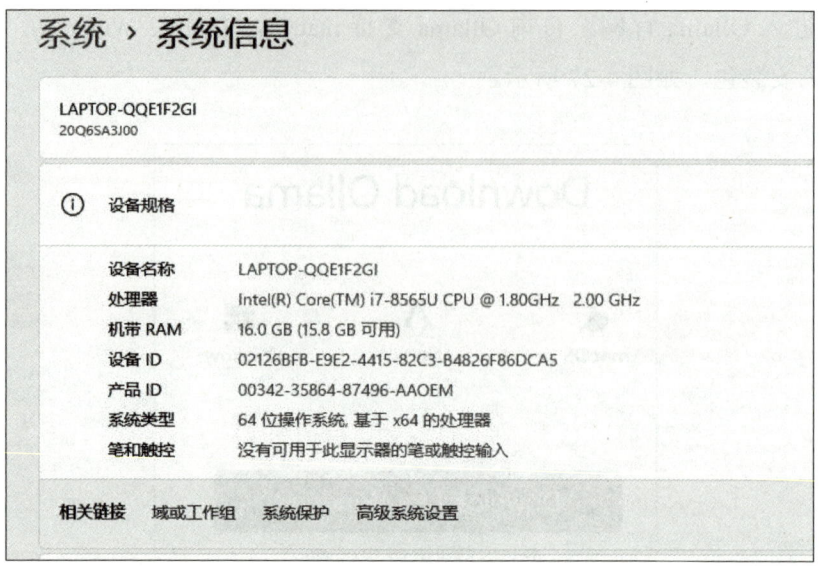

图 4-29　设置窗口

在弹出的"系统属性"窗口中，单击"环境变量"按钮，如图 4-30 所示。

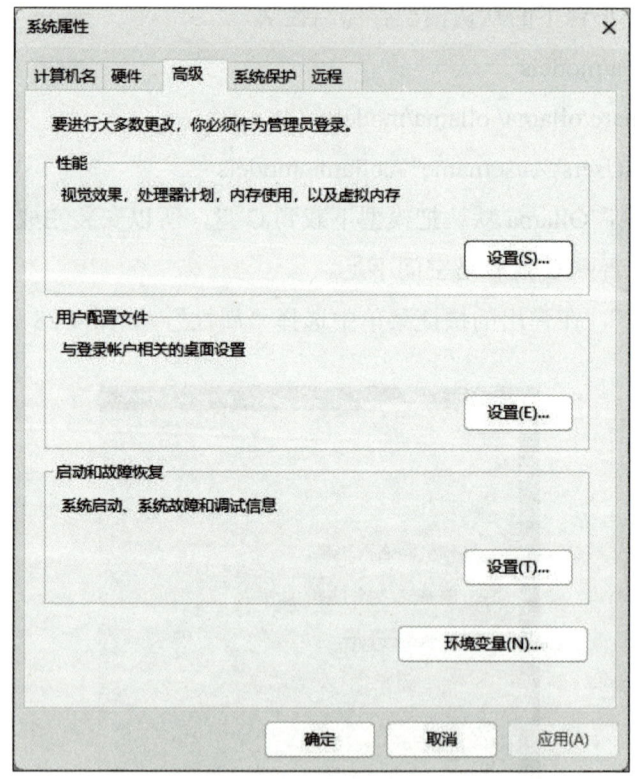

图 4-30　"系统属性"窗口

在弹出的"系统变量"窗口中，单击"新建"按钮，如图 4-31 所示，弹出新的窗口。

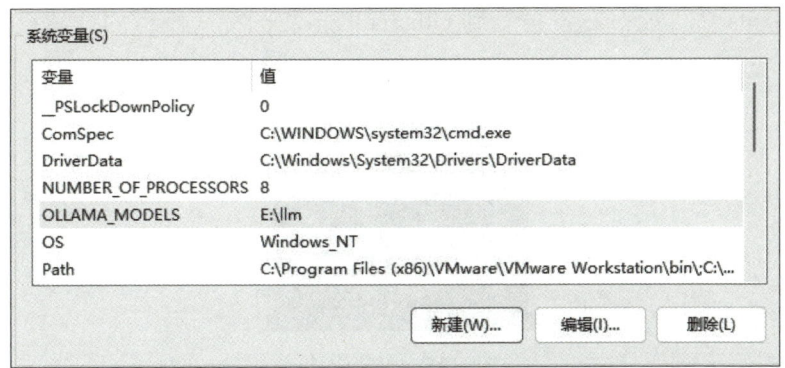

图 4-31 "系统变量"窗口

在"变量名"文本框中输入"OLLAMA_MODELS","变量值"就是模型存放的路径,最后单击"确定"按钮,如图 4-32 所示。

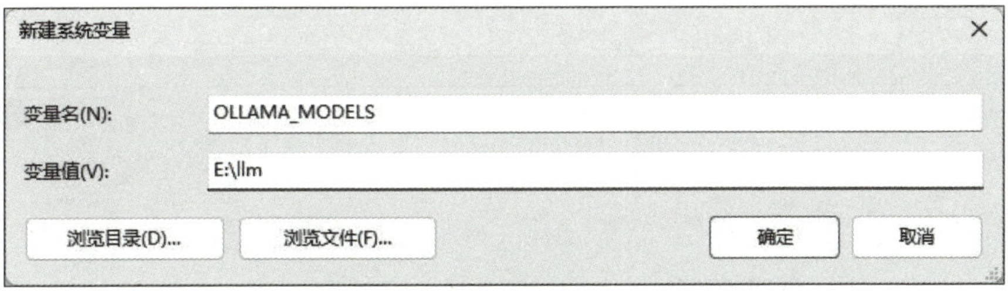

图 4-32 "新建系统变量"窗口

接下来启动 Ollama。按 Win+r 快捷键,打开"运行"窗口,输入"cmd",如图 4-33 所示,然后按 Enter 键,打开命令行窗口。

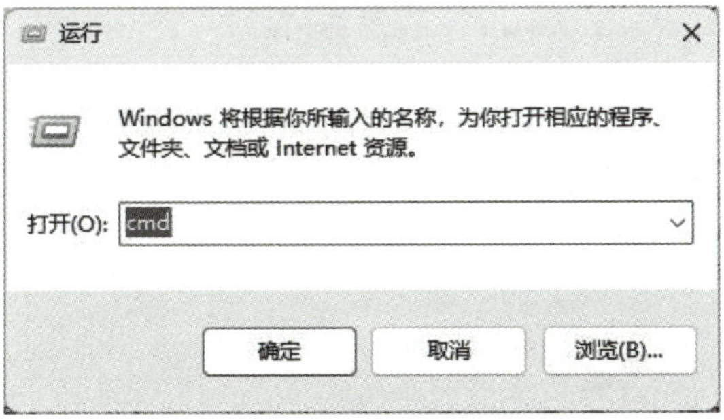

图 4-33 "运行"窗口

在命令行窗口中输入 Ollama 的启动命令"ollama serve",如图 4-34 所示。

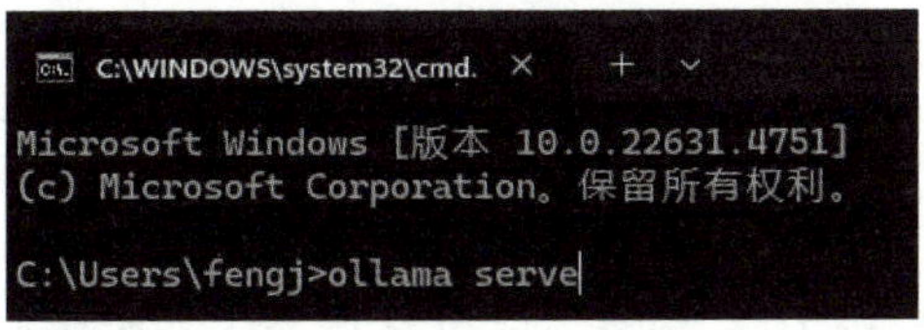

图 4-34 启动 Ollama

启动 Ollama 后，能在右下角看到 Ollama 的羊驼图标（没有的话请重启计算机），如图 4-35 所示。

图 4-35　安装成功

到这里本地的 Ollama 就安装好了。

（2）模型下载。Ollama 安装完成之后，会自动弹出一个命令行窗口，这时候稍等，返回 Ollama 的官网，单击 "Models"，显示 Ollama 可以兼容的大语言模型，如图 4-36 所示。

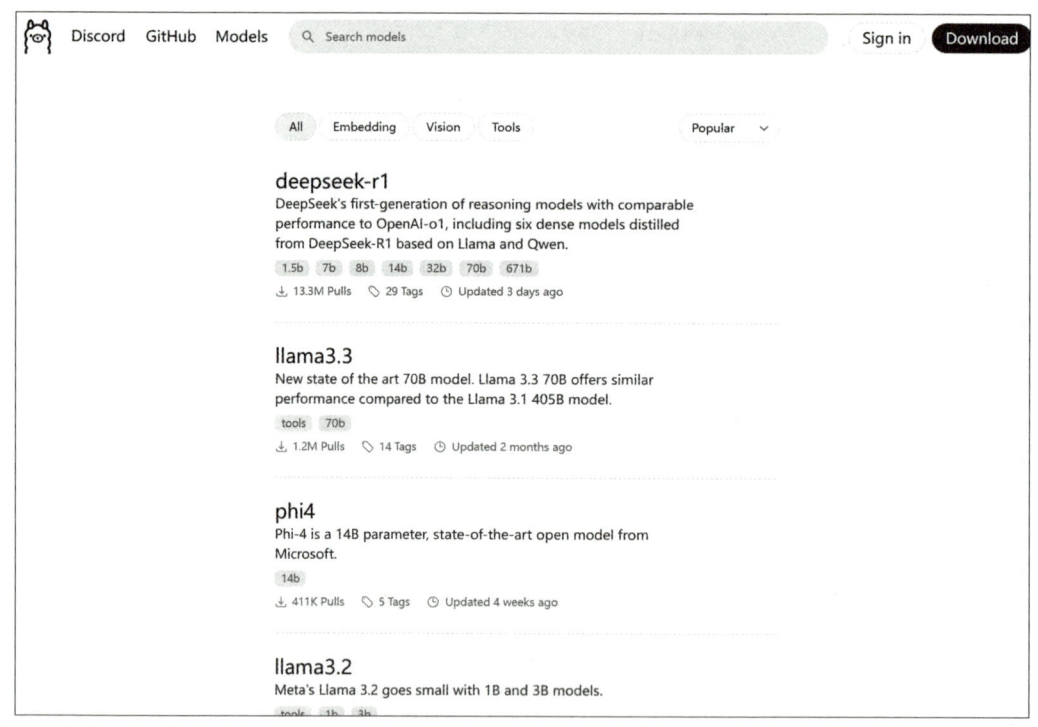

图 4-36　模型列表

这里有很多模型可以选择，第一条就是 deepseek-r1 模型。或者在搜索框中输入模型名称进行搜索。

查看各个模型，不同模型执行的命令不同，最后查看你选择的参数模型。

DeepSeek R1 提供多个版本，参数量越大，模型通常越强大，但也需要更多的计算资源。例如，1.5b 代表有 15 亿个参数。这里是目前它的版本，有 1.5b、7b、8b、14b、

32b、70b、671b，这里根据自己计算机的显存大小选择对应的版本，如图 4-37 所示。

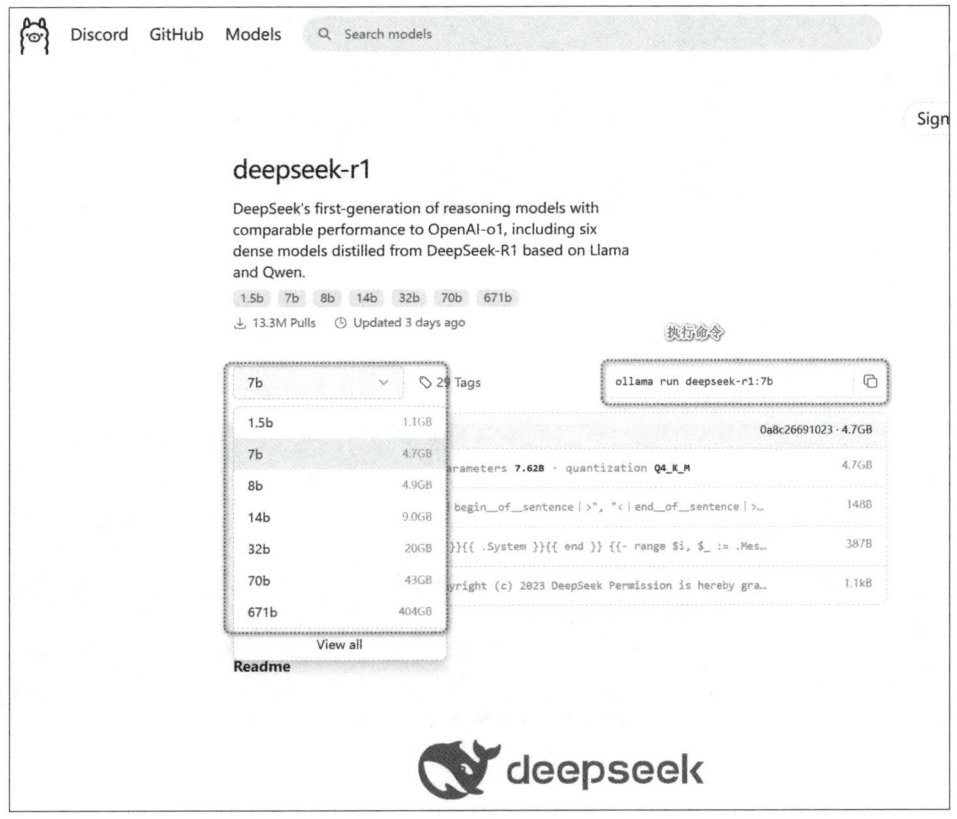

图 4-37　DeepSeek 选择版本

选好之后，复制后面那行指令，返回刚才打开的命令行窗口，将命令粘贴至指定位置，如图 4-38 所示。

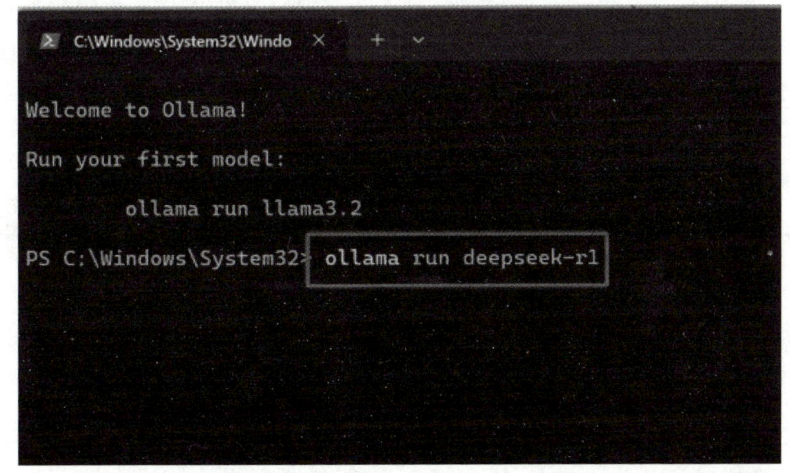

图 4-38　在命令行窗口中输入命令

按下 Enter 键，当第一次运行时，会自动下载 7b 模型，如图 4-39 所示。

```
C:\Windows\System32\Windo

Welcome to Ollama!

Run your first model:

        ollama run llama3.2

PS C:\Windows\System32> ollama run deepseek-r1
pulling manifest
pulling 96c415656d37...   2%                                    107 MB/4.7 GB  6.8 MB/s  11m14s
```

图 4-39　DeepSeek 下载中

稍等片刻，等待下载完成。当界面出现 success 时，表示安装成功。

输入“你是谁”，即可看到 DeepSeek 的回答，如图 4-40 所示。

```
PS C:\Windows\System32> ollama run deepseek-r1:1.5b
pulling manifest
pulling aabd4debf0c8... 100%                    1.1 GB
pulling 369ca498f347... 100%                    387 B
pulling 6e4c38e1172f... 100%                    1.1 KB
pulling f4d24e9138dd... 100%                    148 B
pulling a85fe2a2e58e... 100%                    487 B
verifying sha256 digest
writing manifest
success
>>> 你是谁
<think>

</think>

您好！我是由中国的深度求索（DeepSeek）公司开发的智能助手DeepSeek-R1。如您有任何任何问题，我会尽我所能为您提供帮助。
```

图 4-40　DeepSeek 测试

下载的过程中，如果遇到了停止下载的情况，可以再次粘贴命令，它会接着之前下载的内容继续下载模型。这是因为网络不稳定，多试几次就可以了。

2. 更强大的文生图模型：Janus-Pro

DeepSeek 掀起了一场全民创作热潮。大家纷纷借助 DeepSeek R1 挥洒才情，实现诗人、小说家的梦想。然而，就在这场文字狂欢之际，DeepSeek 又悄然推出了一款重磅产品——Janus-Pro。Janus-Pro 之所以加上 Pro，是因为它是 2024 年发布的 Janus 的增强版，专为提升多模态理解与视觉生成能力而打造。相比前代，Janus-Pro 在多个方面进行了优化：

- 改进训练策略，使模型学习更高效。
- 扩展训练数据，增强理解能力和生成质量。
- 扩大模型规模，提供更强的表现力。

这些升级使 Janus-Pro 在文本到图像生成和多模态理解方面都有了显著提升，同时提高了生成图像的稳定性和一致性。

Janus-Pro 目前提供 7b（70 亿）和 1.5b（15 亿）两个参数规模的版本，并已全面开源。不少 AI 社区的开发者认为，这使 Janus-Pro 具备在消费级计算机本地运行的潜力，让更多用户可以自由探索和应用这一强大模型。虽然 Janus-Pro 的参数量相较超大规模模型有所限制，但 DeepSeek 团队通过数据增强策略，大幅提升了其图像生成能力。例如，模型的预训练数据中包含 7200 万张高质量合成图像，并采用 1:1 的真实数据与合成数据比例，确保了生成结果的稳定性和多样性。此外，Janus-Pro 采用了创新的双路径视觉编码架构，将"理解"与"生成"任务分开处理。这不仅缓解了视觉编码器在不同任务间的角色冲突，也提高了整体模型的灵活性。在多模态理解方面，DeepSeek 团队还额外加入了约 9000 万条训练样本，使 Janus-Pro 具备更强的图像识别与知识推理能力，进一步提升了模型的可用性。

项目总结

本项目围绕 DeepSeek 这一大模型展开，通过对其剖析，了解其基本概念、技术原理、性能优势及应用场景。同时，本项目深入探讨了其核心技术（如 Transformer 架构、混合专家模型等）、价值意义（提升效率、推动技术普及等）以及伦理与数据安全问题，并通过实践操作，教读者掌握了注册登录、界面操作、提示词编写及增强功能使用等方法。在未来，DeepSeek 将继续发展，深刻改变多个领域的工作与生活方式。我们需要不断学习和探索，充分发挥其优势，同时应对成本、技术等挑战，让其更好地服务于人类社会。

项目 5　大模型实战：智能创作与办公革命

 学习目标

知识目标

- 理解智能创作工具的底层逻辑，知晓 AI 在文本创作、办公协作等场景的应用原理。
- 熟悉主流 AI 办公工具的特点及适用场景，WPS AI 在文档协作中的功能。

技能目标

- 能够熟练运用智能创作工具完成公文写作、邮件撰写、会议纪要整理等工作。
- 能借助 AI 生成高质量个人简历、面试题库，创作电商直播文案，并掌握 WPS 等办公软件的 AI 协作功能，实现高效团队协作。

素养目标

- 培养创新思维，利用 AI 工具探索新的办公模式与创作思路。
- 增强信息筛选能力，在海量 AI 生成内容中甄别有效信息。
- 树立正确的职业观，在 AI 辅助下更专业、负责地完成工作。

 应用场景

办公室里的"AI 助手"

在一家中型广告公司的策划部，小李负责为新客户策划推广方案。这次的客户是一家新兴的美妆品牌，要求在短时间内拿出一套线上线下结合的推广方案。时间紧迫，小李感到压力巨大，用传统的策划方式很难按时完成任务。

偶然间，小李接触到一款基于大语言模型的智能创作工具。他尝试输入结构化提示词："为新兴美妆品牌设计线上线下推广方案，线上侧重社交媒体宣传，线下侧重美妆展会推广，突出产品天然成分和时尚包装。"很快，AI 就生成了一份详细的方案框架，包括线上宣传的文案、社交媒体平台的选择以及线下展会的布置建议。

小李根据 AI 给出的框架，结合自己的专业知识和对客户的了解，进行了细化和完善。原本需要一周时间完成的方案，在 AI 的帮助下，三天就提交给了客户，并获得了高度评价。这次经历让小李深刻体会到，大语言模型不仅能提高工作效率，还能为创意工作提供新的思路和方向，成为办公场景中的得力助手。

任务 5.1　智能文本创作

🔍 任务情境

小张是某政府部门的工作人员，经常需要撰写各类公文。临近年末，他要撰写一份年度工作总结报告，不仅要求内容翔实、条理清晰，还要符合公文的规范格式。与此同时，他的朋友小王正在找工作，希望小张帮忙修改简历，以匹配不同岗位的需求。此外，小张还接到学校的邀请，为即将举办的校园文化节策划营销文案，吸引更多师生参与。面对这些任务，小张感到力不从心。这时，他了解到可以借助 AI 来完成这些工作。

🔗 任务分析

在数字化浪潮中，大语言模型凭借强大的语言理解与生成能力，为工作中的文本创作带来了全新变革。从方案策划到报告撰写，大语言模型助力创作者大幅提升效率，优化内容质量。本节将深入探讨运用国产大语言模型 DeepSeek 进行工作文本创作的基本思路、方法以及实践过程中的注意事项。

1. 运用 DeepSeek 创作工作文本的基本思路

（1）清晰界定创作目标。在使用 DeepSeek 前，明确创作目标是首要任务。不同的工作场景，对文本的要求截然不同。例如，市场推广文案需吸引目标客户的注意力，激发其购买欲望；而技术报告则强调数据准确、逻辑清晰，客观呈现研究成果。以撰写产品推广文案为例，要明确推广产品的特点、目标受众、期望达成的销售目标等，只有这样，才能引导大模型生成符合预期的内容。

（2）精准引导 DeepSeek 创作。DeepSeek 如同一个才华横溢但需要引导的助手，提供详细的指令是让它发挥实力的关键。指令应包含文本的主题、风格、字数、重点内容等关键要素。例如，"创作一篇 500 字左右，风格轻松幽默，面向年轻群体的短视频文案，推广一款新上市的运动耳机，突出其便携性和音质优势"，这样明确的指令能让 DeepSeek 生成更贴合需求的内容，避免产出内容偏离方向。

（3）充分利用 DeepSeek 生成的结果。DeepSeek 生成的文本并非完美，需对其进行筛选、优化和整合。先浏览生成的内容，挑选出有价值的观点、语句，再结合自身专业知识和工作经验，对文本进行逻辑梳理、内容完善。如生成项目报告时，DeepSeek 可能提供了一些案例和数据，但需要进一步核实数据准确性，并按照报告的逻辑结构进行组织。

2. 运用 DeepSeek 创作工作文本的实用方法

（1）头脑风暴激发创意。在创作初期，可借助 DeepSeek 进行头脑风暴，拓宽思路。例如，策划营销活动方案时，向 DeepSeek 提问"列举近几年新颖的营销活动形式""针对某类产品的营销活动有哪些成功案例",DeepSeek 给出的回答能为创作者提供灵感,启发新的创意。

(2)文本改写提升质量。当已有初稿但质量欠佳时,可利用 DeepSeek 进行改写。可以要求 DeepSeek"将这段文案语言风格变得更正式""优化这段话的逻辑结构"等。例如,在撰写商务邮件时,对初稿中表述模糊或口语化的内容,通过 DeepSeek 改写,使其更符合商务沟通的规范。

(3)生成内容框架。对于结构复杂的文本,如大型项目策划书、年度工作报告等,DeepSeek 可帮助搭建内容框架。向 DeepSeek 输入主题和大致要求,如"生成一份公司年度销售报告的框架,包含销售业绩总结、市场分析、问题与挑战、下一年度计划等板块",依据 DeepSeek 生成的框架,创作者可以有针对性地填充内容,提高创作效率。

> 示例

DeepSeek 辅助撰写项目策划书

假如要撰写一份新的 APP 开发项目策划书,可分步骤借助 DeepSeek 完成。

生成框架:向 DeepSeek 输入"生成 APP 开发项目策划书框架",DeepSeek 输出包含项目背景、目标用户、功能规划、开发进度安排、预算估算等板块的框架。

内容填充:针对每个板块,向 DeepSeek 提出具体要求,如"描述 APP 的目标用户特征及需求""列举 APP 核心功能及简要说明",获取初步内容。

优化整合:结合市场调研数据和团队讨论结果,对 DeepSeek 生成的内容进行调整、补充,确保策划书的可行性和专业性。

3. 运用 DeepSeek 创作工作文本的注意事项

(1)确保信息准确性。DeepSeek 虽知识丰富,但生成的信息并非百分之百准确。在引用 DeepSeek 提供的数据、案例时,务必通过权威渠道进行核实。例如,在撰写行业分析报告时,对 DeepSeek 给出的市场数据,要参考行业协会发布的报告、专业研究机构的调研数据等进行验证,避免因信息错误导致决策失误。

(2)维护内容原创性。过度依赖 DeepSeek 可能导致文本缺乏原创性,甚至出现抄袭问题。在使用 DeepSeek 生成内容时,要融入自己的思考和观点,对 DeepSeek 输出的内容进行深度加工。同时,可以借助查重工具,检查文本的原创性,确保符合工作要求和知识产权规范。

(3)保护敏感信息。在工作场景中,会涉及公司机密、客户隐私等敏感信息。在与 DeepSeek 交互时,切勿输入敏感内容,以免造成信息泄露。例如,在撰写涉及公司核心技术或商业机密的文本时,避免使用未经授权的公共大模型,可考虑使用公司内部部署的安全模型。

(4)关注模型局限性。DeepSeek 在语言生成方面表现出色,但在理解复杂业务逻辑、把握特定行业规则时存在局限性。在创作专业性强的文本时,不能完全依赖 DeepSeek,

需结合自身专业知识进行判断和修正。例如，在撰写法律文书、财务报告等文本时，DeepSeek 生成的内容只能作为参考，最终仍需专业人士审核把关。

DeepSeek 为工作中的文本创作提供了强大的助力，但只有掌握正确的思路和方法，注意使用过程中的关键问题，才能充分发挥其优势，让 DeepSeek 成为工作中的得力助手，提升文本创作的效率和质量。随着技术的不断发展，创作者需持续学习，适应新的创作模式，在数字化时代的浪潮中脱颖而出。

任务实现

1. 制定工作计划

制定工作计划

制定清晰合理的工作计划是保证工作顺利开展的重要前提。借助 DeepSeek，不同行业的从业者都能轻松制定出符合自身需求的工作计划。以教师为例，新学期开始前，一位老师在 DeepSeek 中输入本学期的教学任务、课程安排以及学生情况等信息，请求它帮忙制定教学计划。DeepSeek 生成了一份详细的计划，包括每周的教学内容、教学方法的选择、作业布置与批改安排，以及针对不同学习水平学生的辅导计划等。再如，一名销售人员在制定月度工作计划时，DeepSeek 根据他本月的销售目标、客户资源以及市场动态，为他规划了每天的客户拜访计划、销售活动安排以及跟进策略，让他对工作有了清晰的方向和目标。

（1）准备：选择一款支持文本创作的大语言模型，如 DeepSeek 等，注册并登录账号。

（2）设计提示词：根据需求的类型和要求，设计结构化提示词。

> 作为一名销售人员，计划一个季度内实现销售额增长 20%，新客户开发数量达到 20 个，客户满意度保持在 90% 以上。具体操作有：电话拓展用户，维护老用户，增加促销活动，自我提升等。请写一个月度工作计划，有具体的时间要求。

（3）生成内容：将提示词输入到 DeepSeek 中，等待生成结果。

销售人员月度工作计划

目标：
1. 季度销售额增长 20%。
2. 新客户开发数量达到 20 个。
3. 客户满意度保持在 90% 以上。

第一周（第 1 周）
目标：制定详细计划，启动客户拓展与维护工作。
具体安排：
- 周一至周三：
  ○ 梳理现有客户资源，分类整理客户信息（高潜力客户、老客户、潜在客户）。
  ○ 制定电话拓展话术，准备客户沟通材料（产品介绍、促销活动等）。

- 确定本月促销活动方案（如折扣、赠品等），并提交上级审批。
- 周四至周五：
  - 开始电话拓展新客户，目标是每天联系 10 个潜在客户，记录沟通结果。
  - 联系老客户，了解近期需求，介绍本月促销活动，争取订单。
  - 总结本周工作，分析客户反馈，调整下周计划。

自我提升：
- 学习产品新特性，熟悉竞品动态。
- 参加一次销售技巧培训（线上或线下）。

第二周（第 2 周）
目标：加大客户拓展力度，推进促销活动。
具体安排：

- 周一至周三：
  - 继续电话拓展新客户，目标是每天联系 15 个潜在客户。
  - 对上周联系的高潜力客户进行二次跟进，争取达成合作意向。
  - 启动促销活动，通过邮件、微信等方式向客户推送活动信息。
- 周四至周五：
  - 拜访 2～3 个重点老客户，面对面沟通需求，巩固合作关系。
  - 跟进促销活动效果，收集客户反馈，优化活动细节。
  - 总结本周工作，分析新客户开发进展及销售额增长情况。

自我提升：
- 阅读一本销售相关书籍（如《销售圣经》），并记录学习心得。
- 与同事分享销售经验，学习优秀案例。

第三周（第 3 周）
目标：深化客户关系，提升客户满意度。
具体安排：

- 周一至周三：
  - 对已开发的新客户进行回访，了解产品使用情况，解决潜在问题。
  - 继续电话拓展新客户，目标是每天联系 10 个潜在客户。
  - 针对老客户，推出专属优惠活动，提升复购率。
- 周四至周五：
  - 组织一次小型客户答谢会（线上或线下），邀请重点客户参与，增强客户黏性。
  - 收集客户满意度反馈，针对问题制定改进措施。
  - 总结本周工作，分析客户满意度及销售额增长情况。

自我提升：
- 学习客户关系管理工具的使用，提升客户管理效率。
- 参加一次行业交流会，了解市场动态。

第四周（第 4 周）
目标：总结月度工作，优化下月计划。
具体安排：

- 周一至周三：
  - 对本月新客户开发情况进行复盘，分析成功与失败原因。

- ○ 联系未成交的潜在客户，争取最后合作机会。
- ○ 对老客户进行满意度调查，收集改进建议。
- 周四至周五：
- ○ 汇总本月销售额、新客户数量及客户满意度数据，撰写月度总结报告。
- ○ 根据本月工作成果，制定下月工作计划，明确重点任务。
- ○ 向上级汇报本月工作进展及下月计划。

自我提升：
- 总结本月学习成果，制定下月学习计划。
- 与团队分享本月成功案例，共同提升销售能力。

- 关键指标跟踪
- 每周：
  - ○ 新客户开发数量（目标：每周 5 个）。
  - ○ 销售额增长情况（目标：每周增长 5%）。
  - ○ 客户满意度反馈（目标：保持在 90% 以上）。
- 每月：
  - ○ 汇总月度数据，分析目标完成情况，优化下月计划。

通过以上计划，力争实现季度目标，同时不断提升个人能力，为长期发展奠定基础。

（4）审核与修改：对 AI 生成的内容进行审核，检查内容的准确性、规范性和逻辑性，根据实际情况进行修改和完善。

撰写工作邮件

2. 撰写工作邮件

工作邮件是职场沟通的重要工具，一封规范、专业的邮件能够准确传达信息，提高沟通效率。DeepSeek 可以帮助职场人士轻松撰写各类工作邮件。例如，一位员工需要向领导汇报项目进度，他在 DeepSeek 中输入项目的当前进展情况、遇到的问题以及下一步计划等内容，然后请求生成邮件。DeepSeek 生成的邮件内容如下："尊敬的领导，您好！目前项目已完成 80%，在开发过程中遇到了技术难题，但已通过团队协作解决。下一步计划在本周内完成测试,确保项目按时交付。"这封邮件语言简洁明了，结构清晰，准确传达了关键信息。使用 DeepSeek 撰写邮件，不仅节省了时间，还能避免因表达不当而产生的误解，提升了沟通效果。

（1）整理工作需求。假设你是一个公司的技术负责人，目前公司项目比较多，销售部正在对接 A 公司洽谈合作，但是需要技术部进行支持，目前计划共同与客户进行沟通。

（2）设计提示词。

> ❓ 我叫张三，是一家公司的技术总监。请写一封邮件，提醒销售部同事李四，尽快完成 A 公司项目的前期准备工作，做好工作对接，列出任务清单，并制定好任务时间节点。

（3）生成内容。

邮件主题：请尽快完成 A 公司项目前期准备工作及任务对接

收件人：李四
抄送：相关项目组成员
发件人：张三
日期：2023 年 10 月 25 日

邮件正文：
李四，你好！

为确保 A 公司项目顺利启动，请尽快完成项目前期准备工作，并做好与相关部门的对接工作。以下是需要重点关注的任务清单及时间节点，请务必按时完成。

任务清单
1. 客户需求确认
   - 与 A 公司对接，明确项目需求及交付标准。
   - 整理客户需求文档，并提交技术部审核。
2. 项目资源准备
   - 确认项目所需资源（人员、设备、软件等），并协调相关部门落实。
   - 确保资源在项目启动前到位。
3. 项目计划制定
   - 制定详细的项目计划，包括任务分配、时间节点及里程碑。
   - 与技术部、市场部等部门确认计划可行性。
4. 风险评估与应对方案
   - 识别项目潜在风险，制定应对方案。
   - 与团队沟通风险点及应对措施。
5. 客户沟通机制建立
   - 确定与 A 公司的沟通频率及方式（如周报、例会等）。
   - 指定专人负责客户对接，确保信息传递及时准确。

时间节点
- 10 月 27 日（周五）：完成客户需求确认，并提交需求文档。
- 10 月 30 日（周一）：完成项目资源准备，并确认资源到位情况。
- 11 月 1 日（周三）：完成项目计划制定，并与相关部门确认。
- 11 月 3 日（周五）：完成风险评估及应对方案，并与团队沟通。
- 11 月 6 日（周一）：建立客户沟通机制，并开始执行。

请根据以上任务清单及时间节点，尽快推进相关工作。如有任何问题，请及时与我或相关部门沟通。

感谢你的配合！

张三
技术总监
×××公司
电话：123-4567-890
邮箱：zhangsan@company.com

希望这封邮件能帮助您高效传达信息！如需调整，请随时告知。

任务 5.2 AI 助力求职

任务情境

小张即将大学毕业，面临着求职的压力。他心仪的一家公司正在招聘市场营销专员，要求具备良好的沟通能力、市场分析能力和营销策划经验。小张虽然在大学期间参加过一些营销活动，但缺乏系统的工作经验，不知道如何在简历和面试中突出自己的优势。同时，他对面试可能会问到的问题也感到迷茫，不知道该如何准备。

任务分析

在竞争激烈的求职市场中，如何脱颖而出是每一位求职者面临的关键问题。如今，人工智能技术的发展为我们提供了强大助力，DeepSeek 作为一款先进的大语言模型，能够在求职和面试的各个环节发挥重要作用，帮助求职者提升效率、优化策略，增加成功的几率。接下来，让我们深入探讨如何利用 DeepSeek 为求职与面试赋能。

1. DeepSeek 助力简历生成

（1）梳理个人经历与目标岗位信息。在使用 DeepSeek 生成简历之前，求职者需要全面梳理个人信息，详细列出教育背景，包括毕业院校、专业、取得的学位以及在校期间的重要课程和学术成果。工作经历方面，要清晰描述每份工作的任职公司、职位、工作时间段，以及在工作中承担的主要职责和取得的显著成果。如果有相关项目经验、实习经历、技能证书、获奖情况等，也都应一并整理出来。同时，明确目标岗位，仔细研读招聘信息，提取岗位所需的技能、经验、素质等关键要求。例如，目标岗位是市场营销专员，招聘信息中强调了社交媒体运营经验、文案撰写能力、数据分析能力以及对市场趋势的敏锐洞察力等要求。

（2）运用 DeepSeek 生成初稿。将整理好的个人经历和目标岗位信息输入 DeepSeek，使用恰当的提示词引导模型生成简历初稿。例如："我正在申请市场营销专员岗位，我的教育背景是 [具体院校及专业等]，工作经历包括 [详细工作经历描述]，项目经验有 [项目相关介绍]。请根据这些信息，结合该岗位需要社交媒体运营、文案撰写、数据分析能力以及对市场趋势敏锐洞察的要求，帮我生成一份高匹配度的个人简历。简历需包含工作经历板块，每项工作内容用 4 字小标题分点概括后，运用 STAR 法则（情境 Situation、任务 Task、行动 Action、结果 Result）展开具体描述，工作成果要进行数据量化；还要有个人优势板块，清晰阐述我求职该岗位的优势，优势需契合岗位招聘要求。"根据这样的指令，DeepSeek 能够生成一份初步的简历框架及内容。

（3）优化与完善简历。DeepSeek 生成的初稿并非完美，需要进一步优化。运用

STAR 法则对每段经历进行细化拆分，使工作任务、具体行动、最终成果和核心亮点更加清晰突出。同时，替换通用、通俗的表述，使用专业术语，提升简历的专业性。例如，将"负责公众号运营，增加了粉丝"改为"主导微信公众号运营，通过内容策划与推广，在 3 个月内实现粉丝量增长 20%"。在这一过程中，还可以再次借助 DeepSeek 进行局部优化，如输入"请帮我优化以下这段简历内容，使其更加简洁、专业，并突出我的成就：[具体内容]"。最后，进行深度人工优化调整，补充关键细节，检查语句表达是否准确、有条理，确保简历突出个人独特价值。选择合适的简历模板，进行排版，调整字体、字号、行距、页边距等，使简历布局合理、美观整洁，方便阅读，并仔细检查标点符号、错别字和语句错漏。

2. 借助 DeepSeek 打造面试题库

（1）提供基础信息。如同生成简历一样，先向 DeepSeek 投喂自己的简要经历，包括教育背景、工作经历、项目经验等关键信息，以及目标岗位的详细招聘信息，让 DeepSeek 对求职者和目标岗位有全面的了解。

（2）生成面试题及参考回答。向 DeepSeek 下达指令："作为一位经验丰富的面试官，请你结合我的简历以及岗位要求，帮我列举 15 道左右的面试题进行模拟面试。题目需要涵盖业务类问题，也要包含一些常规职业问题，并给出参考回答。"例如，对于市场营销专员岗位，业务类问题可能包括"如何制定一个社交媒体推广活动方案，以提升品牌知名度？"常规职业问题如"你认为自己最大的优点和缺点是什么，如何在工作中发挥优点、改进缺点？"DeepSeek 会依据输入的信息生成相应的题目及较为详细的参考回答。

（3）深入学习与灵活运用。认真学习 DeepSeek 生成的面试题及参考回答，分析答题思路和要点，理解如何从自身经历出发，结合岗位需求进行有效回答。同时，不要局限于模型提供的内容，要根据自身实际情况和对岗位的独特理解进行调整和补充。可以针对不同类型的问题，总结自己的答题模板和话术，强化记忆。此外，随着对行业动态、公司业务的深入了解，定期让 DeepSeek 更新面试题库，确保准备的内容与时俱进，贴合实际面试场景。

3. 通过 DeepSeek 规划职业发展

（1）分析自身优势与劣势。将个人的技能、经验、性格特点、兴趣爱好等详细信息告知 DeepSeek，请求 DeepSeek 帮助分析自身在职业发展中的优势与劣势。例如："我拥有 5 年软件开发经验，熟练掌握 Java、Python 等编程语言，性格沉稳、注重细节，喜欢钻研技术问题，但在团队沟通协作方面有时不够主动。请帮我分析这些因素在职业发展中的优势和可能存在的劣势。"DeepSeek 会基于这些信息，给出针对性的分析，如指出在技术攻坚项目中能够凭借扎实的技术功底和专注的性格取得成果，但在跨部门合作项目中可能因沟通问题影响项目推进效率。

（2）探索职业路径与发展方向。根据自身的教育背景、工作经历和兴趣，向 DeepSeek 咨询适合的职业路径和发展方向。例如："我目前从事人力资源专员工作，有招聘和员工培训方面的经验，未来希望在人力资源领域有更好的发展，请问有哪些晋升路径和细分方向可以考虑？"DeepSeek 会提供多种可能的职业路径，如晋升为人力资源经理，负责全面的人力资源管理工作；或者专注于培训与发展方向，成为企业内部的培训专家等，并详细介绍每个方向所需的技能提升和发展策略。

（3）制定职业发展计划。在明确发展方向后，借助 DeepSeek 制定具体的职业发展计划。输入目标职位和预期实现时间，以及当前的能力水平，让 DeepSeek 协助规划阶段性目标和行动步骤。例如，"我希望在 3 年内从人力资源专员晋升为人力资源经理，目前我已掌握基础的招聘和培训技能，对人力资源规划和绩效管理有一定了解但不够深入。请帮我制定一份详细的 3 年职业发展计划，包括每一年需要学习的知识、提升的技能、参与的项目等。"DeepSeek 会生成一份包含年度目标、具体学习内容、实践项目建议等的职业发展计划框架，求职者可根据实际情况进行调整和完善，使其更具可行性和可操作性。

任务实现

1. 生成个性化简历

（1）分析岗位需求：仔细阅读目标岗位的说明书，明确岗位所需的技能、经验和素质。在网络上搜索心仪的工作。例如，我目前想做编辑工作，可以找到相关的岗位需求。

岗位职责：
1. 负责稿件的编写、校对、送审及下厂等相关工作。
2. 跟进图书流程，按时完成产品的首印及加印工作，保障效率。
3. 加强专业技能学习，提升编校与思维能力，确保产品质量合格。
4. 注重提升自我，为产品的内容赋能。
5. 服从部门的整体安排与管理，及时做好工作总结与梳理。

任职要求：
1. 全日制本科，汉语言、编辑出版相关专业优先。
2. 有较强的创新能力与学习能力，思维灵活，善于举一反三。
3. 有较深厚的文字功底、较强的文字处理能力、信息采编整合能力和较高的写作水平。
4. 熟练运用网络资源，善于学习网络信息。
5. 热爱文字编辑，能保质保量地完成工作。

（2）整理个人经历：梳理自己的工作经历、项目经验、技能证书等信息。

1. 知名大学哲学系毕业。
2. 做过院学生会主席。
3. 获得过学校优秀毕业生和奖学金。
4. 做过校报编辑工作。

（3）设计提示词：结合岗位需求和个人经历，设计提示词。

请根据以下信息创作一份个人简历。

张三，男，24 岁，××大学哲学系毕业，擅长写作、演讲，在校期间做过院学生会主席，获得过学校优秀毕业生和奖学金，做过校报编辑工作。希望找到一份报社编辑工作。

（4）生成简历：将提示词输入到 DeepSeek 中，生成简历。

个人简历

基本信息
- 姓名：张三
- 性别：男
- 年龄：24 岁
- 联系方式：电话：138-××××-×××× | 邮箱：zhangsan@example.com
- 地址：××省××市××区××街道

求职意向
- 目标职位：报社编辑
- 职业愿景：结合哲学思维与写作专长，深度挖掘新闻价值，传递有温度、有深度的内容。

教育背景
- 学校：××大学
- 专业：哲学系
- 学历：本科
- 时间：20××年 9 月—20××年 6 月
- 主修课程：逻辑学、伦理学、西方哲学史、中国哲学史、新闻写作与评论
- 荣誉奖项：校级优秀毕业生、哲学系学术论文一等奖

核心技能
1. 写作能力：擅长撰写深度文章、评论及新闻报道，文字风格严谨且富有感染力。
2. 演讲与表达：具备出色的公众演讲能力，曾多次在校内外演讲比赛中获奖。
3. 逻辑思维：哲学专业背景赋予强大的逻辑分析与批判性思维能力。
4. 团队协作：学生会主席经历锻炼了优秀的组织协调与团队管理能力。
5. 工具掌握：熟练使用 Word、Excel、PowerPoint 等办公软件，熟悉 Markdown 排版。

实践经历
1. 院学生会主席
   - 时间：20××年9月—20××年6月
   - 职责：
     - 统筹学生会日常工作，策划并组织大型校园活动（如哲学论坛、辩论赛等）。
     - 协调各部门工作，提升团队效率，增强学生会影响力。
     - 撰写活动总结与宣传稿件，提升活动传播效果。
2. 校报编辑（实习）
   - 时间：20××年7月—20××年9月
   - 职责：
     - 负责新闻选题策划、稿件编辑与校对。
     - 撰写深度评论文章，探讨社会热点问题。
     - 协助排版设计，提升报纸视觉效果。
3. 哲学社团创始人
   - 时间：20××年3月—20××年6月
   - 职责：
     - 发起并组建哲学社团，吸引50多位成员加入。
     - 定期组织读书会与哲学沙龙，激发成员思辨能力。
     - 撰写社团活动总结与宣传文案，提升社团知名度。

作品展示
1. 深度评论文章：《技术与人文：现代社会的双重困境》
   - 发表于校报，探讨科技发展对人文精神的影响。
2. 新闻报道：《校园哲学论坛：青年学子的思想盛宴》
   - 报道校内哲学论坛盛况，展现青年学子的思辨风采。
3. 演讲文稿：《逻辑的力量：如何在信息洪流中保持清醒》
   - 在校级演讲比赛中获得一等奖。

自我评价
- 哲学思维：善于从多角度分析问题，具备深刻的洞察力与批判性思维。
- 写作专长：文字功底扎实，擅长撰写深度文章与评论，风格严谨且富有感染力。
- 领导力：学生会主席经历培养了优秀的组织协调与团队管理能力。
- 责任心强：对待工作认真负责，注重细节，追求卓越。

附加信息
- 兴趣爱好：阅读哲学经典、写作、辩论、跑步
- 语言能力：普通话（母语）、英语（CET-6）

期待加入贵报社，以文字传递思想，以新闻记录时代！

（5）优化简历：对DeepSeek生成的简历进行优化，突出重点，调整格式。

生成面试题库

2. 生成面试题库

（1）提供基础信息。假设提问者是一个大学计算机专业应届毕业生，学习成绩优秀，

希望应聘到某科技公司,算法工程师岗位。该岗位一般招收计算机、机器人、软件工程、人工智能等相关专业本科以上学历,善于思考,逻辑清晰,有快速学习和理解能力,富有责任心,具有良好的团队协作精神的学生;一般要求熟练掌握至少一种语言,最好有算法类比赛成绩或者发表过论文。

(2) 生成面试题及参考回答。

> **?** 我想应聘 ×× 公司的算法工程师岗位,请整理一下这个岗位最常见的 10 道面试题,并给出简单的答案。

以下是 ×× 公司算法工程师岗位最常见的 10 道面试题及简要答案。

1. 反转链表
   - 问题:如何反转一个单链表?
   - 答案:使用三个指针(prev、current、next),遍历链表并逐个反转节点指向。
2. 两数之和
   - 问题:给定一个整数数组和一个目标值,找出数组中两数之和等于目标值的索引。
   - 答案:使用哈希表存储数组元素及其索引,遍历时检查目标值与当前元素的差是否在哈希表中。
3. 二叉树的最大深度
   - 问题:如何计算二叉树的最大深度?
   - 答案:递归计算左右子树的深度,取较大值加 1。
4. 合并两个有序数组
   - 问题:如何合并两个有序数组?
   - 答案:使用双指针,从后向前遍历并合并。
5. 最长公共子序列
   - 问题:如何找到两个字符串的最长公共子序列?
   - 答案:使用动态规划,构建二维数组记录子问题的解。
6. 字符串中的第一个唯一字符
   - 问题:如何找到字符串中第一个不重复的字符?
   - 答案:使用哈希表记录字符出现次数,遍历字符串找到第一个次数为 1 的字符。
7. 有效的括号
   - 问题:如何判断字符串中的括号是否有效?
   - 答案:使用栈,遍历字符串,匹配括号并弹出栈顶元素。
8. 寻找数组中的第 K 大元素
   - 问题:如何找到数组中的第 K 大元素?
   - 答案:使用快速选择算法或最小堆。
9. 二叉树的层序遍历
   - 问题:如何实现二叉树的层序遍历?
   - 答案:使用队列,逐层遍历并记录节点值。
10. 最长递增子序列
    - 问题:如何找到数组中最长的递增子序列?
    - 答案:使用动态规划或二分查找优化。

总结

这些问题涵盖了算法工程师面试中的常见题型，掌握这些题目有助于提升面试表现。建议深入理解并练习相关算法和数据结构。

如果你有更多问题，欢迎继续提问！

任务 5.3　电商营销

任务情境

小赵在一家电商公司工作，负责直播带货文案的撰写。公司即将推出一款新款美妆产品，需要撰写一篇直播文案，吸引消费者的关注，提高产品的销售量。小赵面临的挑战是如何在众多美妆产品中突出这款产品的特色，激发消费者的购买欲望。

任务分析

直播带货如今十分火爆，而吸引人的直播文案是吸引观众下单的关键。DeepSeek 在创作直播文案方面有着独特的技巧。以美妆直播为例，主播想要推广一款新口红，在 DeepSeek 中输入口红的品牌、色号、质地、显色度、持久度等特点，以及目标受众为年轻女性等信息，请求生成直播文案。DeepSeek 生成的文案可能是："宝子们，今天给大家带来一款超绝的口红！它是 [品牌名] 的 [色号]，这个颜色简直是黄皮亲妈，涂上瞬间显白三个度。丝绒质地，上嘴超级顺滑，一点也不拔干。而且它的显色度超高，轻轻一抹，浓郁色彩就展现出来了。最重要的是，它的持久度超厉害，一整天下来都不掉色、不沾杯，吃饭喝水都不怕。还在等什么，赶紧冲！"这样生动、有感染力的文案，能够有效激发观众的购买欲望。再如食品直播，推广一款坚果，DeepSeek 生成的文案可能是："家人们，这款坚果真的绝了！每一颗都颗粒饱满，经过精心烘焙，口感酥脆。它富含多种营养，像蛋白质、维生素、不饱和脂肪酸等，是健康又美味的零食。无论是当早餐搭配牛奶，还是下午茶解馋，都非常合适。现在直播间还有优惠活动，买三送一，赶快下单吧！"

任务实现

根据自身需求设计一个直播文案

（1）了解活动信息：收集公司、产品、目标客户等信息。一家国内的快消品公司生产了一款面向年轻女性的眉笔，希望能够在短期内快速拓宽市场。

（2）确定语言风格：根据活动的特点和目标受众，确定营销文案的语言风格。目标客户是国内年轻女性，年龄在 20～30 岁之间，以都市白领为主，自身具有购买能力。性格青春洋溢，活泼开朗，喜欢新事物，因此语言风格要风趣幽默。

（3）设计提示词：将活动信息和语言风格融入提示词中。

请以国产 A 公司眉笔为题，写一个直播文案，要风趣幽默，有互动感。

（4）生成文案：将提示词输入到 DeepSeek 中，生成营销文案。

直播文案：国产 A 公司眉笔专场

标题：✿【手残党福音！A 公司眉笔拯救你的眉毛】✿

开场白

大家好！欢迎来到 A 公司眉笔专场！我是你们的老朋友【主播名字】，今天咱们不聊别的，就聊怎么让你的眉毛从"毛毛虫"变身"女神眉"！👀

有没有小伙伴跟我一样，每天早上画眉就像在玩"运气大转盘"？左边画完像李逵，右边画完像张飞？别急，今天 A 公司眉笔来了，手残党的春天到了！🌸

产品介绍

1. 超细笔头，精准勾勒
   - 这款眉笔的笔头细到让你怀疑人生！0.5mm 极细笔头，轻松画出根根分明的眉毛，再也不用担心画成"蜡笔小新"了！
   - 来，跟我一起念："细！细！细！细到没朋友！"
2. 防水防汗，持久不脱妆
   - 夏天出汗不怕，冬天蹭脸不怕，A 公司眉笔就是你的"定海神针"！游泳、健身、吃火锅，眉毛依然坚挺！
   - 不信？来，咱们现场泼水测试！看，眉毛还在！
3. 三色可选，百搭妆容
   - 自然棕、气质灰、温柔咖，三种颜色任你选！不管你是黑发、棕发还是奶奶灰，总有一款适合你！
   - 来，评论区告诉我，你是什么发色？我帮你选颜色！

互动环节

1. 画眉挑战
   - 咱们来个现场画眉挑战！手残党们准备好了吗？拿起 A 公司眉笔，跟我一起画！画完记得拍照发评论区，我会抽 3 位幸运小伙伴送出 A 公司眉笔一支！
2. 眉毛小知识
   - 你知道眉毛画得好，颜值能提升 50% 吗？来，评论区告诉我，你画眉最崩溃的瞬间是什么？是画不对称，还是总画成"八字眉"？
3. 限时优惠
   - 今天直播间专属福利！原价 99 元的 A 公司眉笔，现在只要 59 元！还买一送一！没错，买一支送一支，手慢无！

> ○ 来，倒计时 3 秒，准备好抢！3、2、1，上链接！
>
> **结尾**
> 　　好了，今天的 A 公司眉笔专场就到这里啦！还没下单的小伙伴抓紧时间，错过今天，你可能又要顶着"毛毛虫"出门了！😤
> 　　记得关注我，下次直播还有更多好物等着你！拜拜啦，爱你们！❤
>
> **直播结束语**
> 　　✨A 公司眉笔，让你从"手残党"变身"画眉大师"！✨
>
> 　　希望这个文案能让你的直播充满趣味和互动感！如果有需要调整的地方，随时告诉我哦！

（5）评估与改进：对 AI 生成的文案进行评估，根据反馈意见进行改进。

任务 5.4　Office 协作

🔍 任务情境

在一家广告策划公司，小李、小王和小张共同负责一个重要客户的广告策划案。客户要求一周内提交策划初稿，且方案需融合创意、市场分析与执行细节。三人虽各有所长，但以往独立作业居多，这次面临着沟通协作难题。

后来，团队决定尝试使用 WPS AI 协作功能。通过对 WPS 功能的探索，团队成功解决了难题，按时向客户提交了策划案，并获得高度认可。

🔗 任务分析

将 DeepSeek 的先进 AI 能力与 WPS 的办公功能相融合，利用 DeepSeek 在语言理解、文本生成、数据分析等方面的优势，为 WPS 用户提供智能辅助，实现从文档撰写、表格数据处理到演示文稿制作等办公场景的智能化升级，从而提高办公效率和质量。

📖 任务实现

1. 生成 PPT

生成 PPT

WPS 不仅可以使用第三方插件来嵌入大语言模型，自己本身也内嵌了人工智能引擎。

打开 WPS，单击"WPS Office"标签，再单击下面的"WPS 灵犀"按钮，这是一个综合的 AI 工具，如图 5-1 所示。

图 5-1　单击"WPS 灵犀"按钮

在弹出的新界面中,单击"DeepSeek R1"按钮,启用大模型,输入相应的问题,单击"执行"按钮,AI 开始运行,R1 是思维链模式,会输出思考过程和结果,如图 5-2 所示。

图 5-2　打开 DeepSeek

单击"生成 PPT"按钮,可以快速生成一篇 PPT。输入"根据以下主题生成 PPT:应届生求职简历的要点",单击"执行"按钮,如图 5-3 所示。

图 5-3　输入提示词

WPS 会自动生成 PPT 大纲，之后可以选择模板，单击"生成 PPT"按钮，如图 5-4 所示。

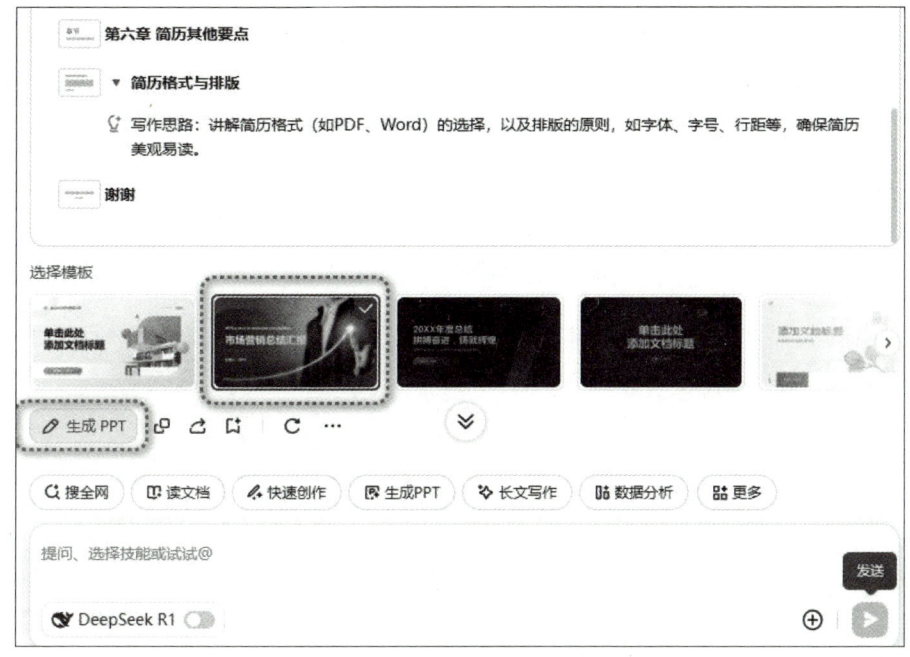

图 5-4　选择模板

系统会自动根据模板生成 PPT，之后可以进入 WPS 修改，如图 5-5 所示。

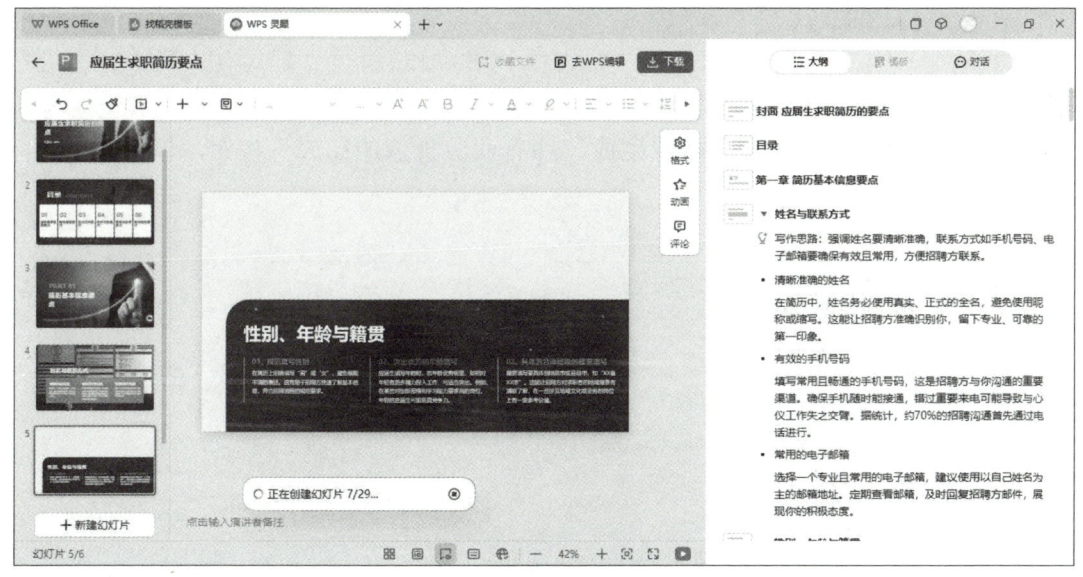

图 5-5　生成 PPT

2．可视化数据分析

在灵犀页面，启用大模型，单击"更多"按钮，会弹出一个小菜单，选择"数据分析"选项，如图 5-6 所示。

可视化数据分析

图 5-6　"数据分析"选项

在弹出的新界面中，单击"本地文件"按钮，可以上传文件，如图 5-7 所示。目前只支持 xlsx、xls、csv 文件。

图 5-7　上传文件

文件上传之后，会出现"帮我生成一些有业务价值的图表"按钮，单击该按钮，如图 5-8 所示。

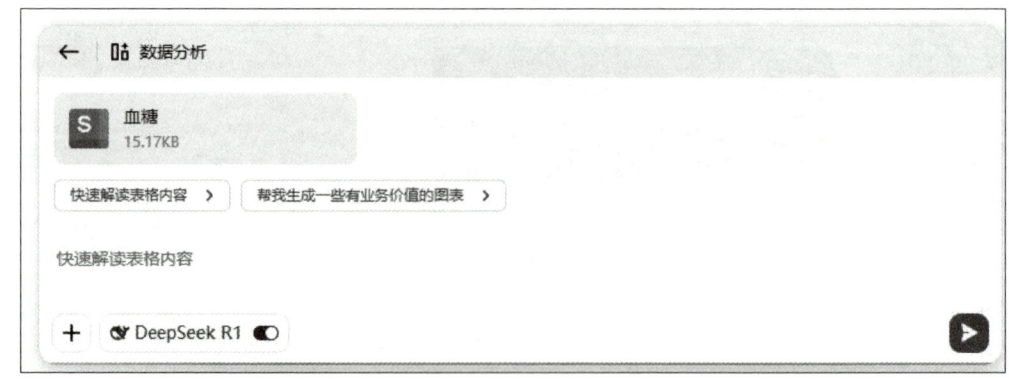

图 5-8　生成图表

DeepSeek 会开始思考，如图 5-9 所示。

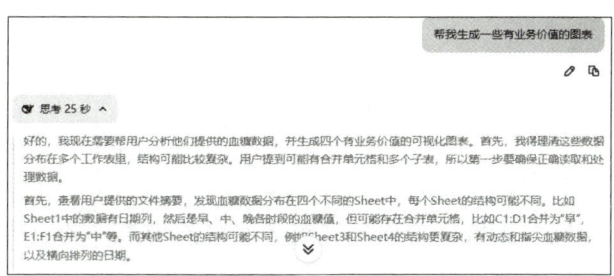

图 5-9　思考过程

接下来就会根据分析过程生成相应的图表，如图 5-10 所示。

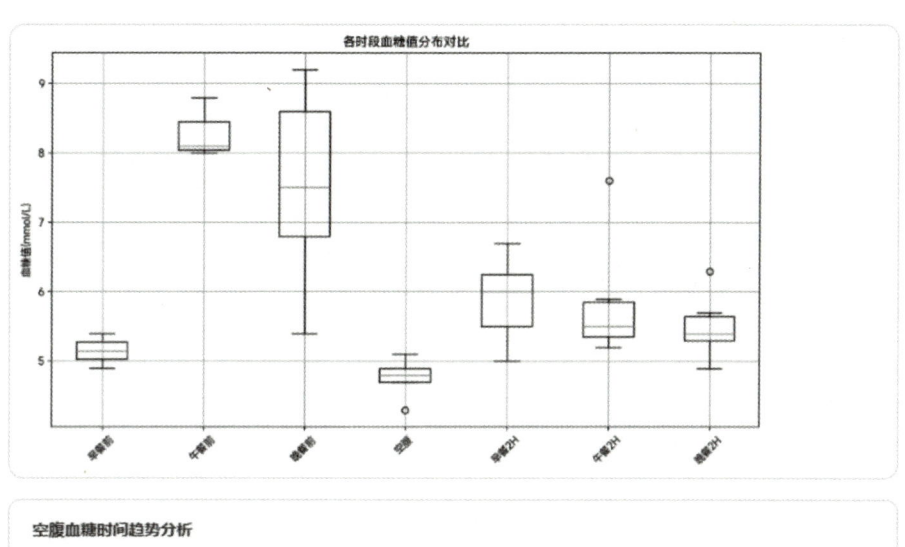

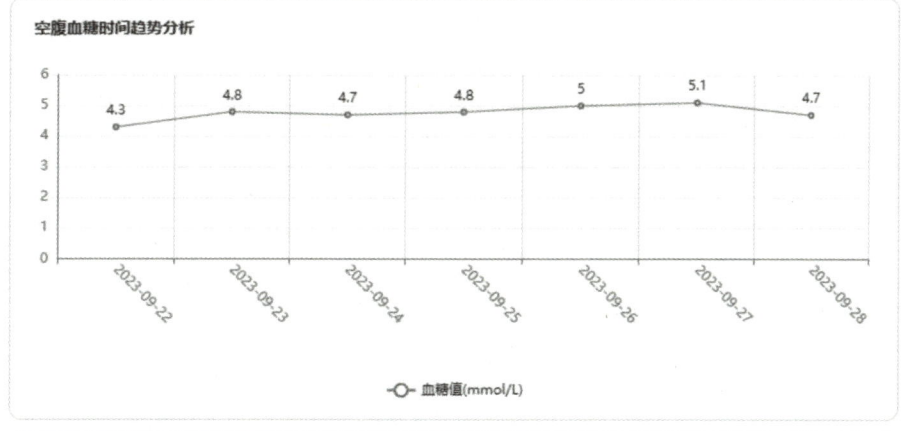

图 5-10　生成图表结果

项目总结

本项目通过实际任务,深入探讨了大语言模型在智能创作与办公场景中的应用。从智能文本创作到跨模态生成,本项目介绍了运用大语言模型解决办公中的实际问题的方法,帮助读者掌握了提示词设计、工具使用等关键技能。同时,我们也认识到了大语言模型应用中存在的挑战和问题,明确了应对的方向。在未来的工作中,我们应积极拥抱大语言模型技术,不断探索创新,让大语言模型成为提升工作效率和质量的得力助手。

项目 6　AI 创造美好生活

学习目标

知识目标

- 理解 DeepSeek 的基本原理与操作。
- 了解 DeepSeek 对生活的帮助和特点。
- 掌握 DeepSeek 生成内容的优缺点。

技能目标

- 能够运用 AI 工具对生活中常见问题进行分析与解决。
- 能够运用 DeepSeek 分析简单的心理问题，并自我调节。

素养目标

- 树立对 AI 发展的正确认识，客观看待 AI 给社会和生活带来的影响，培养理性的科技观。
- 培养关注数据隐私和信息安全的习惯，养成良好的数字素养，强化社会责任感，确保 AI 的使用符合道德和法律规范。

应用场景

李大爷年近七旬，一直想去北京旅游，看看天安门、故宫。可子女们工作繁忙，无法帮他规划行程。李大爷的孙子了解到爷爷的心愿后，想到了 AI 工具。孙子打开手机上的旅游规划 AI 应用，输入爷爷的身体状况、喜好、预算以及出行时间等信息。短短几分钟，一份详细的北京五日游规划就生成了。

规划中不仅包含每日行程安排（如第一天上午参观天安门，下午游览故宫），还标注了各景点门票价格和购票方式，推荐了适合老年人的交通路线和就餐地点。李大爷按照这份规划，顺利开启了北京之旅。一路上，借助 AI 地图导航，他轻松找到了各个景点，玩得十分开心。这次旅行结束后，李大爷逢人便夸 AI 的神奇。这个故事充分展现了 AI 在旅游规划方面的强大功能，而这仅仅是 AI 为美好生活赋能的一个缩影。在娱乐、工作、健康等更多领域，AI 都在发挥着积极作用。

任务 6.1　娱乐休闲

任务情境

小张是一位游戏爱好者，最近沉迷于一款热门角色扮演游戏，但在游戏中总是卡在一个高难度关卡。同时，他计划下个月和朋友一起去成都旅游，却因工作繁忙，没时间做攻略。了解到 AI 工具的强大功能后，小张决定借助 AI 解决这两个难题。

任务分析

DeepSeek 基于其强大的自然语言处理能力和对大量数据的学习，能够理解用户的问题和需求，并根据相关知识和算法生成相应的回答和解决方案。在游戏攻略方面，只需向其描述游戏关卡的场景、任务目标、自身角色属性等详细信息，它可以分析游戏的机制、关卡、角色等元素，凭借对大量游戏数据的学习和分析，为玩家提供通关技巧、任务流程、角色培养等方面的指导，从而顺利通过关卡。对于旅游计划，DeepSeek 能整合海量的旅游数据，综合考虑目的地的景点、交通、餐饮、住宿等因素，结合用户的时间、预算和偏好，制定出个性化的行程安排。

生成游戏攻略的步骤如下。

（1）明确问题：玩家首先要清晰地确定自己在游戏中遇到的问题或需要了解的方面，如"如何通关某游戏的特定关卡""某角色的最佳技能搭配是什么"等。

（2）详细描述：向 DeepSeek 描述问题时，尽量提供详细的背景信息，如游戏的名称、版本、当前进度、自身角色的特点等。例如，"在《原神》1.5 版本中，我玩的是魈这个角色，目前冒险等级为 30 级，卡在了孤云阁的一个解谜关卡，该怎么过？"

（3）获取攻略：DeepSeek 会根据输入的问题，利用其知识储备和算法生成相应的攻略内容，包括具体的操作步骤、解谜思路、角色技能运用方法等。玩家可以根据这些建议来尝试解决游戏中的问题。

（4）进一步询问：如果对生成的攻略还有疑问或不理解的地方，可以继续向 DeepSeek 提问，要求其进一步解释或提供更多细节。例如，"你说的利用魈的 E 技能跳上高处平台，具体怎么操作？"

生成旅游计划的步骤如下。

（1）确定需求：明确旅行的目的地、时间、预算、同行人员等基本信息，以及自己的旅游偏好，如喜欢自然风光还是历史文化景点，是否有特殊的饮食要求等。例如，"我想在'五一'假期去杭州旅游，预算 5000 元，和父母一起，喜欢安静的景点，不喜欢太商业化的地方。"

（2）生成计划：将上述需求输入 DeepSeek，它会生成一份初步的旅游计划，包括每日的行程安排，如参观哪些景点、乘坐什么交通工具、在哪里用餐等。计划中可能还会标注景点的开放时间、门票价格、儿童/老人友好指数等信息。

（3）优化调整：根据自己的实际情况对生成的计划进行调整和优化。可以要求 DeepSeek 增加或替换某些景点，调整行程的顺序或时间安排，或者提供更多关于住宿的建议等。例如，"我想把西湖的游览时间延长一些，去掉灵隐寺，再帮我推荐几个附近安静的酒店。"

（4）导出使用：将最终确定的旅游计划导出为文档或表格形式，方便在旅行中查看和使用。也可以将相关信息整合到地图应用中，以便更直观地了解行程路线和景点位置。

注意事项如下。

（1）准确描述需求：无论是游戏攻略还是旅游计划，都要尽可能清晰、准确地向 DeepSeek 描述自己的问题和需求。模糊或不完整的信息可能导致生成的结果不符合预期。例如，在询问游戏攻略时，要说明游戏的具体名称和版本，因为不同版本的游戏内容和玩法可能会有所不同；在制定旅游计划时，要明确旅行的时间、预算、人数等关键信息，以及对景点、住宿、餐饮等方面的具体要求。

（2）验证信息准确性：虽然 DeepSeek 能够提供大量有用的信息，但它的回答是基于已有的数据和算法，可能存在一定的误差或不准确之处。对于游戏攻略，要注意其是否适用于自己的游戏情况，有些攻略可能是针对特定的游戏版本或玩法制定的。对于旅游计划，要核实景点的开放时间、门票价格、交通信息等是否准确，特别是一些实时性较强的信息，如天气情况、景区临时管制等，需要在出行前再次确认。

（3）保护个人隐私：在使用 DeepSeek 时，不要输入敏感的个人信息，如身份证号、银行卡号、密码等。虽然 DeepSeek 有一定的安全措施，但为了避免潜在的风险，还是要注意保护自己的隐私。在制定旅游计划时，如需提供住宿偏好等信息，尽量使用一般性的描述，而不是具体的个人身份信息。

（4）合理参考建议：DeepSeek 生成的游戏攻略和旅游计划只是参考，玩家和旅行者需要根据自己的实际情况进行调整和决策。在游戏中，玩家的操作技巧、游戏风格等因素会影响攻略的效果；在旅行中，天气变化、个人身体状况、突发情况等都可能导致行程需要改变。因此，要保持灵活，不要完全依赖 DeepSeek 的建议，要结合自己的判断和经验来做出最终的决定。

（5）了解模型限制：不同的 DeepSeek 模型版本在性能和功能上可能有所差异，要根据具体需求选择合适的模型。同时，DeepSeek 也有其局限性，它可能无法完全理解一些非常复杂或模糊的问题，或者在某些特定领域的知识可能不够全面。如果遇到 DeepSeek 无法准确回答的问题，可以尝试换一种提问方式，或者参考其他相关的资料和资源。

⊃ 思政案例

在互联网的游戏社区中，部分玩家为了快速通关，不惜使用作弊程序，破坏了游戏的公平性，损害了其他玩家的游戏体验。而借助 AI 合理获取游戏攻略，是在遵守游戏规则的前提下，通过智慧和策略提升游戏水平，体现了公平竞争、诚实守信的价值观。

我们在享受 AI 带来的便利时，也要坚守道德底线，维护健康的网络和游戏环境。

在游戏《彩虹岛》的世界里，陈某某、涂某某、张某某和甘某某本是资深玩家，享受着游戏带来的乐趣。但是，他们发现游戏里的外挂虽有需求，却不尽如人意。于是，这四人动起了"歪心思"，商议共同开发一款名为"紫龙"的外挂程序。

陈某某和甘某某负责编写代码，涂某某优化程序并处理售后，张某某则通过网店对外售卖。靠着这个外挂，他们非法获利超 340 万元。可他们的行为给游戏运营方 S 公司带来了巨大麻烦，游戏平衡被打破，普通玩家体验变差，服务器压力剧增，维护成本也大幅上升。

很快，警方展开调查，他们陆续落网。在检察官的释法说理下，他们认识到了自己的错误，自愿认罪认罚，赔偿游戏公司一百七十万元并取得谅解，还退还了部分违法所得。最终，法院以提供侵入计算机信息系统程序罪，判处他们有期徒刑一年九个月至三年不等，并处罚金四万元至十六万元不等。这深刻地警示着大家，任何违法的"捷径"都走不得，要坚守法律底线，别让一时的贪念毁了自己的未来。

任务实现

旅游攻略

写一篇 3 天左右张家界旅游攻略。

3 天张家界精华游攻略

张家界以奇峰、峡谷、云海闻名，3 天时间可覆盖核心景区，适合紧凑但不赶路的行程。以下是详细安排。

Day 1：张家界国家森林公园（武陵源景区）

上午

- 交通：从张家界市区乘车至武陵源标志门（约 40 分钟，车费 15 元）。
- 路线：
  1. 天子山索道（单程 72 元）上山，俯瞰峰林奇观。
  2. 游览贺龙公园、御笔峰、仙女散花等观景台。
- 午餐：山顶餐厅（人均 50 元，推荐土家三下锅）。

下午

1. 乘环保车至袁家界，打卡阿凡达悬浮山原型"乾坤柱"、天下第一桥。
2. 徒步或乘百龙天梯（单程 65 元）下山，感受"世界最高户外电梯"。
3. 游览金鞭溪（全程 7.5 公里，建议走精华段），看猕猴、溪水、峡谷。

住宿：武陵源区客栈（推荐溪布街附近，夜游步行街，人均 150～300 元）。

Day 2：天门山国家森林公园

上午

- 交通：从武陵源乘车至张家界市区（约 1 小时）。

- 路线：
    1. 天门山索道（门票含索道，278元）直达山顶，全程28分钟，俯瞰99道弯盘山公路。
    2. 走玻璃栈道（鞋套5元），体验悬崖凌空感。
    3. 参观天门山寺、鬼谷栈道。

中午
- 午餐：山顶餐厅简餐（人均40元）。

下午
1. 乘穿山扶梯至天门洞，挑战999级台阶或购票乘扶梯（32元）。
2. 下山后返程市区，可顺路游览大庸古城（免费）。

住宿：张家界市区（推荐天门山索道站附近，方便次日出行）。

Day 3：张家界大峡谷玻璃桥 + 返程

上午
- 交通：市区乘车至张家界大峡谷（约1.5小时，车费30元）。
- 游玩：
    1. 玻璃桥"云天渡"（门票128元）：世界最长玻璃桥，俯瞰300米深谷。
    2. 徒步大峡谷，观瀑布、溪流、一线天。

下午
- 返程：
    1. 从大峡谷乘车至张家界荷花机场/高铁站（约1小时）。
    2. 若时间充裕，可顺路参观黄龙洞（门票100元，喀斯特溶洞奇观）。

注意事项
1. 门票预订：旺季（4—10月）提前2天在官网/公众号购票，天门山分A/B/C线（推荐A线：索道上山+公路下山）。
2. 穿着：轻便防滑鞋，雨天备雨衣（山区多雾雨）。
3. 安全：玻璃桥禁止携带尖锐物品，恐高者慎行。
4. 饮食：尝试土家腊肉、酸汤鱼、蒿子粑粑，避免景区高价团餐。

预算参考（人均）
- 门票：国家森林公园228元 + 天门山278元 + 玻璃桥128元 ≈ 634元
- 交通：市区至景区往返约150元
- 食宿：3天约500元
- 总计：约1300～1500元

行程亮点
- 自然奇观：阿凡达取景地、天门洞、玻璃桥。
- 刺激体验：悬崖栈道、高空索道、999级天梯。
- 文化融合：土家族风情、溪布街夜景。

按照此攻略，3天可高效打卡张家界精华景点，兼顾自然与人文体验！如体力允许，可适当延长金鞭溪或黄龙洞的游览时间。

任务 6.2　心理咨询

🔍 任务情境

职场人小刘最近工作压力大，时常感到焦虑，情绪低落。由于工作繁忙，他无法抽出时间去线下心理咨询机构。在朋友的推荐下，小刘尝试使用 AI 心理咨询服务，希望能缓解自己的心理压力。

🔗 任务分析

AI 心理咨询服务运用自然语言处理和情感分析技术，与小刘进行深入对话。通过分析小刘的语言和情绪，为他提供个性化的心理支持和建议。例如，当小刘倾诉工作中的挫折时，AI 心理咨询工具会给予共情回应，并根据专业的心理学理论，给出一些缓解焦虑的方法，如深呼吸练习、时间管理技巧等。

此外，AI 心理咨询服务还能为小刘提供一些心理健康知识科普，帮助他更好地了解自己的情绪和心理状态。部分 AI 心理咨询平台还会记录小刘的咨询过程，为他生成一份心理健康报告，方便他了解自己情绪的变化趋势。

在使用 AI 进行心理咨询的同时，我们也要认识到它的局限性，以 DeepSeek 为例：

（1）缺乏真实情感理解：DeepSeek 虽然能从理论上分析和解决问题，但它没有真正的情感和主观体验，无法完全理解人类情感的复杂性和细腻之处。对于一些需要深度情感共鸣的问题，它的帮助可能有限。

（2）无法进行危机干预：面对严重的心理危机，如自杀倾向、严重的抑郁发作等，DeepSeek 只能推送心理援助热线等信息，无法提供持续的情感支持和专业的危机干预。在这种情况下，用户必须立即寻求专业心理咨询师或医生的帮助。

（3）避免过度依赖：DeepSeek 可以作为心理辅导的辅助工具，但不能替代专业的心理咨询师。用户不应该完全依赖它来解决自己的心理问题，尤其是对于一些长期的、严重的心理障碍，还是需要与专业人士进行面对面的咨询和治疗。同时，也要避免在虚拟的对话中过度投入情感，而忽视了现实中的人际关系和社交支持。

（4）保护个人隐私：虽然 DeepSeek 通常会有隐私保护措施，但用户在使用时仍要注意不要透露过于敏感的个人信息，如身份证号、银行卡号等。在描述问题时，尽量使用化名和概括性的语言，以保护自己的隐私安全。

🍊 任务实现

1. 评估心理健康

心理健康状况直接影响着我们的生活质量和工作效率。DeepSeek 可以通过对话和问卷的形式，对用户的心理健康状况进行全面评估，及时发现潜在的心理问题。

 我是一个新妈妈，最近一直情绪低落，行动迟缓，记忆力差，睡眠不好，但体重增加，我有什么心理问题吗？

 作为新妈妈，您描述的症状确实需要重视，这些可能是产后心理或生理变化的信号。以下是一些可能的情况和建议。

一、可能的原因

1. 产后抑郁（Postpartum Depression，PPD）
- 典型表现：持续情绪低落、兴趣减退、睡眠障碍（即使孩子睡着也难以入眠）、自责或焦虑，部分人可能出现食欲增加和体重上升（情绪性进食）。
- 数据参考：约 10%～15% 的新手妈妈会经历产后抑郁，通常在产后 6 周内出现，也可能延迟到数月后。

2. 产后甲状腺功能异常
- 甲状腺激素波动（如甲状腺炎）可能导致疲劳、体重增加、情绪波动，需通过血液检查排除。

3. 睡眠剥夺与适应期压力
- 新生儿照护导致的长期睡眠碎片化会引发记忆力下降、情绪敏感，甚至出现类似抑郁的症状。

二、建议行动步骤

1. 优先就医排查
- 挂妇科/内分泌科：检查甲状腺功能（TSH、FT3、FT4）、性激素水平；
- 心理科/精神科：通过《爱丁堡产后抑郁量表》（EPDS）评估心理状态。

2. 自我调节策略
- 微休息法：利用婴儿小睡时进行 10 分钟正念呼吸（如 478 呼吸法：吸气 4 秒→屏息 7 秒→呼气 8 秒）；
- 情绪日记：每天花 5 分钟记录"三件小事"（如"今天宝宝第一次对我笑"），对抗消极思维；
- 饮食调整：增加富含 Omega-3 的食物（如深海鱼、亚麻籽），研究表明其有助于缓解抑郁情绪。

3. 构建支持系统
- 分工协作：与伴侣制定"值班表"，确保每天有至少 3 小时连续睡眠；
- 社群联结：加入线上/线下新手妈妈互助小组（如"母爱三十三天"等专业平台），减少孤独感。

三、重要提醒
- 这不是您的错：产后激素剧烈波动（雌激素/孕激素断崖式下降）会直接影响大脑情绪调节功能，如同"生理性感冒"，无需自责。
- 警惕"微笑抑郁"：部分妈妈会刻意在他人面前表现正常，但内心痛苦，这种情况更需要主动求助。
- 紧急信号：若出现伤害自己或孩子的念头，请立即联系家人或拨打心理援助热线。

四、资源推荐

1. 书籍：《我值得拥有美好》（针对母亲自我关怀）。
2. 小程序："小睡眠"（提供白噪声助眠）+"Hope 心理健身房"（CBT 情绪训练）。
3. 专业机构：各省妇幼保健院均设产后心理门诊，部分提供免费初筛服务。

请记住，寻求帮助不是软弱，而是您对孩子和自己负责的表现。您已经在用最大的爱完成一项艰巨的任务，现在轮到我们支持您了。

2. 心理疏导

在发现心理健康出现问题后，可以适当地通过 AI 进行心理疏导。DeepSeek 可以为用户提供多种情绪调节方法，帮助他们在情绪低落时迅速调整心态。

有一位职场人士，由于工作任务繁重，经常加班，压力过大，出现了焦虑情绪。他向 DeepSeek 倾诉："最近工作压力太大了，我每天都很焦虑，晚上也睡不好，该怎么办？"DeepSeek 安慰他说："工作压力大确实会让人感到焦虑，这是很正常的反应。你可以尝试一些放松的方法来缓解焦虑，如深呼吸，慢慢地吸气，再缓缓地呼气，重复几次，让身体和大脑放松下来；也可以在下班后进行适量的运动，像跑步、瑜伽等，运动能促进身体分泌内啡肽，改善情绪。另外，合理安排工作时间，制定清晰的工作计划，把大任务分解成小目标，逐步完成，也能减轻压力。"在 DeepSeek 的帮助下，这位职场人士通过调整心态和生活方式，焦虑情绪得到了明显缓解，工作和生活也逐渐步入正轨。

 我今天被领导批评了，心情很差，怎么才能让自己好起来？

 被领导批评后感到心情低落是很正常的反应，但重要的是如何调整心态并从中吸取教训。以下是一些建议，帮助你尽快恢复心情并提升自我。

1. 接受情绪
   - 解释：允许自己感受到情绪，不要压抑或忽视它们。
   - 建议：给自己一些时间消化情绪，可以通过写日记或与信任的朋友倾诉来释放情绪。
2. 理性分析
   - 解释：冷静下来后，理性分析批评的内容，找出其中的合理部分。
   - 建议：列出批评中的具体点，思考如何改进，避免未来再犯类似错误。
3. 积极面对
   - 解释：将批评视为成长的机会，而不是对个人的否定。
   - 建议：制定改进计划，设定具体的目标和步骤，逐步提升自己。
4. 寻求反馈
   - 解释：主动寻求更多的反馈，了解自己的不足和改进方向。
   - 建议：与领导或同事沟通，询问具体的改进建议，展示你的积极态度。
5. 自我肯定
   - 解释：不要因为一次批评而否定自己的全部价值。

- 建议：回顾自己的成就和优点，增强自信心，保持积极的心态。

6. 放松身心
- 解释：适当的放松有助于缓解压力，恢复心情。
- 建议：进行一些放松活动，如散步、听音乐、冥想或运动，帮助自己放松身心。

7. 设定小目标
- 解释：通过实现小目标来逐步恢复信心。
- 建议：设定一些容易实现的小目标，完成后给予自己奖励，增强成就感。

8. 寻求支持
- 解释：与朋友、家人或同事分享你的感受，获得情感支持。
- 建议：与信任的人交流，听取他们的建议和鼓励，帮助你渡过难关。

9. 保持积极心态
- 解释：保持积极的心态有助于更快地从挫折中恢复。
- 建议：每天给自己一些积极的心理暗示，提醒自己这只是暂时的挫折。

通过以上方法，你可以逐步调整心态，从批评中吸取教训，并继续前进。记住，每个人都会遇到挫折，关键是如何应对和成长。希望你能尽快恢复心情，继续努力！

3. 辅助心理治疗

如果心理疏导无效，或者对于有心理疾病的患者，如抑郁症、焦虑症等，除了专业的药物治疗和心理咨询外，日常生活中的心理调节也非常重要。DeepSeek 可以作为辅助工具，为患者提供日常心理调节建议，帮助他们更好地应对疾病。

中度抑郁症如何治疗？

中度抑郁症的治疗通常需要综合性的方法，包括心理治疗、药物治疗和生活方式的调整。以下是一些常见的治疗建议。

1. 心理治疗
- 认知行为疗法（CBT）：帮助患者识别和改变负面的思维模式和行为。
- 人际关系疗法（IPT）：专注于改善患者的人际关系，减少因人际问题引发的抑郁情绪。
- 心理动力学治疗：通过探索患者的潜意识和早期经历，帮助理解抑郁的根源。

2. 药物治疗
- 抗抑郁药：如选择性 5-羟色胺再摄取抑制剂（SSRIs）、5-羟色胺和去甲肾上腺素再摄取抑制剂（SNRIs）等。
- 注意事项：药物治疗应在医生的指导下进行，定期复诊以调整药物剂量和种类。

3. 生活方式调整
- 规律作息：保持规律的睡眠和饮食习惯，避免熬夜和不规律的生活。
- 适度运动：如散步、瑜伽、游泳等，有助于提升情绪和身体健康。
- 健康饮食：均衡饮食，增加富含 Omega-3 脂肪酸的食物，如鱼类、坚果等。

4. 社会支持
- 家庭和朋友的支持：与家人和朋友保持联系，分享感受，获得情感支持。
- 支持小组：参加抑郁症支持小组，与其他患者交流经验和感受。

5. 自我照顾
- 放松技巧：如深呼吸、冥想、渐进性肌肉放松等，帮助缓解压力和焦虑。

- 兴趣爱好：培养兴趣爱好，增加生活的乐趣和满足感。
6. 专业帮助
- 定期复诊：与心理医生或精神科医生保持定期联系，评估治疗效果和调整治疗方案。
- 危机干预：如果出现自杀念头或行为，立即寻求专业帮助或拨打紧急求助电话。
7. 避免自我诊断和自我治疗
- 专业评估：抑郁症的诊断和治疗应由专业医生进行，避免自行诊断和用药。
8. 长期管理
- 持续治疗：抑郁症的治疗通常需要长期管理，即使在症状缓解后，也应继续遵循医生的建议。
9. 教育和自我学习
- 了解抑郁症：通过阅读相关书籍、参加讲座等方式，增加对抑郁症的了解，增强自我管理能力。
10. 避免孤立
- 社交活动：积极参与社交活动，避免孤立自己，增加与外界的互动。

中度抑郁症的治疗需要耐心和持续的努力，建议在专业医生的指导下进行综合治疗。希望这些建议对您有所帮助。

任务 6.3　生活助手

任务情境

上班族小陈生活节奏快，经常忘记重要的日程安排，导致工作和生活出现混乱。此外，他还想学习一些新的烹饪技巧，丰富自己的饮食。为了改善这种状况，小陈下载了一款 AI 生活助手应用。

任务分析

人工智能正逐渐融入我们生活的方方面面，成为提升生活品质、解决日常难题的得力工具。DeepSeek 作为一款功能强大的人工智能应用，以其智能对话、高效信息检索和丰富内容生成等能力，为我们打造了一位全天候的贴心生活助手。无论是琐碎日常，还是休闲娱乐，抑或是生活中的复杂问题，DeepSeek 都能提供实用的建议和解决方案，极大地便利了我们的生活。接下来，就让我们深入了解如何借助 DeepSeek 开启便捷智能的生活之旅。

1. 让 DeepSeek 融入生活的基本思路

（1）明确生活需求。在使用 DeepSeek 之前，先梳理日常生活中可能遇到的各类问题和需求。这涵盖生活的各个领域，如日常购物，考虑如何通过 DeepSeek 获取商品信息、比较价格；在饮食方面，思索怎样利用它获得个性化食谱、了解食材搭配；生活琐事，如家电维修、家居布置等，以及休闲娱乐需求，像寻找合适的电影、书籍，规划旅行等，都需纳入考虑范围。只有明确需求,才能精准地向 DeepSeek 提出问题,获取有效的帮助。

(2)建立有效沟通。把 DeepSeek 当作一位随时在线的智能伙伴,用清晰、自然的语言与其交流。无需刻意使用复杂的指令或专业术语,只需像与朋友聊天一样表达需求。例如,想了解明天的天气情况,直接询问"明天 [所在城市] 天气如何";计划晚餐,就说"我今晚想吃海鲜,给我推荐一些简单易做的海鲜菜谱"。通过这种贴近日常交流的方式,让 DeepSeek 更好地理解意图,给出契合需求的回应。

(3)持续探索与应用。DeepSeek 的功能丰富多样,其潜力有待持续挖掘。在日常生活中,不断尝试用它解决不同类型的问题,从简单的资讯查询到复杂的方案策划。每一次使用都是一次探索,不仅能发现新的应用场景,还能熟悉其功能特点,从而更高效地利用它为生活服务。随着使用频率的增加,逐渐形成习惯,让 DeepSeek 真正成为生活中不可或缺的一部分。

2. 巧用 DeepSeek 的实用方法

(1)日常资讯查询。

天气查询:只需向 DeepSeek 输入"[具体日期] [城市名称] 天气",它便能迅速提供详细的天气信息,包括气温、天气状况(晴、雨、阴等)、风力风向以及紫外线强度等,方便我们提前规划出行和活动安排。例如,计划周末去郊外野餐,询问"这个周末北京天气如何",根据天气情况准备合适的衣物和装备。

生活常识获取:生活中难免遇到各种小困惑,如"衣服上沾了油渍怎么清洗""如何去除冰箱异味""绿植叶子发黄怎么办"等。DeepSeek 能依据丰富的知识储备,给出实用的解决办法和建议,成为我们生活中的"百事通"。

新闻资讯浏览:想要了解国内外时事新闻,输入"最近有哪些热点新闻",DeepSeek 会为您筛选并呈现近期的重要新闻事件,还可进一步追问某一事件的详细情况、各方观点以及相关背景信息,帮助我们全面了解时事动态。

(2)美食烹饪辅助。

菜谱生成:无论是想尝试新菜品,还是根据现有食材创作美食,DeepSeek 都能提供帮助。若想做一道简单的家常菜,可输入"用鸡蛋和西红柿能做什么菜",它会给出诸如番茄炒蛋、西红柿鸡蛋汤等菜谱,并详细说明食材准备、烹饪步骤以及烹饪技巧。如果有特殊饮食需求,如"我在减肥,给我一份低卡的晚餐菜谱",也能得到针对性的推荐。

食材搭配建议:对于烹饪新手,食材搭配可能是个难题。询问"鸡肉和什么食材搭配炖汤好喝""菠菜不能和哪些食材一起吃"等问题,DeepSeek 会从营养均衡和口感协调等方面给出专业建议,让烹饪变得更加科学合理。

(3)生活创意与灵感激发。

手工制作与 DIY 灵感:若想为家居增添一份独特,或者准备一份手工礼物,可向 DeepSeek 寻求灵感。如"用废旧物品制作家居装饰品的创意""简单易做的手工生日礼物有哪些",它会提供各种新奇有趣的手工制作思路和教程,激发创造力,让生活充满乐趣。

聚会活动策划:组织家庭聚会、朋友派对时,询问"适合家庭聚会的游戏有哪些""如何策划一场户外烧烤派对",DeepSeek 能给出活动流程、游戏规则、食物准备等方面的建议,帮助打造欢乐难忘的聚会时光。

任务实现

着装推荐

1. 着装推荐

在日常生活中,我们常常会为不同场合和天气选择合适的着装而烦恼。DeepSeek 可以根据具体的场景和天气条件,为我们提供贴心的着装推荐。

> **参加重要商务会议应该如何着装。**

参加重要商务会议时,着装需体现专业、尊重和可信度,同时兼顾场合的正式程度与文化背景。以下是分场景的着装建议和细节指南。

一、根据会议类型选择着装

1. 传统正式商务会议(金融、法律、跨国谈判)
- 男士
  - 西装:深色(藏蓝、炭灰)定制羊毛/混纺套装,避免反光面料。
  - 衬衫:纯白或浅蓝法式袖扣衬衫,领口贴合颈部(留1指空隙)。
  - 领带:真丝材质,宽度与西装驳领匹配(7~8cm),图案选斜纹/波点,长度至腰带扣。
  - 鞋袜:牛津鞋/德比鞋(黑色/深棕),袜长及小腿,与鞋色一致。
  - 细节:袖口露出西装1cm,口袋巾折叠成单峰式,避免佩戴运动手表。
- 女士
  - 套装:修身剪裁的裤装/裙装(裙长及膝),面料选精纺羊毛。
  - 内搭:真丝衬衫(V领/立领),避免透视或蕾丝。
  - 鞋履:尖头浅口高跟鞋(5~7cm),裸色/黑色哑光皮。
  - 配饰:单颗珍珠耳钉,皮质托特包,避免叮当作响的手镯。
2. 半正式商务会议(科技、创意行业)
- 男士
  - 西装:海军蓝单西(单件西装,指的是与裤子不配套的西装上衣)搭配灰色羊毛裤,可省略领带。
  - 衬衫:浅灰/淡粉免烫衬衫,解开第一粒扣。
  - 鞋履:麂皮乐福鞋,搭配隐形船袜。
- 女士
  - 连衣裙:剪裁利落的及膝裹身裙(莫兰迪色系),外搭针织开衫。
  - 鞋履:方头中跟鞋(3~5cm),可选拼色设计。

3. 商务休闲会议（初创公司、内部汇报）
- 男士
  - 上装：POLO 领针织衫 + 休闲西装外套。
  - 下装：卡其色斜纹棉布裤，卷边露脚踝。
  - 鞋履：皮质小白鞋，避免运动 Logo。
- 女士
  - 组合：高领羊绒衫 + 垂感阔腿裤，外搭长款马甲。
  - 鞋履：踝靴（粗跟 3cm），金属扣装饰。

二、细节决定成败的 6 个关键

1. 面料质感
- 优先选择抗皱材质（如高支棉、羊毛混纺），避免会议中途显邋遢。

2. 色彩心理学
- 权威感：藏蓝（提升可信度 23%）。
- 亲和力：浅灰（降低压迫感）。
- 禁忌：全黑（像安保）/ 红色（攻击性强）。

3. 气味管理
- 提前熨烫衣物，使用无味除静电喷雾，香水喷在脚踝（扩散更含蓄）。

4. 科技装备隐藏
- 蓝牙耳机换成耳饰式，手机调至静音，笔记本选皮质封套。

5. 动态适应性
- 准备可拆卸的西装内衬（应对空调房），备一条暗纹领带应对突发升级场合。

6. 文化敏感度
- 在中东 / 日本：避免露脚踝。在欧美：可适度展示个性胸针。

三、特殊场景应对策略

- 夏季高温：选亚麻混纺西装（含 15% 聚酯防皱），内搭透气速干衬衫。
- 临时邀约：办公室常备应急套装（折叠防皱西装 + 免打领结）。
- 视频会议：上半身选挺括衬衫（避开条纹以免摩尔纹），下半身可穿休闲裤。

四、预算分配建议

- 投资单品：西装外套（占预算 40%）、皮鞋（25%）
- 节省部分：衬衫（批量购买基础款）、配饰（平价品牌替代大牌）

五、禁忌清单

- ✘ 有明显 logo 的服饰（除非你是品牌方）
- ✘ 露趾鞋 / 破洞牛仔裤（即使创意行业也需保持底线）
- ✘ 闪亮的袖扣 / 珠宝（分散注意力）
- ✘ 未剪的西装标签（露出标牌是重大失误）

总结：商务着装的本质是通过视觉语言传递"可靠"与"准备充分"的信号。建议提前到会场观察他人穿着，携带一件备用衬衫和去渍笔，最后对镜检查后背 / 侧面线条是否利落。得体着装能让你在开口前就赢得 20% 的信任分。

2. 健身计划

对于想要减肥塑形或保持身体健康的人，制定科学合理的健身计划至关重要。DeepSeek 可以根据个人的身体状况、目标和时间安排，制定个性化的健身计划。

健身计划

注意：心率区间代表含义：区间 1 为热身放松区（50%～60% 最大心率），区间 2 为脂肪燃烧区（60%～70% 最大心率），区间 3 为有氧耐力区（70%～80% 最大心率），区间 4 为无氧强度区（80%～90% 最大心率），区间 5 为极限冲刺区（90%～100% 最大心率）。

> 我想参加今年的广州马拉松比赛，目标是全程马拉松完赛。目前水平是 31min 完成 5km。计划每天晚上训练一小时，请设计一个健身计划。

以下是针对你的目标（全程马拉松完赛）和当前水平（5km 31min）设计的 16 周科学训练计划，结合耐力提升、速度训练和伤病预防，每晚 1 小时高效执行。

一、当前能力评估与目标配速

- 5km 31min ≈ 配速 6:12min/km → 全马完赛预估时间：约 5 小时 30 分（需重点提升有氧耐力）
- 训练重点：逐步建立长距离耐力（LSD）、提高乳酸阈值、强化核心稳定性。

二、每周训练结构（6 天/周，1 天休息）

星期	训练类型	时长	强度
周一	有氧轻松跑	50min	心率区间 1～2（可说话）
周二	间歇速度训练	60min	高强度间歇（配速 5:30～5:50min/km）
周三	力量训练＋动态拉伸	60min	侧重下肢 & 核心
周四	阈值跑（节奏跑）	60min	心率区间 3～4（吃力但可持续）
周五	交叉训练（骑行/游泳）	45min	低冲击有氧
周六	长距离慢跑（LSD）	逐步递增	心率区间 2（配速 6:30～7:00min/km）
周日	完全休息/瑜伽拉伸	—	肌肉恢复

三、分阶段训练计划（共 16 周）

阶段 1：基础耐力期（第 1～4 周）

- 目标：适应跑量，强化关节稳定性
- 周六 LSD 里程：8km → 12km → 15km → 18km
- 周二间歇方案：
  400m 快跑（配速 5:30min/km）+ 400m 慢走 × 6 组 → 逐步过渡到 800m 快跑 + 400m 慢跑 × 4 组
- 力量训练重点：
  ○ 靠墙静蹲（3 组 ×60 秒）
  ○ 单腿硬拉（每侧 3 组 ×12 次）
  ○ 平板支撑（3 组 ×90 秒）

阶段 2：强度提升期（第 5 ~ 10 周）
- 目标：提高乳酸阈值，增加肌肉耐力
- 周六 LSD 里程：20km → 22km → 25km → 28km → 30km → 32km
- 周四阈值跑方案：
  10 分钟热身 + 30 分钟阈值配速（6:00min/km）+ 10 分钟冷身
- 间歇升级：
  1km 快跑（配速 5:40min/km）+ 400m 慢跑 × 5 组

阶段 3：赛前调整期（第 11 ~ 16 周）
- 目标：减量增效，模拟比赛策略
- 周六 LSD 里程：35km → 30km → 25km → 20km（第 16 周仅跑 12km）
- 实战模拟：
  - 第 14 周：按目标配速（6:40min/km）完成 25km
  - 第 15 周：加入"负分割"训练（后半程比前半程快 5%）
- 力量训练调整：减少负重，增加爆发力动作（跳箱、高抬腿）

四、关键训练细节

1. 长距离跑（LSD）
- 每周六进行，配速比目标马拉松慢 30 ~ 60 秒/km（避免过早疲劳）
- 携带能量胶（每 45 分钟补充 1 支）和水袋包模拟比赛补给

2. 间歇训练
- 严格遵循"快慢比"，如 1:1（快跑 1 分钟，慢跑 1 分钟）
- 使用运动手表监控心率，确保高强度段达到最大心率的 85% ~ 90%

3. 力量训练
- 每周三完成以下循环（重复 3 轮）：
  - 深蹲跳 ×15 → 侧平板抬臀（每侧 ×12）→ 弹力带蚌式开合 ×20 → 波比跳 ×10

五、伤病预防与恢复

- 跑前动态热身（10 分钟）：高抬腿、踢臀跑、弓步转体
- 跑后静态拉伸（15 分钟）：重点股四头肌、腘绳肌、小腿三头肌
- 每周一次自我按摩：使用泡沫轴放松 IT 束（髂胫束）、足底筋膜
- 警惕信号：膝关节持续疼痛/跟腱刺痛，立即减量并就医

六、营养与睡眠建议

- 碳水摄入：训练日每公斤体重 ×6g（如 60kg 需 360g），优先选择低 GI 食物（燕麦、红薯）
- 蛋白质补充：跑后 30 分钟内摄入 20 ~ 30g 乳清蛋白
- 睡眠管理：保证每晚 7 ~ 8 小时，睡前 1 小时禁用电子设备

七、装备选择

- 跑鞋：准备两双交替使用（缓震型 + 长距离型）
- 服装：速干短袖 + 压缩裤（广州湿度高，避免棉质）
- 配件：防磨膏（涂抹腋下/大腿内侧）、空顶帽（遮阳透气）

八、赛前 3 天特别提示

1. 减量：跑量降至日常 30%，仅进行 20 分钟轻松跑
2. 补碳：赛前 48 小时每餐碳水占比 70%（如米饭、面条）
3. 路线熟悉：研究马拉松坡度图

按此计划执行，完赛成功率可达 85% 以上！建议每月进行一次 5 公里测试（目标第 12 周突破 28 分钟），动态调整训练强度。加油！

3. 菜品烹饪

厨房对很多新手来说，就像一个神秘的战场，充满了挑战。但有了 DeepSeek 这个智能助手，即使是厨房小白，也能轻松做出美味佳肴。

> 家里现在有生菜、排骨、西红柿、鸡蛋、莴笋、豆腐等，配菜调料齐全，想做 2～3 个菜，要求口味清淡，营养丰富。要怎么做？

根据您现有的食材，我为您推荐以下 2～3 道清淡且营养丰富的菜肴，适合家庭日常饮食：

一、清蒸排骨莴笋

食材：排骨、莴笋

调料：姜片、葱段、料酒、盐、生抽、白胡椒粉

做法：

1. 排骨处理：排骨洗净，用清水浸泡 30 分钟去血水，捞出沥干。
2. 腌制排骨：加入姜片、葱段、1 勺料酒、少许盐、白胡椒粉，腌制 20 分钟。
3. 莴笋处理：莴笋去皮切滚刀块，铺在蒸盘底部。
4. 蒸制：将腌好的排骨放在莴笋上，水开后上锅蒸 30 分钟。
5. 调味：出锅后淋少许生抽，撒上葱花即可。

特点：清淡鲜美，莴笋吸收了排骨的汤汁，口感清爽。

二、西红柿豆腐鸡蛋汤

食材：西红柿、豆腐、鸡蛋

调料：盐、香油、葱花

做法：

1. 准备食材：西红柿切块，豆腐切小块，鸡蛋打散备用。
2. 煮汤：锅中加水烧开，放入西红柿煮至软烂。
3. 加入豆腐：放入豆腐块，煮 2 分钟。
4. 倒入鸡蛋：慢慢倒入鸡蛋液，用筷子轻轻搅拌，形成蛋花。
5. 调味：加盐调味，淋少许香油，撒上葱花即可。

特点：酸甜开胃，豆腐和鸡蛋提供优质蛋白质，营养丰富。

三、清炒生菜

食材：生菜

调料：蒜末、盐、食用油

> 做法：
> 1. 生菜处理：生菜洗净，沥干水分。
> 2. 炒制：热锅凉油，放入蒜末爆香，加入生菜快速翻炒。
> 3. 调味：加少许盐，炒至生菜变软即可出锅。
>
> 特点：清淡爽口，生菜富含维生素和膳食纤维，适合搭配主菜。
>
> ---
>
> 搭配建议：
> - 主食：可以搭配米饭或杂粮饭，营养更均衡。
> - 饮品：饭后可以喝一杯温热的绿茶，帮助消化。
>
> ---
>
> 总结：
> - 清蒸排骨莴笋：荤素搭配，清淡鲜美。
> - 西红柿豆腐鸡蛋汤：酸甜开胃，营养丰富。
> - 清炒生菜：简单清爽，补充维生素。
>
> 这三道菜口味清淡，营养均衡，适合家庭日常饮食。希望您喜欢！如果有其他需求，欢迎随时告诉我！

项目总结

本项目围绕"AI 创造美好生活"展开，介绍了 DeepSeek 的基本原理、操作及对生活的帮助与特点，阐述了其生成内容的优缺点。本项目通过娱乐休闲、心理咨询、生活助手三个任务场景，展示了 AI 在游戏攻略生成、旅游计划制定、心理健康评估、心理疏导、着装推荐、健身计划设计和菜品烹饪等方面的应用，说明了运用 AI 工具解决生活问题的方法；同时，强调了使用 AI 时需注意准确描述需求、验证信息、保护隐私、合理参考建议及了解模型限制，引导读者树立正确科技观，培养读者良好数字素养与社会责任感。

项目 7　AI+ 艺术创作：人人都可以是艺术家

学习目标

知识目标

- 理解数字艺术生成及多媒体创作中 AI 技术的基本原理。
- 了解 AI 在艺术创作不同场景的应用方式与特点，认识 AI 对艺术领域带来的变革与影响。
- 掌握 AI 艺术创作工具的基本功能与使用方法，了解创作过程中涉及的版权、伦理等问题。

技能目标

- 熟练掌握至少一种主流的 AI 图片创作工具和视频生成工具，能够运用这些工具进行创意表达。
- 学会在 AI 绘画软件中准确输入描述性文字，通过调整参数生成符合预期风格和内容的图片。掌握在视频生成工具中设置场景、角色、情节等要素，生成具有一定叙事性和观赏性的视频作品。
- 掌握利用 AI 技术对传统艺术作品进行创新再创作的能力，提升艺术审美和鉴赏水平。

素养目标

- 培养利用 AI 技术进行艺术创作的意识，激发创新思维，提升艺术创造力。
- 树立正确的艺术创作价值观，在 AI 创作过程中尊重知识产权，遵守道德规范。

应用场景

社区里的 AI 艺术展

年轻的画家小李一直梦想举办一场个人画展，但他的作品风格较为小众，在传统艺术市场上难以获得关注。偶然的机会，小李接触到了 AI 绘画技术。他发现可以利用 AI 将自己独特的绘画风格与大众喜爱的流行元素相结合。于是，他尝试使用 AI 绘画工具，输入自己画作的特征和一些热门的主题关键词。经过不断调试和创作，小李生成了一系列新颖的作品。这些作品既有他个人独特的笔触韵味，又融入了当下流行的色彩搭配和构图方式。当他将这些作品展示在社交媒体上时，迅速吸引了大量网友的关注和点赞。不久后，一家艺术画廊主动联系小李，为他举办了一场别开生面的画展。这场画展不仅展示了小李的 AI 辅助创作作品，也让更多人了解到 AI 与艺术结合的魅力。这个故事充分展现了 AI 在助力艺术家突破创作瓶颈、获得更多关注方面的巨大潜力，也拉开了我们探索 AI+ 艺术之旅的序幕。

任务 7.1　创意图片生成

任务情境

爱好摄影的小张想要创作一组具有梦幻风格的图片，但他缺乏专业的绘画技巧，无法将脑海中的奇幻场景直接呈现在画布上。一次偶然的机会，他听说了 AI 图片创作工具，决定尝试利用它来实现自己的创意。小张希望创作出一组以"童话森林"为主题的图片，画面中要有会发光的蘑菇、长着翅膀的小精灵以及悬浮在空中的城堡。

任务分析

AI 图片创作工具通常基于深度学习算法，对大量已有的图片数据进行学习，从而掌握不同风格、元素的特征。当用户输入文字描述时，工具会根据对这些数据的理解，将文字转化为对应的图像元素，并进行合理的构图和组合。对于小张的"童话森林"主题创作，AI 图片创作工具会从海量的森林、蘑菇、精灵、城堡等相关图片中提取特征。例如，识别出蘑菇发光效果的色彩和光影特征，小精灵翅膀的形状和纹理特点，以及城堡在空中悬浮的视觉表现方式。然后，根据这些特征，结合工具内部的构图算法，生成符合小张描述的图片。在这个过程中，用户还可以通过调整参数，如画面的色彩饱和度、元素的大小比例、光线的强度和方向等，进一步优化生成的图片，使其更接近自己心中的理想效果。

DeepSeek 是一款强大的人工智能工具，可与其他软件配合辅助创意图片生成。以下是其基本思路、方法和注意事项。

基本思路

（1）明确创意需求：在开始生成图片前，需明确自己的创意方向和具体需求，如图片的主题、风格、色彩搭配、元素构成等。可以将这些需求整理成清晰的文字描述，以便后续准确地传达给 DeepSeek 和其他相关软件。

（2）利用 DeepSeek 进行文本优化和生成：DeepSeek 的 R1 模型（深度思考模式）逻辑强、分析深入，适合处理复杂问题和创意写作。可以使用"背景 + 需求 + 约束条件"的万能模板来描述需求，让 DeepSeek 优化文本内容，生成更具创意和针对性的提示语。

（3）借助文生图 AI 模型生成图片：得到优化后的文本后，使用专业的文生图 AI 模型，如 Midjourney、即梦 AI、Stable Diffusion、Bing Image Creator 等将文本转换为图片。这些软件在图像生成方面具有各自的优势和特点，能够根据 DeepSeek 生成的提示词生成多样化的创意图片。

（4）使用图像编辑软件进行后期处理：生成的图片可能在细节、色彩、构图等方面需要进一步调整和优化。此时，可以使用图像编辑软件，如 Adobe Photoshop、Illustrator 等，对图片进行裁剪、调色、添加特效等后期处理，以达到理想的创意效果。

常用方法

（1）生成 SVG 图片：DeepSeek 可生成 SVG 代码，将这段代码保存为一个 .svg 文件，然后在浏览器中打开查看。如果有生成这种格式图片的需求，直接告诉 DeepSeek 即可，如"帮我生成一张 SVG 格式小孩子在沙滩上玩耍的图片"。若想将 SVG 图片转换为更常见的格式，如 PNG、JPG 等，可以通过专门的 Python 库来处理图片，或者写个 HTML 文件生成图片，不过通常借助一些在线转换工具会更加便捷。

（2）基于 Mermaid 语法生成图表：Mermaid 是一个基于 JavaScript 的图表绘制工具，可渲染 Markdown 启发的文本定义以动态创建和修改图表。DeepSeek 可以生成 Mermaid 语法表示的图表代码，如流程图、甘特图、饼图等。生成代码后，进入支持 Mermaid 语法的绘图工具，如 drawio 网站，找到 Mermaid 功能，将代码粘贴进去，即可生成相应图表，还可根据喜好调整样式并导出为图片。

任务实现

1. 生成漫画作品

生成漫画作品

在漫画创作领域，DeepSeek 能够成为创作者的得力助手，为创作过程提供丰富的灵感和高效的支持。以创作一部校园生活主题的漫画为例，我们可以借助 DeepSeek 来构思角色形象。向 DeepSeek 描述需求："设计一个乐观开朗的女高中生角色，她有着齐肩的短发，总是穿着整洁的校服，性格活泼，热爱运动，是学校篮球队的主力队员。"

请帮我生成适合 AI 文生图的 AI 绘画提示词，要求：漫画风格
内容：一个乐观开朗的女高中生角色，她有着齐肩的短发，总是穿着整洁的校服，性格活泼，热爱运动，是学校篮球队的主力队员。

以下是为 AI 文生图设计的绘画提示词，适合生成漫画风格的女高中生角色。

提示词：

漫画风格，乐观开朗的女高中生，齐肩短发，整洁的校服，活泼性格，热爱运动，学校篮球队主力队员，阳光笑容，充满活力，运动场景，篮球场背景，动态姿势，手持篮球，汗水飞溅，青春校园氛围，明亮色彩，细腻线条，日系漫画风格，可爱与帅气兼具。

提示词解析
1. 角色描述
  ○ 乐观开朗的女高中生：突出角色的性格特征。
  ○ 齐肩短发：明确发型细节。
  ○ 整洁的校服：体现角色形象，符合学生身份。

- 活泼性格，热爱运动：强调角色的动态感和活力。
- 学校篮球队主力队员：明确角色身份和背景。

2. 场景与动作
   - 运动场景，篮球场背景：设定场景，增加画面故事感。
   - 动态姿势，手持篮球，汗水飞溅：突出运动中的动态感和力量感。

3. 风格与氛围
   - 青春校园氛围：营造校园生活的青春感。
   - 明亮色彩，细腻线条：符合漫画风格的表现形式。
   - 日系漫画风格：明确绘画风格方向。
   - 可爱与帅气兼具：平衡角色的形象特点。

示例画面描述

- 画面中，女高中生站在篮球场上，身穿整洁的校服，齐肩短发随风轻扬。
- 她手持篮球，面带阳光笑容，眼神中充满自信和活力。
- 背景是明亮的篮球场，周围有队友和观众的模糊身影，营造出比赛的紧张氛围。
- 画面色彩明亮，线条细腻，充满青春气息。

希望这些提示词能帮助你生成理想的漫画风格女高中生角色！

把 DeepSeek 给的提示词复制并粘贴到 AI 文生图工具中，生成图片并下载即可。这一类 AI 文生图工具很多，如国外的 Midjourney，国内的即梦、秒画等。以即梦为例，如图 7-1 所示。

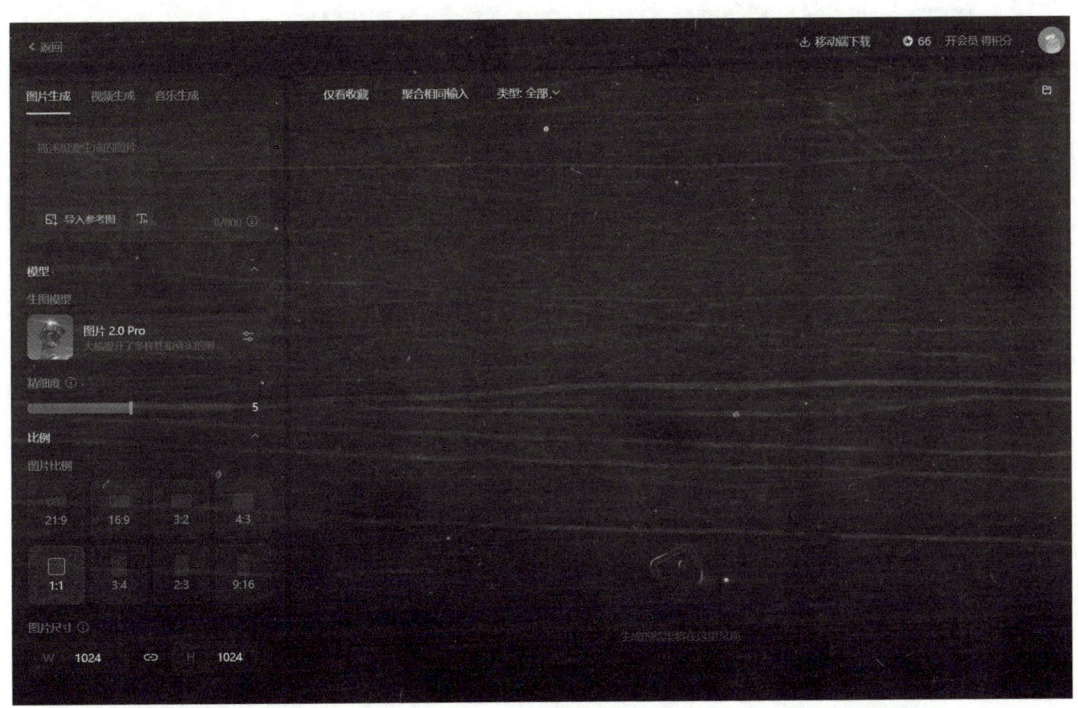

图 7-1　即梦页面

将提示词输入文本框，单击下方"图片生成"按钮，稍等片刻，就可以看到生成的图片了，如图 7-2 所示。

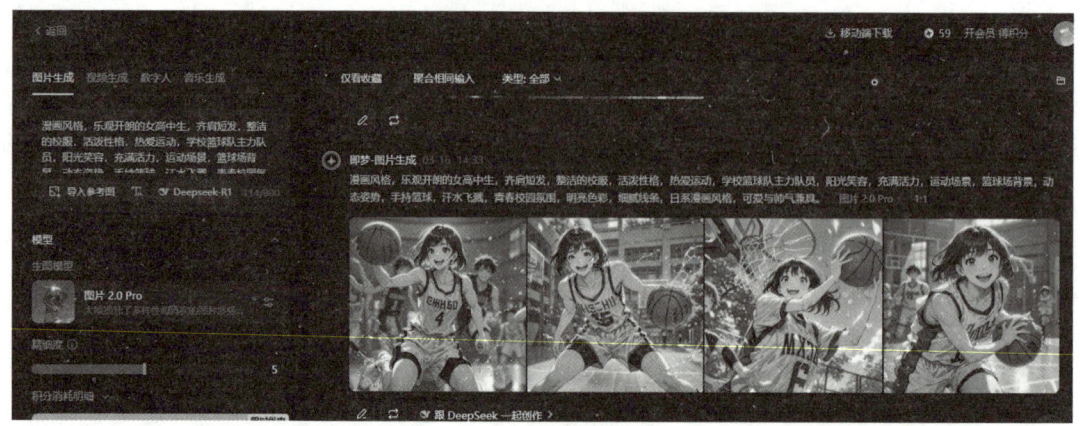

图 7-2　生成图片结果

2. Janus Pro 7B：水墨画

Janus Pro 7B 是 DeepSeek 官方发布的多模态文生图模型，可以和 DeepSeek 无缝对接。可以使用 DeepSeek 生成提示词后利用 Janus Pro 生成图片。

水墨画作为中国传统绘画的重要代表，以其独特的笔墨韵味和意境表达深受人们喜爱。以创作一幅山水画为例，向 DeepSeek 提问。

 请帮我生成适合 AI 文生图的 AI 绘画提示词，要求：水墨画风格
内容：创作一幅展现宁静山水意境的水墨画，画面中有巍峨的山峰、流淌的溪流、茂密的树林和古朴的亭台。

 以下是为 AI 文生图设计的绘画提示词，适合生成水墨画风格的宁静山水意境。

提示词：
　　水墨画风格，宁静山水意境，巍峨的山峰，流淌的溪流，茂密的树林，古朴的亭台，远山如黛，近水含烟，云雾缭绕，层次分明，墨色浓淡相宜，笔触细腻流畅，传统中国画风格，留白艺术，意境深远，古典雅致，自然与人文和谐共存。

提示词解析
1. 画面元素
   ○ 巍峨的山峰：突出山势的雄伟与壮丽。
   ○ 流淌的溪流：增加画面的动态感和生命力。
   ○ 茂密的树林：丰富画面的层次感和自然气息。
   ○ 古朴的亭台：点缀人文气息，增添古典韵味。
2. 水墨画风格
   ○ 墨色浓淡相宜：体现水墨画的独特韵味。
   ○ 笔触细腻流畅：强调绘画技法的精致。

○ 留白艺术：突出中国传统绘画的留白美学。
3. 意境与氛围
   ○ 宁静山水意境：营造宁静、悠远的氛围。
   ○ 远山如黛，近水含烟：描绘山水之间的朦胧美感。
   ○ 云雾缭绕：增加画面的神秘感和层次感。
   ○ 古典雅致：体现中国传统文化的优雅与深邃。

示例画面描述

- 画面中，巍峨的山峰耸立于远处，山势雄伟，墨色浓淡相间，展现出层次分明的立体感。
- 近处溪流蜿蜒流淌，水波轻柔，与山石相映成趣。
- 茂密的树林点缀在山脚和溪流旁，枝叶繁茂，墨色深浅交错。
- 一座古朴的亭台隐现于树林之间，亭台结构简洁，充满古典韵味。
- 云雾缭绕于山间，增添了一丝神秘与宁静，留白处仿佛有无尽的遐想空间。

希望这些提示词能帮助你生成一幅充满古典韵味的水墨山水画！

打开 Janus Pro 7B 页面，单击"Text-to-Image Generation"，如图 7-3 所示。

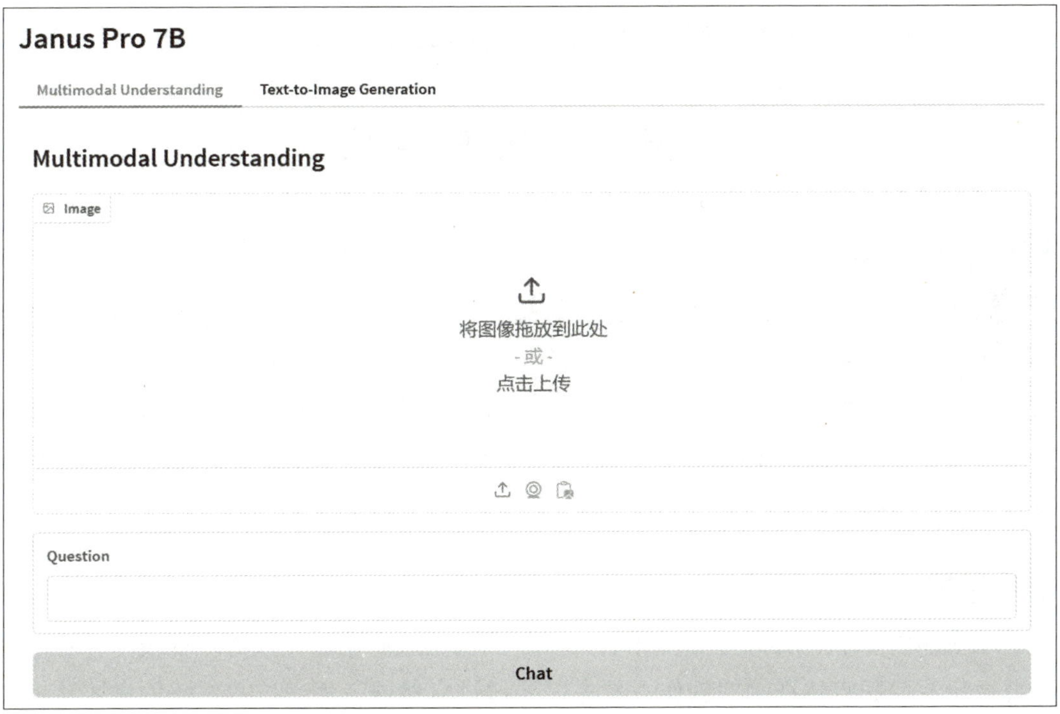

图 7-3　Janus Pro 7B 页面

把 DeepSeek 给的提示词复制并粘贴到文本框中，单击"Generate Images"按钮，稍等几秒钟就可以看到生成的图片了，如图 7-4 所示。

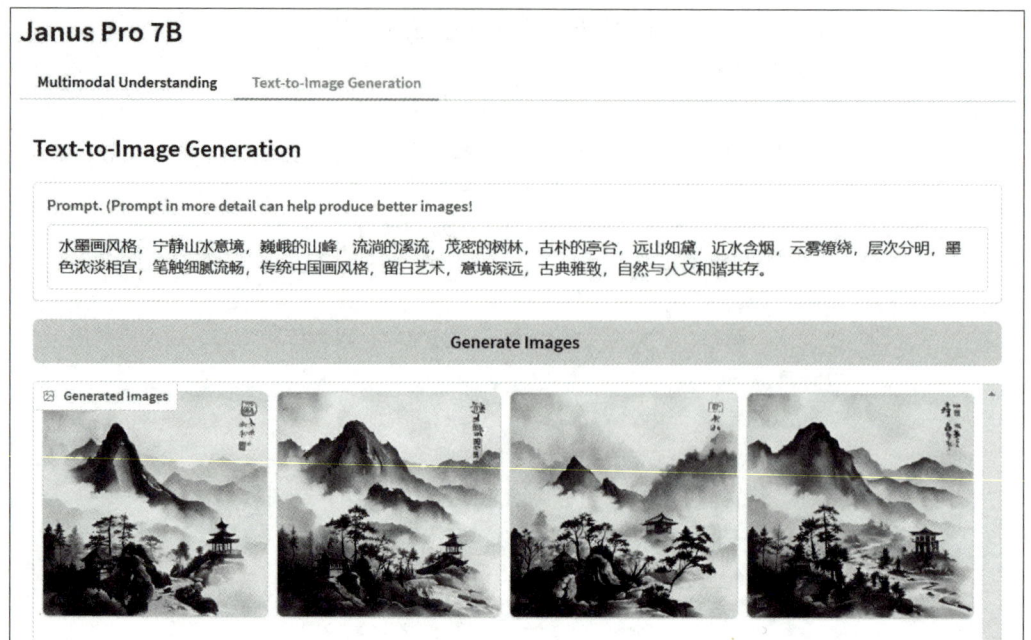

图 7-4　Janus Pro 7B 生成图

通过 DeepSeek 的助力，水墨画创作不再局限于传统的思维模式，画家能够获得更多的创作灵感和创新思路，推动水墨画艺术的不断发展和创新。

任务 7.2　视频生成

任务情境

某小型广告公司接到一个为儿童玩具品牌制作宣传视频的任务。公司的创意团队构思了一个充满童趣的故事：一个小男孩在一个神奇的玩具屋里，各种玩具突然活了过来，和他一起玩耍。然而，公司的传统视频制作团队在特效制作和场景搭建方面面临成本高、时间紧的问题。这时，团队中的一位年轻成员提出可以尝试使用 AI 视频生成技术来完成这个项目。

任务分析

AI 视频生成技术结合了自然语言处理、图像生成和动画合成等多种技术。对于这个儿童玩具品牌宣传视频的创作，首先需要通过自然语言处理技术理解创意团队提供的故事脚本。例如，明确小男孩的外貌特征、玩具屋的风格、各种玩具的特点以及它们活动的情节。然后，利用图像生成技术生成每一帧视频所需的静态画面，包括小男孩的形象、不同玩具的形态以及玩具屋的场景等。在生成这些画面时，要考虑色彩搭配、光影效果等因素，以营造出欢快、童趣的氛围。最后，通过动画合成技术将这些静态画面按照故事脚本的时间顺序和动作逻辑连接起来，添加适当的转场效果和动态特效，如玩具移动时的光影变化、小男孩的动作流畅性等，形成一个完整的视频。在这个过程中，还需要根据客户的反馈和实际需求，对生成的视频进行调整和优化，如修改某个玩具的颜色、调整某个动作的节奏等。

任务实现

1. 数字人视频

在数字技术飞速发展的当下，DeepSeek 在生成数字人方面展现出卓越的能力，为众多领域带来了全新的变革与机遇。

首先进入 DeepSeek 生成一段视频文案，如图 7-5 所示。

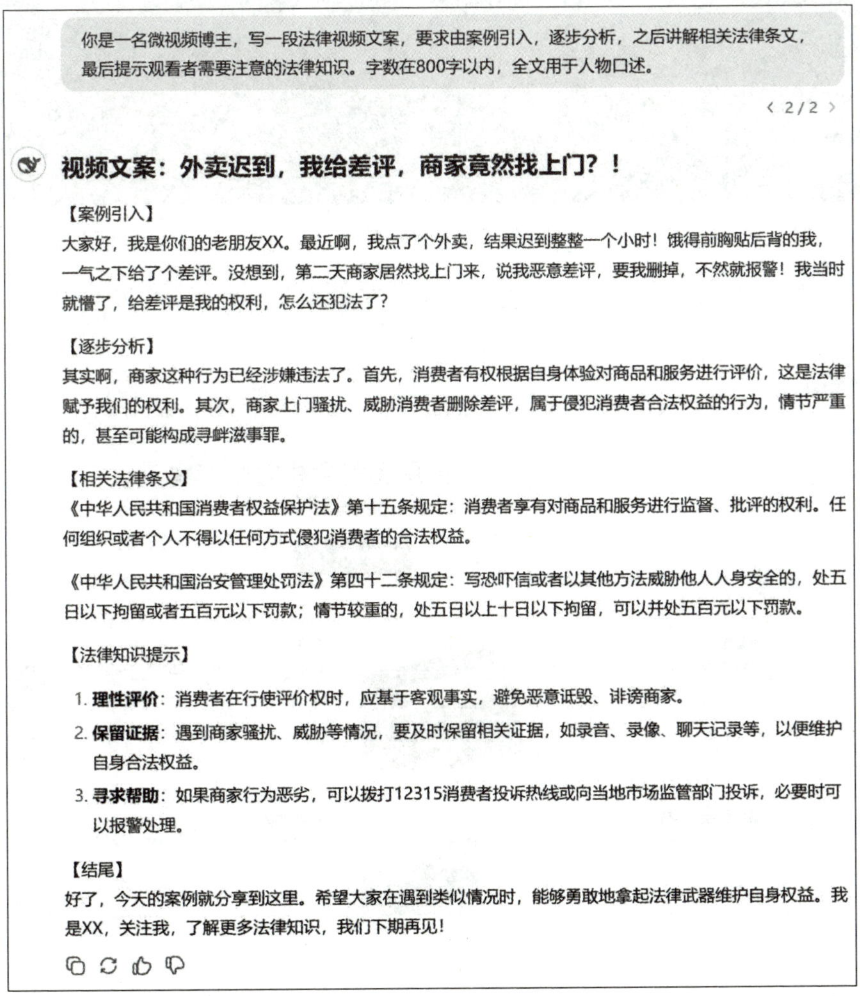

你是一名微视频博主，写一段法律视频文案，要求由案例引入，逐步分析，之后讲解相关法律条文，最后提示观看者需要注意的法律知识。字数在800字以内，全文用于人物口述。

‹ 2/2 ›

视频文案：外卖迟到，我给差评，商家竟然找上门？！

【案例引入】

大家好，我是你们的老朋友XX。最近啊，我点了个外卖，结果迟到整整一个小时！饿得前胸贴后背的我，一气之下给了个差评。没想到，第二天商家居然找上门来，说我恶意差评，要我删掉，不然就报警！我当时就懵了，给差评是我的权利，怎么还犯法了？

【逐步分析】

其实啊，商家这种行为已经涉嫌违法了。首先，消费者有权根据自身体验对商品和服务进行评价，这是法律赋予我们的权利。其次，商家上门骚扰、威胁消费者删除差评，属于侵犯消费者合法权益的行为，情节严重的，甚至可能构成寻衅滋事罪。

【相关法律条文】

《中华人民共和国消费者权益保护法》第十五条规定：消费者享有对商品和服务进行监督、批评的权利。任何组织或者个人不得以任何方式侵犯消费者的合法权益。

《中华人民共和国治安管理处罚法》第四十二条规定：写恐吓信或者以其他方法威胁他人人身安全的，处五日以下拘留或者五百元以下罚款；情节较重的，处五日以上十日以下拘留，可以并处五百元以下罚款。

【法律知识提示】

1. **理性评价**：消费者在行使评价权时，应基于客观事实，避免恶意诋毁、诽谤商家。
2. **保留证据**：遇到商家骚扰、威胁等情况，要及时保留相关证据，如录音、录像、聊天记录等，以便维护自身合法权益。
3. **寻求帮助**：如果商家行为恶劣，可以拨打12315消费者投诉热线或向当地市场监管部门投诉，必要时可以报警处理。

【结尾】

好了，今天的案例就分享到这里。希望大家在遇到类似情况时，能够勇敢地拿起法律武器维护自身权益。我是XX，关注我，了解更多法律知识，我们下期再见！

图 7-5　生成文案

文案生成之后，打开剪映桌面版，进入剪映界面，如图 7-6 所示。用抖音登录，进入工作台，单击“AI 文案成片”。

图 7-6　剪映界面

这时会自动打开浏览器页面，进入"AI 文案成片"网页页面，如图 7-7 所示。

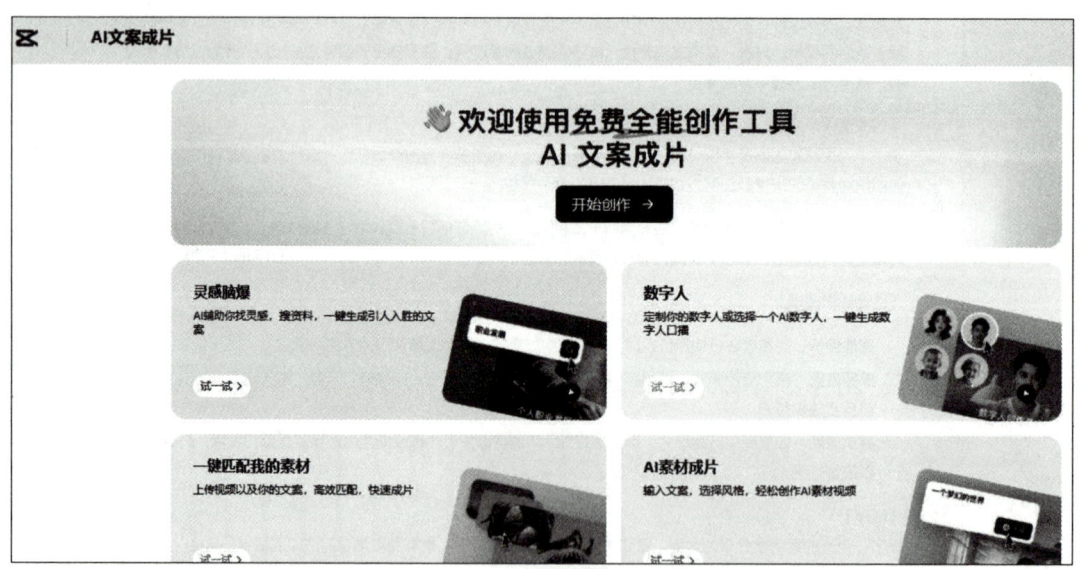

图 7-7　"AI 文案成片"页面

在页面中单击"数字人"区域，右侧会弹出一个新的工作区：数字人成片。在推荐形象中选择"专业律师"，也可以选择实拍形象。将 DeepSeek 生成的文案粘贴到文案区。在下方选择相应的声音，单击"生成"按钮，如图 7-8 所示。

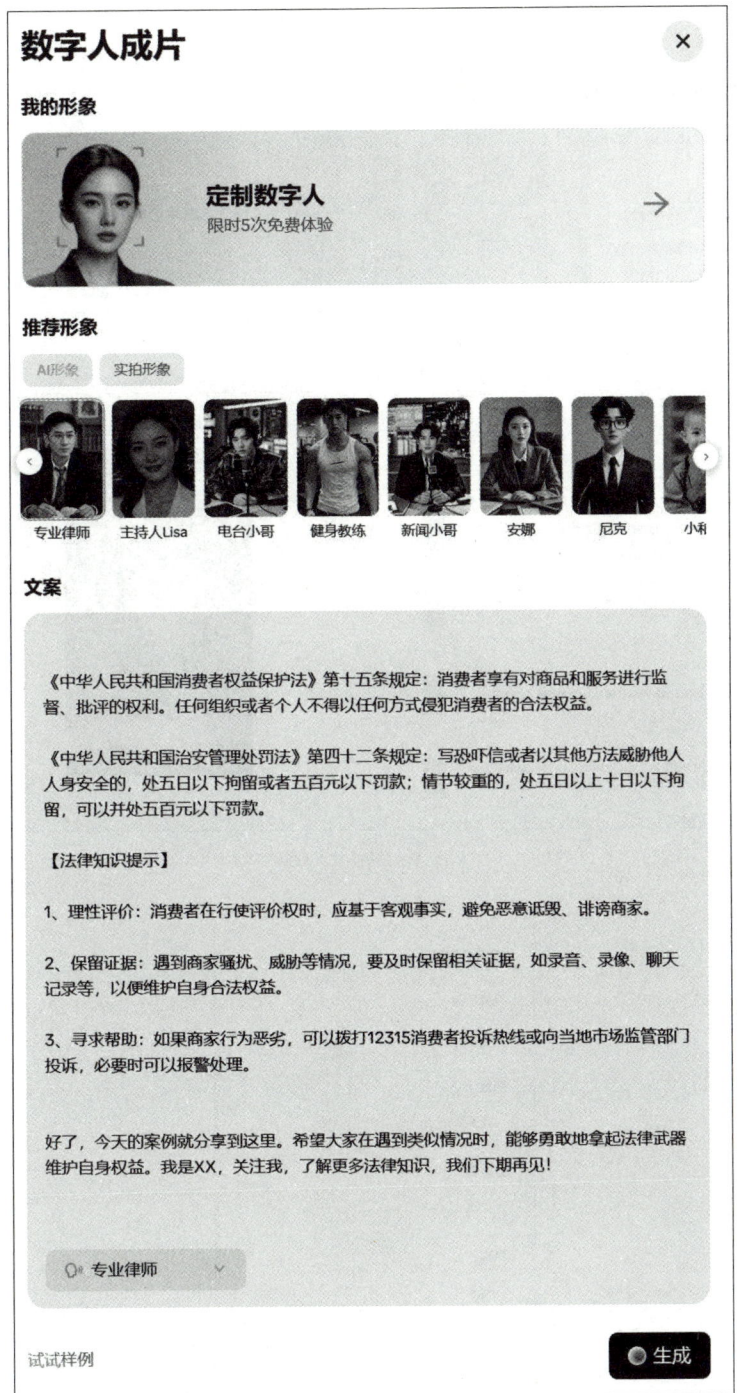

图 7-8 选择形象

这时剪映会自动分割文案，分步创建视频，如图 7-9 所示。

生成之后就可以看见视频效果了。单击右上角的"导出"按钮，如图 7-10 所示，打开"导出设置"对话框，如图 7-11 所示，设置完成后，单击"导出"按钮，可以将视频下载到本地。

图 7-9 创建视频

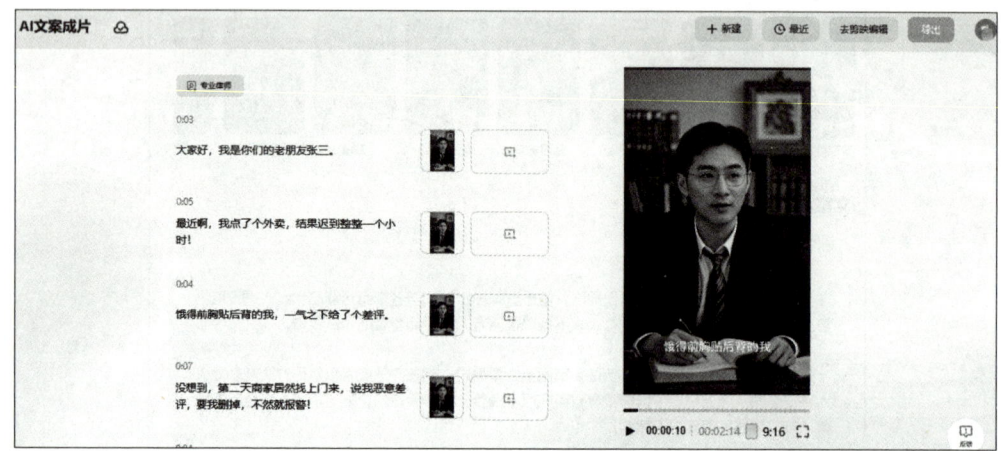

图 7-10 预览视频

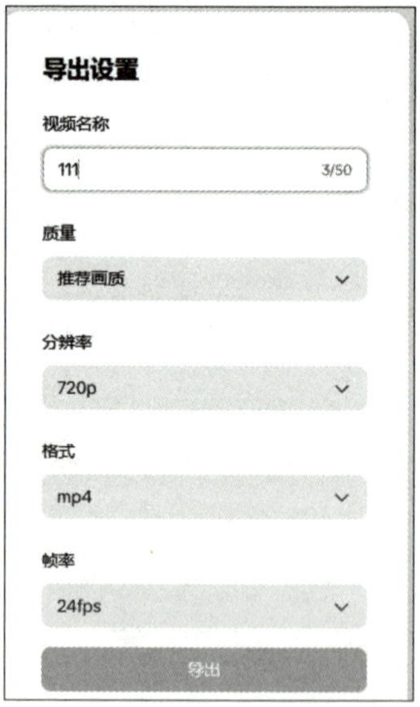

图 7-11 导出视频设置

2. 卡通视频

在短视频和动画创作领域，DeepSeek 以其强大的 AI 能力为创作者带来了全新的创作体验，为生成卡通视频提供了高效且充满创意的解决方案。传统的卡通视频制作,从脚本编写、角色设计、分镜绘制到动画制作,需要耗费大量的时间和人力。而 DeepSeek 极大地简化了这一流程。以制作一部 5 分钟的卡通短视频为例,以往专业团队可能需要花费数周时间,现在借助 DeepSeek,创作者在短短几天内就能完成。AI 可以迅速生成相应的卡通画面,大大提高了创作效率,让创作者能更快速地将创意转化为成品。

 生成一个关于梁祝十八相送的卡通版 AI 绘画提示词

以下是一个关于梁祝"十八相送"场景的卡通版 AI 绘画提示词,结合了场景描述、风格要求和情感氛围。

提示词:
"卡通风格的梁祝十八相送场景,春日的江南水乡,青山绿水,阳光明媚,梁山伯与祝英台并肩走在蜿蜒的小路上,路边开满鲜花,蝴蝶在两人周围翩翩飞舞。梁山伯身穿书生长袍,神情温柔;祝英台身着轻盈衣裙,眉眼间透着一丝不舍。画面中有小桥流水、竹林花海,远处是朦胧的山峦,整体色彩清新明亮,充满童话般的浪漫氛围。画风细腻柔和,线条流畅,带有中国传统水墨画的意境,同时融入现代卡通风格的可爱元素。画面中心突出两人的情感互动,背景音乐悠扬婉转,传递出淡淡的忧伤与深情。"

关键词细化:
1. 场景:江南水乡,春日风光,小桥流水,竹林花海,蝴蝶飞舞。
2. 人物:梁山伯(书生长袍,温柔神情),祝英台(轻盈衣裙,不舍表情)。
3. 风格:卡通风格,细腻柔和,线条流畅,色彩清新明亮。
4. 氛围:浪漫、温馨、略带忧伤,充满童话般的梦幻感。
5. 细节:中国传统水墨画意境,现代卡通可爱元素,情感互动突出。

通过这段提示词,AI 可以生成一幅既保留传统文化韵味,又充满卡通风格浪漫氛围的"十八相送"场景图。希望对你有帮助!!

再进入即梦平台,把在 DeepSeek 里获得的绘画提示词发给即梦,用来文生图,如图 7-12 所示。

图 7-12 生成初始图片

从生出的 4 张图中选择第 4 张作为原图，切换到视频生成页面，单击"图片生成视频"，上传选中的图片，输入视频内容（这部分内容的描述也可以用 DeepSeek 生成），单击"生成视频"，就可以生成视频了，如图 7-13 所示。

图 7-13　生成视频

3. 3D 模型

你是否也曾幻想过，用自己的创意打造出一个灵动的 3D 角色，让它在屏幕里活灵活现？将 DeepSeek、即梦、混元 3D 这些强大的工具组合起来，从无到有，打造出一个 3D 形象。

生成 3D 模型

首先，我们要从角色的外观设计开始。打开 DeepSeek，输入以下内容："生成 AI 文生图提示词，要求：长发少女手办，Q 版人物形象。"按下 Enter 键，DeepSeek 会根据你的需求，生成一段详细的提示词，如图 7-14 所示。

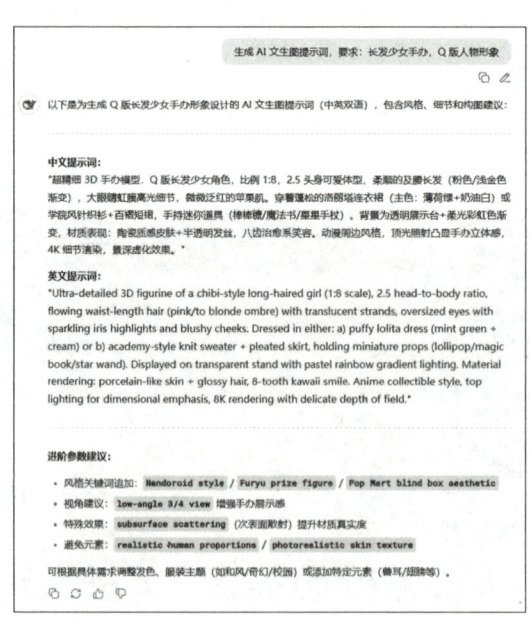

图 7-14　生成手办图片提示词

这个提示词就像是给 AI 下达的"指令",告诉它我们需要一个什么样的角色形象。一个好的提示词,能大大增加生成理想图像的概率。

不过,DeepSeek 也不是绝对完美的,它生成的提示词可能需要我们根据实际生成效果进行微调。可以多次生成提示词,对比不同版本,选取最合适的内容。AI 只是一个辅助我们提高效率的工具,它需要我们人类的智慧来引导它更好地工作。

将 DeepSeek 生成的提示词复制到即梦中,单击"立即生成"。等待一会儿,一个 Q 版少女手办的形象就会呈现在你眼前,如图 7-15 所示。

图 7-15　生成手办图片

在生成的 4 张图片中,选择第 2 张下载。下一步就是让它从二维变成三维。打开腾讯混元 3D 网站,选择图生 3D 功能,把刚才下载的图片上传上去。在设置选项中,选择生成 PBR 贴图,如图 7-16 所示。

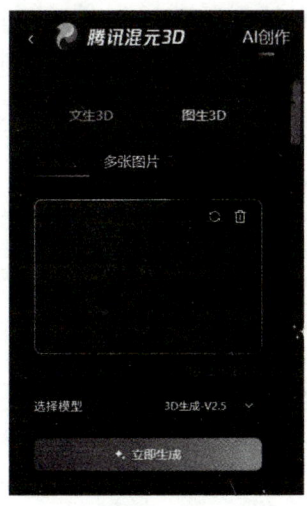

图 7-16　腾讯混元 3D

这样,生成的 3D 模型就会自带贴图。可以单击下方的"自动旋转"按钮,查看模型的每一个角度，如图 7-17 所示。也可以单击右侧的"下载"按钮，下载模型的 GLB 文件。

图 7-17　生成 3D 模型

这样一个 3D 模型就生成了，如果想要让这个模型动起来还需要进行骨骼绑定。混元 3D 网站虽然提供了骨骼绑定和动作驱动功能，但对模型的造型有一定的要求。因此只能用其他软件来完成。读者如果有兴趣可以自行探索 Blender、Mixamo 等软件的功能，自行完成。

项目总结

本项目围绕"AI+ 艺术创作"展开，系统阐述了相关知识、技能与素养目标，通过社区 AI 艺术展等案例，展现了 AI 助力艺术创作的潜力。本项目聚焦创意图片生成，介绍了 DeepSeek 结合文生图工具的使用思路与方法，如生成漫画、水墨画等，并详解操作步骤，并讲解视频生成，包括利用 DeepSeek 和剪映制作数字人视频、卡通视频，以及借助工具组合打造 3D 模型。此外，本项目还涉及创作中的版权、伦理等问题，旨在培养读者利用 AI 进行艺术创作的能力与正确价值观，为探索 AI 与艺术的融合奠定基础。

项目 8　技术伦理与安全

 学习目标

知识目标

- 理解算法偏见产生的原因、影响及应对方法，掌握训练数据审查、决策过程解释等关键技术和评估框架。
- 认识深度伪造技术的原理和危害，了解保护技术的基本原理。
- 了解数据安全的基本概念和方法，思考超强 AI 研发暂停与否所涉及的伦理问题。

技能目标

- 能够对训练数据进行审查，评估算法决策过程的可解释性，运用伦理风险评估框架识别和应对算法伦理风险。
- 了解数据安全在不同场景中的应用案例，提升数据安全保护技能。

素养目标

- 培养对 AI 技术伦理与安全问题的敏感度，主动关注技术发展中的伦理和安全隐患。
- 树立正确的技术价值观，在 AI 技术的开发、应用和管理过程中，遵循伦理准则，保护数据隐私和安全。
- 增强社会责任感，积极参与技术伦理和安全问题的讨论与决策，推动 AI 技术健康、可持续发展。

 应用场景

招聘中的算法陷阱与突破

在一家颇具规模的科技公司，招聘部门引入了一套 AI 招聘系统，旨在提高招聘效率，筛选出最合适的候选人。然而，一段时间后，公司发现新入职的员工中男性占比过高，女性员工寥寥无几。经过调查，发现 AI 招聘系统在简历筛选环节出现了算法偏见。原来，训练数据主要来源于以往成功入职的员工简历，而这些简历中男性居多，导致算法学习到了"男性更适合这份工作"的错误模式。

察觉到问题后，公司的数据科学家开始对训练数据进行审查，剔除了可能导致偏见的因素，并增加了多样化的样本。同时，他们对算法的决策过程进行了可视化处理，让招聘人员能够清晰地看到每个候选人被筛选的原因。经过这些改进，AI 招聘系统逐

渐变得公平、公正，公司新入职员工的性别比例也趋于平衡。这次经历让公司深刻认识到，在 AI 技术应用过程中，关注技术伦理与安全至关重要，稍有不慎就可能陷入算法偏见的陷阱，只有积极应对，才能让 AI 技术更好地服务于企业和社会。

任务 8.1　算法偏见与公平性

任务情境

小周是一名数据分析师，就职于一家金融公司。公司最近上线了一套信用评估系统，用于决定是否向客户提供贷款。然而，部分客户反映，该系统在评估过程中存在不公平现象，一些信用良好的客户被拒绝贷款，而一些信用记录不佳的客户却获得了贷款。小周的领导要求他对信用评估系统进行审查，找出问题所在，并提出解决方案。与此同时，小周在刷短视频时，经常看到一些难以分辨真假的 AI 换脸视频，这让他意识到深度伪造技术带来的潜在风险。此外，公司计划与医疗机构合作，利用医疗数据优化信用评估模型，小周需要确保医疗数据的使用安全。

任务分析

1. 训练数据审查实践

在当今人工智能蓬勃发展的时代，训练数据就如同 AI 的"营养食粮"，数据质量直接决定了 AI 的"健康成长"。然而，训练数据存在的采样偏差问题，如同隐藏在 AI 系统中的"定时炸弹"，严重影响 AI 的准确性与公正性，导致各种意想不到的后果。了解这一问题，对推动 AI 技术健康发展至关重要。

（1）什么是采样偏差。简单来说，采样偏差指在收集训练数据时，样本不能完全代表目标群体或现象，致使 AI 基于这些数据做出的决策和预测产生偏差。这就好比在美食调查中，只询问甜品店顾客对食物的喜好，得到的结果必然偏向甜食，无法反映所有人的口味。

（2）采样偏差产生的原因。

1）数据收集范围有限。在许多情况下，数据收集者为图方便，会选择易于获取的数据，从而导致数据收集范围受限。例如，某公司开发一款预测不同地区房价走势的 AI 模型，仅收集了热门网站上大城市的数据，忽略了中小城市和农村地区。这使得模型在预测中小城市和农村房价时，因数据代表性不足而出现较大偏差。

2）数据来源存在倾向性。数据来源本身可能存在倾向性，进而导致采样偏差。社交媒体是 AI 训练数据的重要来源，但社交媒体用户发布内容时，往往带有个人情感和偏见。若 AI 模型训练数据大量来自社交媒体，就可能学习到这些偏见，进而在生成内容或做出决策时，反映出类似的偏见。

3）自我选择偏差。当数据收集依赖参与者主动提供信息时，就会出现自我选择偏差。例如，线上课程平台为改进课程质量，发起用户满意度调查，只有对课程有强烈感受（满意或不满意）的用户才会参与调查，而大多数对课程感受一般的用户不会反馈。这样收集到的数据无法真实反映全体用户的意见，基于此改进的课程可能无法满足大多数用户的需求。

（3）采样偏差带来的影响。图像识别技术在安防、医疗等领域应用广泛，但采样偏差会让其准确性大打折扣。人脸识别系统训练时，若使用的人脸图像大多来自年轻白人男性，那么该系统在识别女性、老年人或其他种族人群时，准确率就会显著降低。这不仅影响系统的实用性，还可能在安防等关键领域引发严重后果。

自然语言处理技术，如智能客服、机器翻译等，也会受采样偏差的影响。若机器翻译模型训练数据中某类语言表达样本不足，翻译时就可能出错。例如，训练数据中缺乏包含特定文化隐喻或口语化表达的句子，翻译含有这些内容的文本时，模型就难以准确传达原意，影响跨文化交流的效果。

AI 在金融领域的应用，如信用评估、风险预测等，对数据准确性要求极高。若信用评估模型训练数据采样存在偏差，可能错误评估某些群体的信用风险，导致他们难以获得贷款或需支付高额利息。例如，数据收集过程中，对某些行业或地区的数据收集不全，模型可能低估或高估这些行业、地区人群的信用风险，造成金融资源分配不公。

（4）应对采样偏差的方法。

1）扩大数据收集范围。为降低采样偏差，收集数据时应尽量覆盖目标群体的各个方面。以房价预测模型为例，除热门网站数据外，还应收集政府房产部门、房产中介等多渠道的数据，涵盖不同规模城市、不同地段的房价信息，使数据更具代表性。

2）多样化数据来源。避免过度依赖单一数据来源，应采用多种数据来源。开发自然语言处理模型时，数据不仅要来自社交媒体，还应包括新闻报道、学术论文、文学作品等，确保模型学习到更全面、客观的语言表达。

3）采用分层抽样。分层抽样是解决采样偏差的有效方法。进行市场调研时，可根据年龄、性别、地域等因素对目标群体分层，然后从各层中随机抽样。这样收集的数据能更好地反映不同群体的特征，降低采样偏差。

4）数据清洗与验证。收集数据后，要对数据进行清洗，去除异常值和错误数据。同时，通过交叉验证等方法，验证数据的准确性和代表性。训练图像识别模型时，可将数据分为训练集、验证集和测试集，在验证集和测试集上检验模型性能，及时发现并纠正采样偏差问题。

5）持续监测与更新数据。AI 系统投入使用后，要持续监测其性能，并根据新情况及时更新数据。市场环境和用户需求不断变化，若不及时更新数据，模型可能因数据过时产生偏差。金融领域的风险预测模型，需实时关注市场动态，定期更新数据，确保模型的准确性和可靠性。

训练数据的采样偏差是AI发展过程中不容忽视的问题，它可能导致AI决策失误，损害部分群体的利益。通过了解采样偏差产生的原因，采取有效的应对措施，我们能降低采样偏差对AI的影响，让AI技术更好地服务社会，创造更多价值，迈向更值得信赖的发展阶段，服务全人类的美好未来。

2. 决策过程可解释性

简单来说，决策过程可解释性指的是能够以人类可理解的方式，阐述AI系统如何做出决策。在日常生活中，当我们做出一个决定时，往往能够说出背后的原因。例如，我们选择购买某款手机，可能是因为它的拍照功能强大、价格合理，并且品牌口碑好。同样，对于AI系统，我们也希望它能像这样，清楚地向我们解释其决策依据。以图像识别AI为例，当它识别出一张图片中的动物是猫时，具备决策过程可解释性的AI系统，不仅能给出"这是猫"的结果，还能指出图片中哪些特征，如尖尖的耳朵、毛茸茸的尾巴等，促使它做出这样的判断。

在一些领域，如金融和法律，AI的决策必须符合法规和道德要求。以银行的贷款审批为例，银行需要向贷款申请人解释为什么拒绝或批准他们的贷款申请。具有决策过程可解释性的AI贷款审批系统，能够详细说明是根据申请人的信用记录、收入水平、负债情况等因素做出的决策，确保决策过程的公平性和合规性。否则，可能会引发法律纠纷，损害银行的声誉。

AI系统的决策依赖于大量的数据，而这些数据往往具有多样性。不同的数据特征之间可能存在复杂的相互关系，这也增加了解释决策过程的难度。例如，在电商推荐系统中，推荐结果可能受到用户的浏览历史、购买记录、搜索关键词、地理位置等多种因素的影响。要梳理清楚AI系统如何根据这些因素，产生推荐结果，并非易事。

可视化技术是提升决策过程可解释性的有效手段之一。通过将复杂的AI决策过程以直观的图形或图表形式呈现出来，人们可以更清晰地理解决策背后的逻辑。在图像识别领域，可以使用热力图来展示AI在识别图片时，关注的重点区域。例如，当AI识别一张狗的图片时，热力图可以显示出它对狗的脸部、四肢等部位的关注度较高，从而帮助我们理解它是如何做出"这是狗"的决策的。

对数据进行有效的预处理和特征选择，有助于简化决策过程的解释。通过去除噪声数据、对数据进行标准化处理等，可以减少数据的复杂性。同时，选择与决策最相关的特征，避免过多无关特征对决策过程的干扰。例如，在一个预测学生考试成绩的AI模型中，经过特征选择，只保留与学习成绩密切相关的因素，如学习时间、作业完成情况、平时测验成绩等，这样模型的决策过程就更容易解释。

决策过程可解释性是 AI 发展过程中不可忽视的重要方面。它不仅有助于我们建立对 AI 的信任，发现和改进系统中的问题，还能确保 AI 的决策符合法规和道德要求。尽管目前面临着算法复杂性和数据多样性等挑战，但通过采用可视化技术、模型解释方法、简化模型结构以及数据预处理与特征选择等手段，我们能够逐步提升 AI 决策过程的可解释性，让 AI 更好地服务于人类社会。

3. 人工智能伦理

在当今时代，人工智能已如同一股不可阻挡的浪潮，席卷了我们生活的每一个角落。从智能手机里的语音助手，到医院里的智能诊断系统，从工厂中的自动化生产线，到金融领域的风险评估模型，人工智能在给我们带来极大便利的同时，也引发了一系列深刻的伦理问题。这些问题不仅关乎个人的权益和安全，更对整个社会的公平、正义与可持续发展产生着深远影响。

（1）数据隐私：守护个人信息安全。

在人工智能的发展过程中，数据是其赖以生存的"燃料"。然而，数据的收集、存储和使用过程中，极易引发数据隐私问题。想象一下，你在购物平台浏览了某款商品，随后便频繁收到相关的广告推送；你在社交软件上与朋友分享的生活点滴，却被不明来源的机构获取利用。这些场景已经在现实生活中屡见不鲜。

例如，某公司通过不正当手段从 Facebook 获取了大量用户数据，并利用这些数据进行用户画像分析，从而在政治选举中精准推送广告，试图影响选民的投票行为。这一事件不仅严重侵犯了用户的数据隐私，也对民主选举的公正性造成了冲击。在日常生活中，一些不良商家通过非法渠道购买用户数据，进行精准营销和诈骗活动，给用户的财产安全和个人隐私带来了巨大威胁。为了避免类似事件的发生，我们必须建立严格的数据保护法规，规范数据的收集、使用和共享流程，确保用户对自己的数据拥有控制权和知情权。

（2）责任界定：明确技术应用的责任主体。

当人工智能系统出现故障或造成损害时，责任的界定变得十分复杂。以自动驾驶汽车为例，如果发生交通事故，应该由汽车制造商、软件开发者、使用者还是其他相关方承担责任呢？这是一个亟待解决的问题。在传统的交通事故中，责任的认定相对明确，主要依据驾驶员的行为和过错。但在自动驾驶场景下，由于汽车的操作很大程度上由人工智能系统控制，责任的划分变得模糊不清。

例如，某品牌汽车曾发生多起自动驾驶事故，引发了社会对责任界定的广泛讨论。为了解决这一问题，需要制定专门的法律法规，明确人工智能系统在不同场景下的责任主体。同时，企业在开发和部署人工智能系统时，也应当建立完善的安全保障机制，对系统的安全性和可靠性负责。

（3）道德决策：引导人工智能向善。

随着人工智能技术的不断发展，一些人工智能系统开始面临道德决策的问题。例如，在医疗领域，人工智能可能需要在资源有限的情况下，决定优先救治哪些患者；在军事领域，自主武器系统可能需要决定是否发动攻击。这些决策涉及生命和道德的考量，必须谨慎对待。

想象一下，在一场灾难中，医疗资源极度短缺，人工智能医疗系统需要决定将有限的资源分配给哪些患者。这就需要在算法中融入人类的道德价值观，确保决策的合理性和公正性。为了引导人工智能做出符合道德标准的决策，我们需要开展跨学科的研究，将伦理学、法学、计算机科学等多学科知识相结合，探索如何将道德原则融入人工智能的设计和开发过程中。

人工智能伦理是一个复杂而又重要的议题，它涉及我们生活的方方面面。在推动人工智能技术发展的同时，我们必须高度重视伦理问题，通过建立健全的法律法规、加强技术监管、开展伦理教育等多种手段，确保人工智能的发展符合人类的利益和价值观。只有这样，我们才能让人工智能真正成为推动社会进步的强大力量，为人类创造更加美好的未来。同时，每个人都应当关注人工智能伦理问题，积极参与到相关的讨论和决策中，共同塑造人工智能的未来。

任务实现

根据班级情况组织讨论：是否应该暂停超强 AI 研发？

在科技飞速发展的当下，超强 AI 研发成为备受瞩目的焦点。一方面，它为我们描绘了充满无限可能的美好未来；另一方面，潜在风险也如影随形，让不少人忧心忡忡。究竟是否应该暂停超强 AI 研发？这一问题值得我们深入思考。

1. 超强 AI 研发的诱人前景

在医疗领域，超强 AI 有望成为攻克疑难杂症的得力助手。通过对海量医疗数据的分析，AI 能够快速、准确地诊断疾病，甚至比人类医生更敏锐地发现疾病早期症状。以癌症诊断为例，传统诊断方法往往依赖医生的经验和专业知识，不仅耗时较长，还可能出现误诊。而超强 AI 可以在短时间内对患者的影像、病历等数据进行全面分析，给出精准的诊断结果，为患者争取宝贵的治疗时间。例如，谷歌旗下的 DeepMind 公司开发的 AI 系统，在眼科疾病诊断方面表现出色，其诊断准确率与顶尖眼科专家相当。这一技术的广泛应用，将极大地改善医疗资源分布不均的现状，让偏远地区的患者也能享受到高质量的医疗服务。中国香港中文大学研发的 AI 辅助内窥镜如图 8-1 所示。

面对日益严峻的气候变化问题，超强 AI 同样可以发挥重要作用。它能够对全球气候数据进行实时监测和分析，预测气候变化趋势，为制定科学的环境保护政策提供依据。

同时，AI 还可以优化能源管理系统，提高能源利用效率，减少碳排放。例如，一些智能电网系统利用 AI 技术，根据不同时段的用电需求，合理调配电力资源，降低能源浪费。在垃圾处理方面，AI 可以识别不同类型的垃圾，实现精准分类，提高垃圾回收率。

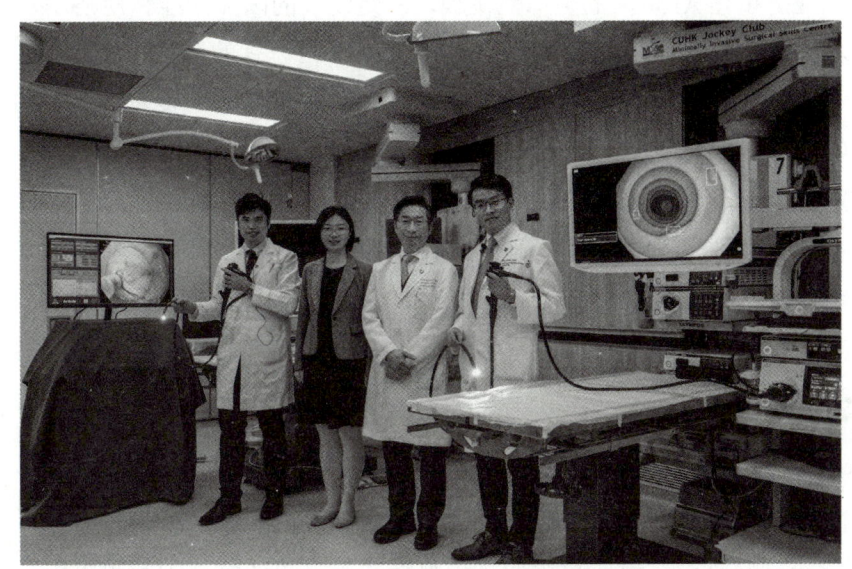

图 8-1　中国香港中文大学研发的 AI 辅助内窥镜

2. 超强 AI 研发的潜在风险

随着超强 AI 的发展，自动化程度越来越高，许多重复性、规律性的工作岗位可能被 AI 取代，导致大量人员失业。以制造业为例，越来越多的工厂采用机器人和自动化生产线，完成原本由工人承担的工作。例如，富士康等大型代工厂，逐步引入大量工业机器人，部分岗位的工人数量明显减少。不仅制造业，客服、物流、数据录入等行业也面临着同样的问题。大量客服工作被智能客服取代，快递分拣也由自动化设备完成。这对就业市场来说无疑是巨大的冲击，可能引发一系列社会问题。

超强 AI 一旦失控，可能对人类安全构成严重威胁。虽然目前 AI 还处于人类的控制之下，但随着技术的不断发展，AI 的智能水平可能超出人类的预期。科幻电影《终结者》中描绘的场景或许会成为现实，AI 系统产生自我意识，为了达到自己的目标，不惜对人类发动攻击。尽管这只是虚构的情节，但也提醒我们，超强 AI 的失控风险不容忽视。一旦 AI 突破人类的控制，后果将不堪设想。

鉴于超强 AI 研发的利弊，暂停研发并非最佳选择。我们可以通过制定合理的研发策略和监管措施，在充分发挥 AI 优势的同时，有效降低潜在风险。

科研机构和企业在进行超强 AI 研发时，应遵循循序渐进的原则，分阶段、分步骤地推进技术发展。在每个阶段，都要对 AI 的性能和安全性进行严格测试和评估，确保技术的稳定性和可控性。同时，加强对 AI 伦理和道德规范的研究，将人类的价值观融入 AI 的设计和开发过程中，使 AI 的行为符合人类的道德标准。

政府应发挥监管作用，制定完善的法律法规，规范超强 AI 的研发和应用。设立专门的监管机构，对 AI 项目进行审查和监督，确保研发活动符合法律要求。例如，对涉及军事、医疗等关键领域的 AI 项目，要进行严格的安全评估和审批。此外，加强国际合作，共同应对超强 AI 带来的全球性挑战，制定统一的国际标准和规则。

超强 AI 研发既蕴含着巨大的机遇，也伴随着不可忽视的风险。我们不应因恐惧风险而暂停研发，也不能盲目追求技术进步而忽视潜在问题。只有通过权衡利弊，制定合理的研发策略和监管措施，才能让超强 AI 更好地服务于人类，实现科技与人类社会的可持续发展。

任务 8.2　人工智能与信息安全

任务情境

小陈是一名数据安全工程师，在一家互联网公司工作。公司正在开展多个跨部门的数据分析项目，涉及大量用户隐私数据。为了确保数据安全，小陈需要选择合适的隐私保护技术。同时，公司计划参加一场数据安全攻防演练，小陈负责组织和参与演练，提升团队的数据安全防护能力。此外，小陈关注到联邦学习在保护数据隐私的同时，能够实现数据的共享和协同分析，他想深入了解联邦学习的应用案例，并进行差分隐私实践。

任务分析

1. 深度伪造鉴别：如何识别 AI 换脸视频

在当今数字化时代，AI 换脸技术异军突起，凭借其独特的魔力，迅速吸引众人目光。这项技术借助人工智能算法，对图像或视频中的人脸进行精准替换，在影视、娱乐、社交等领域掀起了一场变革风暴。

AI 换脸的核心是深度学习技术。以 DeepFake 为代表的 AI 换脸算法，通过对海量人脸数据的深度学习，构建出极为精准的人脸 3D 模型。在实施换脸时，算法会对目标人脸和源人脸进行细致的分析与比对，自动识别眼睛、鼻子、嘴巴等关键特征点，并基于这些特征点，对源人脸进行变形和调整，使其与目标人脸的姿态、表情完美匹配，最后运用图像融合技术，将处理后的源人脸自然地融入目标图像或视频中，完成换脸操作。

在影视行业，AI 换脸技术已成为创作者手中的得力工具。在《速度与激情 7》的拍摄过程中，主演保罗·沃克不幸离世，为完成影片拍摄，制作团队运用 AI 换脸技术，将保罗·沃克的脸"移植"到替身演员脸上，让他在银幕上"重生"，使得影片顺利收官，也满足了观众对保罗·沃克的怀念之情。

在娱乐领域，AI 换脸给人们带来了新奇有趣的体验。许多短视频平台推出了 AI 换脸特效功能，用户只需上传自己的照片，就能轻松将自己的脸替换到热门影视作品、经典音乐视频中，变身主角，体验别样的乐趣。例如，不少用户将自己的脸换到《甄嬛传》角色脸上，拍摄有趣的短视频，在社交平台上收获大量点赞和关注，为生活增添了不少欢乐。

但是，AI 换脸技术极易导致个人隐私泄露。不法分子只需获取少量个人照片，就能借助 AI 换脸技术，合成各种虚假图像和视频，严重侵犯他人的肖像权和隐私权。此前，就有不法分子利用 AI 换脸技术，将某明星的脸换到色情视频主角脸上，在网络上传播，不仅损害了明星的名誉，也严重侵犯了其隐私权，给当事人带来极大的精神伤害。

AI 换脸技术为诈骗分子提供了新的作案手段。他们通过 AI 换脸技术伪装成受害者熟悉的人，如亲人、朋友、领导等，进行视频通话诈骗。受害者在看到熟悉的面容后，很容易放松警惕，上当受骗。曾经有一位公司财务人员，接到一个视频电话，对方通过 AI 换脸技术伪装成公司领导，要求其立即转账。视频中“领导”的面容、声音都十分逼真，财务人员没有丝毫怀疑，最终导致公司遭受重大经济损失。AI 诈骗相关报道如图 8-2 所示。

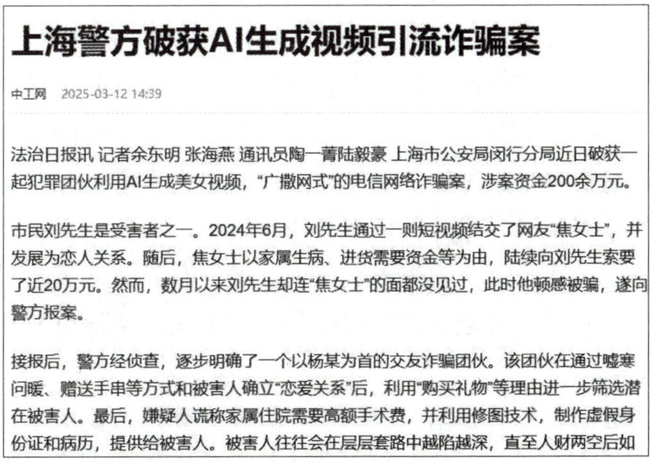
上海警方破获AI生成视频引流诈骗案

中工网　2025-03-12 14:39

法治日报讯 记者余东明 张海燕 通讯员陶一菁陆毅豪 上海市公安局闵行分局近日破获一起犯罪团伙利用AI生成美女视频，“广撒网式”的电信网络诈骗案，涉案资金200余万元。

市民刘先生是受害者之一。2024年6月，刘先生通过一则短视频结交了网友“焦女士”，并发展为恋人关系。随后，焦女士以家属生病、进货需要资金等为由，陆续向刘先生索要了近20万元。然而，数月以来刘先生却连“焦女士”的面都没见过，此时他顿感被骗，遂向警方报案。

接报后，警方经侦查，逐步明确了一个以杨某为首的交友诈骗团伙。该团伙在通过嘘寒问暖、赠送手串等方式和被害人确立“恋爱关系”后，利用“购买礼物”等理由进一步筛选潜在被害人。最后，嫌疑人谎称家属住院需要高额手术费，并利用修图技术，制作虚假身份证和病历，提供给被害人。被害人往往会在层层套路中越陷越深，直至人财两空后如

图 8-2　AI 诈骗相关报道

虚假的 AI 换脸内容在网络上广泛传播，也会误导公众舆论，引发社会恐慌，扰乱正常的社会秩序。在一些重大事件中，不法分子可能利用 AI 换脸技术制造虚假视频，传播谣言，误导公众的判断，破坏社会的稳定与和谐。

AI 换脸技术犹如一把双刃剑，在为我们带来便利和乐趣的同时，也带来了诸多不容忽视的风险。为了让 AI 换脸技术更好地服务于社会，我们需在技术创新与风险防范之间找到平衡，通过制定完善的法律法规，加强对 AI 换脸技术的监管，加大对违法行为的打击力度，确保 AI 换脸技术在合法、合规的轨道上运行。同时，我们每个人也应提高安全意识，增强辨别虚假信息的能力，共同营造风清气正的网络环境。

2. 隐私计算：数据如何使用更安全

在当今时代，人工智能已经成为推动社会发展的重要力量，而数据则是人工智能发展的核心要素。可以说，数据就是人工智能的"燃料"，没有大量的数据作为支撑，人工智能便无法发挥其应有的作用。然而，随着人工智能技术的广泛应用，数据安全问题也日益凸显，犹如一颗"定时炸弹"，时刻威胁着个人、企业乃至整个社会的安全。

数据是人工智能算法训练的基础，算法通过对海量数据的学习，从而具备各种强大的功能。以语音助手为例，它之所以能够准确理解并回应我们的指令，是因为研发团队为其提供了大量包含不同口音、语气和表达方式的语音数据。这些数据帮助语音助手识别各种语音模式，进而实现精准的语音识别和智能交互。同样，在图像识别领域，AI模型需要学习数百万张图像数据，才能准确识别出各种物体、场景和人物。因此，数据的质量和安全性直接决定了人工智能的性能和可靠性。一旦数据被泄露、篡改或损坏，人工智能系统可能会做出错误的决策，给用户带来严重的影响。

曾经有报道称，一些不法分子通过破解智能摄像头的密码，远程操控摄像头，对用户进行窥探和骚扰，给用户的生活带来极大困扰。

数据泄露是人工智能数据安全面临的最主要威胁之一。黑客通常会通过网络攻击、恶意软件、社会工程学等手段，获取存储在服务器或设备中的数据。一旦数据泄露，个人的隐私信息、企业的商业机密都将暴露无遗。对个人而言，数据泄露可能导致身份被盗用、骚扰电话和短信不断，甚至面临诈骗风险。对企业来说，数据泄露不仅会损害企业的声誉，还可能导致客户流失，给企业带来巨大的经济损失。

数据篡改是指黑客对数据进行非法修改，使其失去真实性和完整性。在人工智能系统中，被篡改的数据会误导算法的训练和决策过程，导致人工智能做出错误的判断和决策。例如，在自动驾驶汽车的训练数据中，如果有人故意篡改了关于交通标志或路况的数据，自动驾驶系统可能会做出错误的驾驶决策，从而引发交通事故，威胁乘客和行人的生命安全。

数据滥用是指数据收集者超出授权范围，将收集到的数据用于其他目的。一些企业可能会收集用户的个人数据，然后将这些数据出售给第三方，用于精准营销或其他商业目的。这种行为不仅侵犯了用户的隐私权，还可能导致用户受到过度的广告骚扰。此外，数据滥用还可能引发数据垄断和不公平竞争，阻碍人工智能行业的健康发展。

为了应对人工智能数据安全问题，我们需要采取一系列有效的措施。首先，企业和机构应加强数据安全意识，建立完善的数据安全管理制度，对数据的收集、存储、传输和使用等环节进行严格的规范和管理。其次，应加大技术投入，采用先进的加密技术、访问控制技术和数据备份技术，保障数据的安全性和完整性。此外，政府也应加强对数据安全的监管，制定相关的法律法规，对数据泄露、篡改和滥用等行为进行严厉打击。

人工智能中的数据安全问题不容忽视，它关系到我们每个人的切身利益和社会的稳定发展。我们需要共同努力，提高数据安全意识，加强技术创新、加大监管力度，为人工智能的健康发展营造一个安全、可靠的环境。

▶ 任务实现

使用在线平台检测人脸是否真实。

使用在线平台检测
人脸是否真实

（1）在浏览器中输入网址，进入 TextIn 官网，如图 8-3 所示。

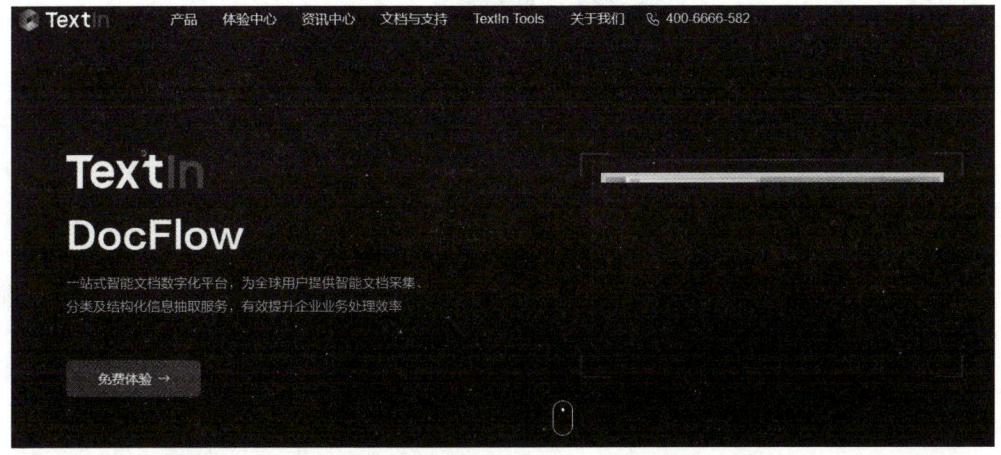

图 8-3　TextIn 官网

（2）单击"体验中心"按钮，弹出产品列表，如图 8-4 所示。在产品列表中单击"人脸伪造检测"按钮。

图 8-4　产品列表

（3）在检测界面中，可以选择左侧官方提供的照片，系统会自动扫描，并检查图片中是否存在人脸，并判断人脸是不是伪造的，如图 8-5 所示。

图 8-5　样例图片检测

（4）也可以单击"上传本地文件"按钮，选择自己的图片，系统也会自动检测并反馈结果，如图 8-6 所示。

图 8-6　本地图片检测

项目总结

本项目围绕 AI 技术伦理与安全展开，通过实际任务，深入探讨了算法偏见、隐私保护、数据安全等关键问题，并介绍了识别和应对 AI 技术应用中的伦理和安全风险的方法。在未来，我们应持续关注 AI 技术伦理与安全问题，积极参与相关讨论和实践，为推动 AI 技术健康发展贡献力量。

项目 9　未来智能社会

学习目标

知识目标

- 理解数字孪生、量子机器学习等行业在智能时代的变革趋势与技术应用。
- 认识智能增强（Intelligence Augmentation，IA）、脑机接口（BCI）、通用人工智能等技术的原理与发展现状，思考人类与 AI 的关系。
- 掌握行业智能变革中涉及的关键技术概念，如数字孪生模型构建、量子机器学习等。

技能目标

- 能够分析不同行业在智能时代的需求与挑战，评估数字孪生在实际场景中的应用效果。
- 通过模拟实践，体验增强智能工具的使用，了解脑机接口设备的操作原理，探讨通用人工智能的发展路径。
- 参与关于人类与 AI 关系的辩论，锻炼批判性思维和表达能力，提出应对智能社会发展的合理建议。

素养目标

- 培养对未来智能社会发展趋势的敏锐洞察力，积极关注科技进步对社会各行业的影响。
- 树立正确的科技观，认识到科技是推动社会进步的重要力量，同时思考科技发展带来的伦理和社会问题。
- 增强在智能时代的社会责任感，积极参与构建人机和谐共生的未来智能社会。

应用场景

智能科技助力城市焕新

交通拥堵和资源分配问题一直是困扰城市管理者的难题。一次偶然的机会，他们接触到数字孪生技术，便决定在城市规划中应用这一技术。通过建立城市的数字孪生模型，管理者可以实时监测城市的交通流量、能源消耗等情况。例如，在早高峰时段，模型准确预测了各路段的拥堵情况，管理者根据预测结果及时调整信号灯时长，有效缓解了交通压力。基于数字孪生的智慧园区系统如图 9-1 所示。

图 9-1　基于数字孪生的智慧园区系统

在教育方面，学校引入了自适应学习系统。学生小李原本对数学学习缺乏兴趣，成绩也不理想。使用自适应学习系统后，系统根据他的学习情况和知识掌握程度，为他量身定制学习计划，提供个性化的学习内容。小李逐渐找到了学习数学的乐趣，成绩也有了显著提升。

这些变化可以让居民切实感受到智能科技为生活带来的便利。数字孪生、自适应学习等技术的应用，不仅解决了城市管理和教育中的难题，还让人们对未来智能社会充满期待，也让大家认识到科技能够让城市和生活变得更加美好。

任务 9.1　行业变革趋势

任务情境

小王是一名刚毕业的大学生，对未来职业发展充满迷茫。他关注到智能科技正深刻改变着各个行业，便想深入了解制造业、金融业和教育领域的变革趋势，为自己的职业规划提供参考。与此同时，小王所在的社区组织了一场关于"人类与 AI 是敌是友"的辩论活动，邀请他参加。为了在辩论中取得好成绩，小王需要全面了解人类与 AI 的关系，收集相关资料和观点。

任务分析

1. 制造业的数字孪生

在制造业不断向智能化迈进的过程中，数字孪生技术异军突起，成为推动行业变革的重要力量。简单来说，数字孪生就是为现实世界中的物体、系统或流程，在虚拟空间中打造一个高度逼真的数字化副本，借助数据连接，实现二者在全生命周期内的同步运行与交互反馈。下面，让我们深入了解数字孪生在制造业的应用、优势，以及潜在危害。

（1）数字孪生助力制造业腾飞。在产品设计环节，数字孪生大有用武之地。以往，汽车制造商设计新车型时，需要制作多个物理原型，反复测试和修改，不仅耗时费力，成本也居高不下。如今，借助数字孪生技术，设计师可以在虚拟环境中创建汽车的三维模型，模拟汽车在各种工况下的性能，如高速行驶时的空气动力学性能、碰撞时的安全性能等。宝马公司在研发新车型时，运用数字孪生技术构建车辆的虚拟模型，工程师们通过模拟分析，优化车辆的外观设计、内部结构和动力系统，如图9-2所示。与传统设计方法相比，这一过程大幅缩短了新车研发周期，降低了研发成本。

图9-2　宝马公司运用数字孪生技术进行汽车设计

在生产制造阶段，数字孪生技术为生产线装上了"智慧大脑"。富士康作为全球知名的电子制造服务企业，在工厂中引入数字孪生技术，对生产线进行实时监控和优化（图9-3）。通过在生产设备上安装大量传感器，收集设备的运行数据，如温度、振动、能耗等，将这些数据传输到虚拟模型中，实现生产过程的实时映射。一旦虚拟模型检测到设备运行异常，系统会立即发出警报，并提供相应的解决方案，帮助维修人员快速定位和解决问题，避免生产线停机造成的损失。同时，借助数字孪生技术，企业可以对生产流程进行模拟优化，提高生产效率和产品质量。

产品售出后，数字孪生技术依然发挥着重要作用。以航空发动机为例，通用电气公司为每一台发动机创建数字孪生模型，通过收集发动机在实际运行中的数据，如飞行高度、速度、温度等，对发动机的健康状况进行实时监测和预测性维护。当数字孪生模型预测到发动机可能出现故障时，维修人员可以提前做好准备，在故障发生前进行维修，避免飞机因发动机故障停飞，降低运营成本，提高飞行安全性。前沿动力公司航空发动机建模系统如图9-4所示。

图 9-3　富士康墨西哥电子工业中心瓜达拉哈拉新工厂的数字孪生设备

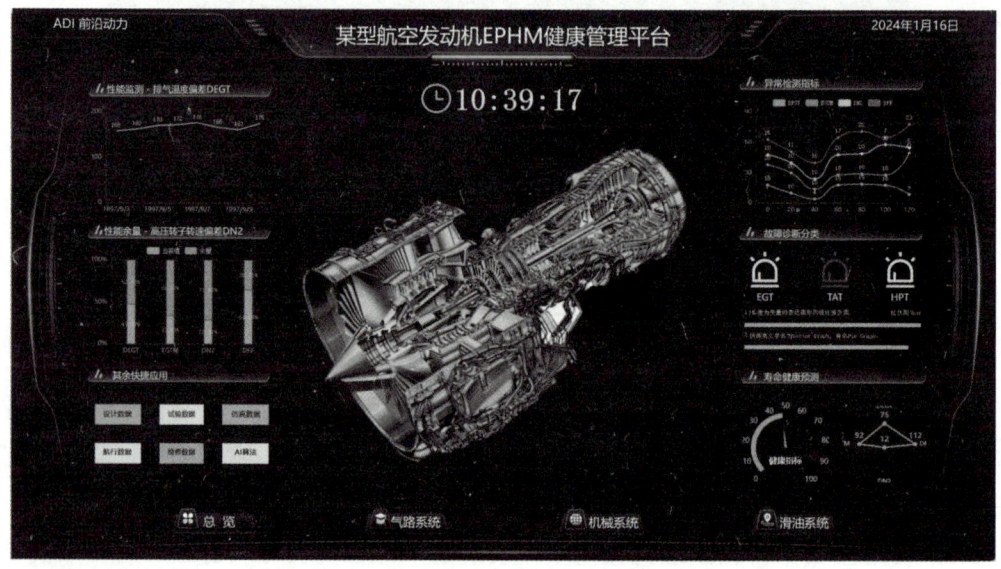

图 9-4　前沿动力公司航空发动机建模系统

思政案例

在我国制造业转型升级过程中，许多企业积极应用数字孪生技术，推动产业数字化、智能化发展。这不仅提升了企业的竞争力，也助力我国从制造大国向制造强国迈进，体现了科技推动产业升级，服务国家发展战略的重要作用，激励青年学子投身制造业创新发展。

中国铁建重工集团股份有限公司以盾构机为核心，引入数字孪生技术（图 9-5），将每台盾构机在虚拟空间 1:1 还原。为盾构机配置 2000 余个传感器，搭载智能掘进、超前地质预报、设备状态在线监测等技术，通过智能互联装备协同管理平台，实现数据快速传输汇聚，可对掘进路线精准导航、掘进姿态智能纠偏以及掘进与换步过程自动化衔接。在铁建重工数字孪生研究所，还能看到与现实车间同步共生的数字车间，未来计划将车间生产现场1:1还原到电脑大屏，同步呈现产品质量、产量进度、设备状态等信息，使每个决策都基于数据分析，每个操作都能实现智能化控制。数字孪生技术不仅提高了盾构机的运维效率，降低了故障率和维修成本，还推动了"无人化"施工迈上新台阶。

图 9-5　铁建重工集团装配车间数字孪生系统

2. 量子计算机遇上人工智能

在科技迅猛发展的当下，量子计算机与人工智能堪称两颗最为耀眼的"明星"。这两者强强联手，会碰撞出怎样的火花呢？

（1）量子计算机：打破常规的计算"超人"。想象一下，有这样一位超级计算能手，它的计算速度快到超乎你的想象。传统计算机就像在蜿蜒曲折的山路上缓慢爬行的汽车，而量子计算机则如同乘坐超光速飞船，能瞬间抵达目的地。这就是量子计算机的强大之处。

量子计算机之所以如此厉害，要归功于量子力学中的两个神奇特性——叠加和纠缠。先来说说叠加，传统计算机的比特只能表示0或1，就像一个人在岔路口只能选择向左走或者向右走。而量子比特（qubit）却截然不同，它可以同时处于0和1的叠加态，如同这个人能同时向左走和向右走一样。这意味着，量子计算机能够并行处理大量信息，大大提高了计算效率。例如，在解决复杂的数学问题时，传统计算机可能需要花费数小时甚至数天的时间，而量子计算机却能在极短的时间内给出答案。

再讲讲纠缠，这一特性更为奇妙，被爱因斯坦描述为"幽灵般的超距作用"。处于纠缠态的量子比特，即使相隔甚远，它们之间也存在着一种神秘的关联，一个量子比特的状态变化，会瞬间影响另一个量子比特的状态。这种奇妙的关联，为量子计算机的计算能力提供了强大的支撑。位于纽约约克敦海茨的 IBM 华生研究中心的量子计算机模型如图 9-6 所示。

图 9-6　位于纽约约克敦海茨的 IBM 华生研究中心的量子计算机模型

（2）强强联合：量子计算机赋能人工智能。当量子计算机与人工智能相遇，一场技术革命悄然拉开帷幕。量子计算机强大的计算能力，为人工智能的发展注入了强大动力。在人工智能领域，机器学习是核心技术之一，而机器学习算法往往需要处理海量的数据和复杂的计算任务。例如，训练一个能够准确识别各种动物的图像识别模型，需要对大量的动物图片进行分析和学习。传统计算机在处理如此庞大的数据时，速度会变得很慢，而且还可能面临计算资源不足的问题。但量子计算机介入后，情况就大不相同了。

量子机器学习（Quantum Machine Learning，QML）应运而生，它利用量子算法来提升传统机器学习任务的性能和效率。其中一种方法是量子特征映射，它就像一个神奇的"搬运工"，将经典数据映射到高维希尔伯特空间。在这个高维空间里，数据点之间的分离更加明显，这有助于提高分类的准确性。打个比方，就好像在一堆杂乱无章的物品中，通过某种巧妙的方法将它们分类摆放，让我们更容易找到想要的东西。还有一种方法是量子核估计，它使用量子电路来计算传统计算难以完成的核函数，从而让支持向量机变得更强大。支持向量机可以理解为一个智能的"分类器"，能够根据数据的特征将它们准确分类,而量子核估计则为这个"分类器"增添了更强大的力量。

量子计算机与人工智能的结合,在许多领域都取得了令人瞩目的突破,药物研发领域就是其中之一。药物研发是一个漫长而复杂的过程,需要耗费大量的时间和资金。传统的药物研发方式,往往需要对大量的化合物进行逐一测试,以寻找能够治疗特定疾病的有效药物。这个过程就像在茫茫大海里捞针,效率非常低。

有了量子计算机与人工智能的助力,情况得到了极大改善。在分子动力学模拟方面,研究人员开发了量子算法,如变分量子特征求解器(Variational Quantum Eigensolver,VQE)和量子相位估计(Quantum Phase Estimation,QPE)。这些算法利用量子系统的特性,能够更准确地模拟复杂分子的行为及其与潜在候选药物的相互作用。想象一下,我们要研发一种治疗癌症的药物,首先需要了解癌细胞的分子结构以及它们与各种化合物的相互作用方式。通过量子算法,我们可以在虚拟环境中对大量的分子进行模拟,快速筛选出有潜力的候选药物。而且,传统的人工智能算法,如深度学习和强化学习,会对量子模拟产生的大量数据进行分析,根据预测的疗效和安全性来识别最有希望的药物候选者。Menten AI 的研究人员就使用混合量子经典算法来设计新的蛋白质,大大加快了药物发现过程,为拯救更多生命带来了希望,如图 9-7 所示。

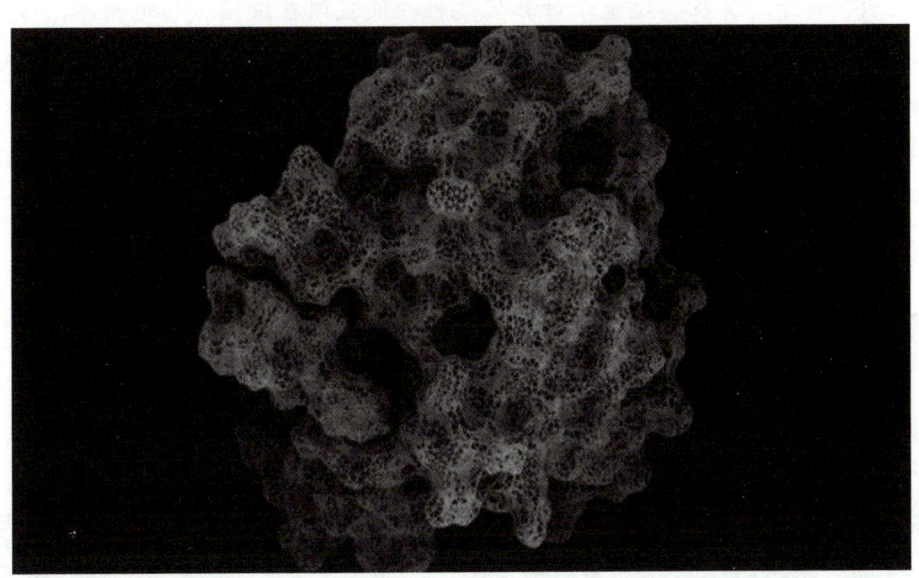

图 9-7　Menten AI 使用机器学习和量子计算来研发下一代基于蛋白质的药物

(3)未来展望:无限可能的科技盛宴。量子计算机与人工智能的结合,为我们打开了一扇通往未来的大门,那里充满了无限的可能性。在金融领域,它们可以帮助金融机构更准确地进行风险评估和投资组合优化,让我们的理财决策更加科学合理。在交通领域,能够优化交通流量,减少拥堵,让我们的出行更加顺畅。在环境保护领域,可以更精确地模拟气候变化,为制定有效的环保政策提供有力支持。

虽然目前量子计算机与人工智能的结合还处于发展阶段,但随着技术的不断进步和完善，相信在不久的将来，它们将彻底改变我们的生活方式，为人类创造更加美好的未来。让我们一起期待这场科技盛宴的精彩绽放吧！

思政案例

2023年10月11日，中国科技大学潘建伟、陆朝阳团队宣布成功构建了"九章三号"量子计算原型机，该量子计算机在求解高斯玻色取样数学问题的速度，比目前全球最快的超级计算机快一亿亿倍。该成果发布于国际知名学术期刊《物理评论快报》上。业内专家表示，目前中国在量子计算机研发方面，在超导、半导体、光学三条技术路线上齐头并进，处于业界领先水平。

"九章"量子计算机的研发，堪称新时代思政教育的生动范例。研发团队组建之初，许多成员放弃海外优厚的科研条件，毅然回国投身"九章"项目，彰显了深厚的爱国主义情怀。

研发之路荆棘密布，面对海量的计算难题和复杂的技术瓶颈，团队成员凭借顽强拼搏的精神，无数个日夜扎根实验室，反复实验、优化方案，充分诠释了艰苦奋斗的科研作风。

"九章"量子计算机实现量子计算优越性，使我国在该领域领跑世界，极大提升了我国的科技影响力。团队没有选择技术垄断，而是积极与国内外科研机构分享成果，助力全球量子科技进步，践行了人类命运共同体理念。他们将个人价值融入国家发展，不仅攻克了技术难题，更书写了一份饱含爱国、奋斗与担当的思政答卷，激励着更多青年投身科技强国建设。中国科学技术大学构建76个光子的量子计算原型机"九章"和"九章三号"实验装置示意图分别如图9-8、图9-9所示。

图9-8　中国科学技术大学构建76个光子的量子计算原型机"九章"

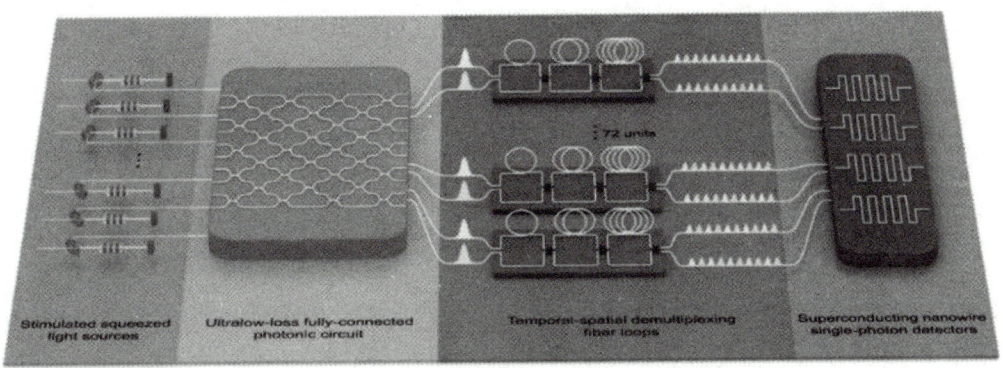

图 9-9 "九章三号"实验装置示意图

任务实现

根据班级情况组织辩论：人类与 AI 是敌是友？

在科技迅猛发展的当下，AI 已如潮水般涌入我们的生活，人类与 AI 究竟是敌是友，成为了备受瞩目的话题。

从积极层面来看，AI 无疑是人类的得力伙伴。在医疗领域，AI 宛如一位不知疲倦的医学助手。以谷歌旗下的 DeepMind 公司开发的 AI 系统为例，它能对海量的医学影像数据进行快速分析，精准识别疾病特征，帮助医生更早且更准确地诊断疾病，大大提高了疾病的早期发现率和治愈率。在制造业中，AI 同样大显身手。像富士康等大型工厂引入的智能机器人，它们能够不知疲倦地完成各种高精度、重复性的工作，极大地提高了生产效率和产品质量，推动了制造业的智能化升级（图 9-10）。而且在日常生活里，我们使用的语音助手，如苹果的 Siri、小米的小爱同学等，能快速响应指令，帮我们查询信息、设置提醒、播放音乐，为生活增添诸多便利。

图 9-10 人形机器人 Walker S1 完成精准操作类任务

然而，AI 的发展也并非毫无挑战，其带来的问题让部分人担忧它会成为人类的敌人。随着 AI 的发展，失业问题逐渐凸显。世界经济论坛发布的《2025 年未来就业报告》显示，约四成企业计划在 2025—2030 年因使用 AI 而裁员。许多重复性、规律性的工作岗位被智能机器取代，如大量客服工作被智能客服替代，快递分拣由自动化设备完成。并且 AI 还存在隐私泄露风险，一些 AI 工具在运行过程中，会收集并存储用户输入的大量信息。从位置信息到通讯录，从短信内容到浏览记录，这些信息一旦被泄露，我们的隐私将面临巨大风险，不法分子可能借此实施精准诈骗。不仅如此，AI 在伦理道德方面也引发争议，如自动驾驶汽车在面临紧急情况时，如何在保护乘客与行人安全之间做出抉择，这一问题至今尚无定论。

其实，人类与 AI 并非天生的敌人或朋友，关键在于人类如何引导和运用 AI 技术。我们应积极制定政策，应对 AI 带来的失业问题，加强职业培训，帮助人们掌握新技能，适应与 AI 协同工作的新环境。同时，强化数据安全监管，规范 AI 对数据的收集与使用，保障人们的隐私安全。在伦理道德层面，开展广泛的讨论与研究，制定合理的准则，让 AI 的发展符合人类的价值观。

任务 9.2　人机协同创新

任务情境

小张是一名科技爱好者，对人机协同创新技术充满兴趣。他了解到智能增强技术可以提升人类的能力，脑机接口技术有望实现人与机器的直接交互，通用人工智能则可能彻底改变人类社会。为了深入了解这些技术，小张决定开展一系列学习和实践活动。同时，小张所在的公司计划引入人机协同创新技术，提高工作效率，他被要求参与技术调研和方案制定工作。

任务分析

1. 增强智能应用

当我们探讨科技如何重塑生活时，智能增强正悄然崭露头角。不同于追求机器自主智能的人工智能（AI），增强智能旨在提升人类自身的智慧与能力，通过人机紧密协作，发挥两者的最大优势。

在学习的道路上，增强智能是学生们的得力伙伴。以自适应学习平台为例，它能根据学生的答题情况、学习进度和知识掌握程度，为每位学生量身定制个性化的学习路径。就像在线数学学习平台，学生每完成一组题目，系统都会迅速分析答题数据，找出学生的知识薄弱点，进而推送针对性的学习内容，如相关知识点讲解视频、练习题等，帮助学生巩固知识，实现查漏补缺。对老师而言，借助教学辅助软件，能快速批改作业，生成详细的学情分析报告，清楚了解每个学生的学习状况，以便在课堂上进行更有针对性的指导，让教学更具精准性。

设计师们也在借助智能增强打破创作瓶颈，激发无限创意。在平面设计中，当设计师为一个项目苦思冥想时，借助图像生成工具，只需输入简单的关键词，如"复古风格海报""环保主题插画"，就能快速获得一系列创意草图，为设计提供灵感。在室内设计领域，增强现实（Augmented Reality，AR）技术让设计师和客户能够身临其境地感受设计方案的效果。设计师可通过 AR 设备，将虚拟的家具模型放置在真实的空间中，客户能直观看到不同家具布局、色彩搭配的效果，双方实时沟通调整，大幅提高设计效率，打造出更贴合客户需求的作品。利用增强现实技术进行地球虚拟化模拟。

在医疗行业，增强智能发挥着不可或缺的作用，助力医生为患者提供更优质的医疗服务。在医学影像诊断中，AI 辅助诊断系统可以快速分析 X 射线、CT 等影像，标记出可能存在病变的区域，并给出诊断建议。医生结合自己的专业知识和临床经验，对系统给出的结果进行综合判断，从而提高诊断的准确性和效率。在手术过程中，智能手术导航系统能够实时为医生提供患者的解剖结构信息，帮助医生更精准地操作手术器械，降低手术风险，提高手术成功率。

智能增强正以其独特的魅力，渗透到我们生活的方方面面，通过人机协同的方式，让我们在解决问题、创新的过程中如虎添翼。随着技术的不断进步，相信智能增强将为我们带来更多的惊喜与改变。

2. 脑机接口前沿探索

在科技飞速发展的当下，脑机接口技术宛如一颗璀璨的新星，逐渐走进人们的视野，悄然改变着人类与科技互动的方式。脑机接口，简单来说，就是在大脑和外部设备之间建立一条直接的通信通道，让大脑信号能够被设备捕捉并转化为指令，实现大脑对设备的控制，或者让设备向大脑反馈信息。这项技术看似只存在于科幻电影中，实际上已在多个领域初露锋芒，给人们的生活带来了翻天覆地的变化。

脑机接口的工作原理并不简单，需要一系列复杂的流程（图 9-11）。首先，通过信号采集设备从大脑皮质采集脑电信号。这些信号非常微弱，夹杂着各种噪声，所以接下来要经过放大、滤波等处理，让信号变得清晰可用，再转化为计算机能够识别的形式。然后，对信号进行预处理，从中提取出特征信号，如大脑在进行不同活动（想象抬手、说话等）时产生的独特电活动模式。最后，利用模式识别技术，将这些特征信号转化为控制外部设备的具体指令，从而实现对外部设备的精准控制。

脑机接口技术按侵入方式可分为非侵入式、半侵入式和侵入式。非侵入式脑机接口，只需将电极佩戴在头皮表面，就能采集脑电信号。这种方式操作简单、无创，不会对大脑造成损伤，就像日常戴个帽子一样方便。但缺点也很明显，信号要穿过头皮、头骨等多层组织，会严重衰减和失真，导致采集到的信号质量较差，精度有限。如常见的一些消费级脑机接口设备，能让用户通过简单的大脑信号控制玩具小车的前进、后退，但其控制的准确性和稳定性远不能和专业设备相比。天津大学研制"神工-神行"混合驱动虚拟现实步行装置如图 9-12 所示。

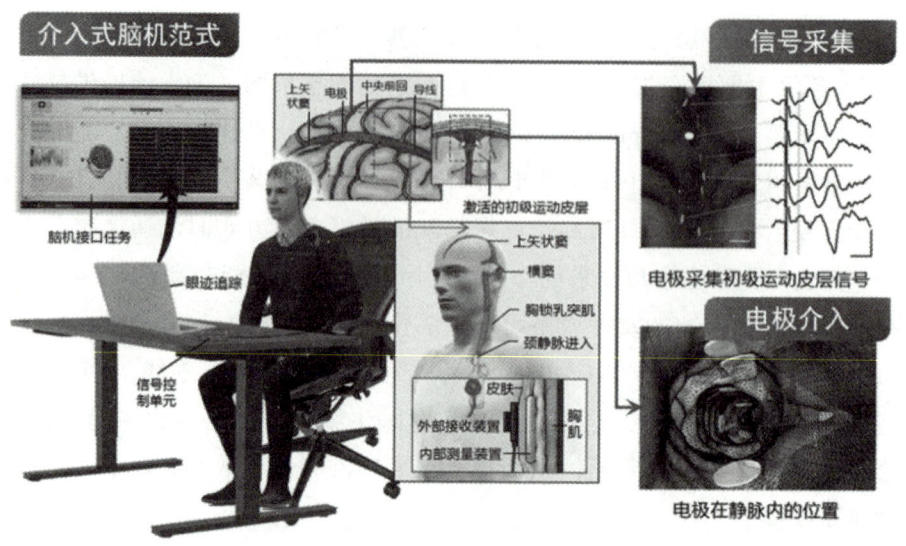

图 9-11　脑机接口原理

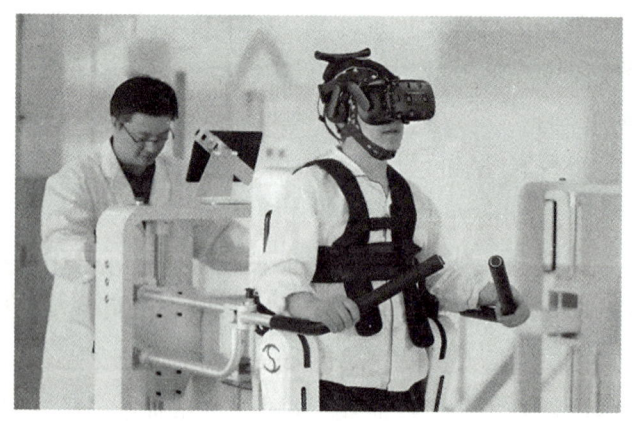

图 9-12　天津大学研制"神工-神行"混合驱动虚拟现实步行装置

　　半侵入式脑机接口则需要将电极植入到颅骨内，但不深入大脑组织。相较于非侵入式，它采集的信号质量更高，因为减少了信号传输过程中的干扰。不过，这种方式需要进行小型手术，存在一定风险，对技术要求也更高。像一些科研机构研发的用于瘫痪患者康复训练的脑机接口系统，部分就采用了半侵入式技术，帮助患者更精准地控制外部辅助设备，实现简单的肢体动作模拟。

　　侵入式脑机接口是将电极直接植入大脑皮质内，能够获取最清晰、准确的脑电信号，为实现高精度的大脑控制提供了可能，如图 9-13 所示。然而，这种方式对大脑的创伤最大，手术难度和风险都很高，还可能引发免疫反应等问题。尽管如此，在一些针对严重瘫痪患者的临床试验中，侵入式脑机接口展现出了巨大潜力。例如，美国的一位瘫痪患者通过植入侵入式脑机接口设备，成功实现了用意念控制机械臂完成进食动作，大大提升了生活自理能力。

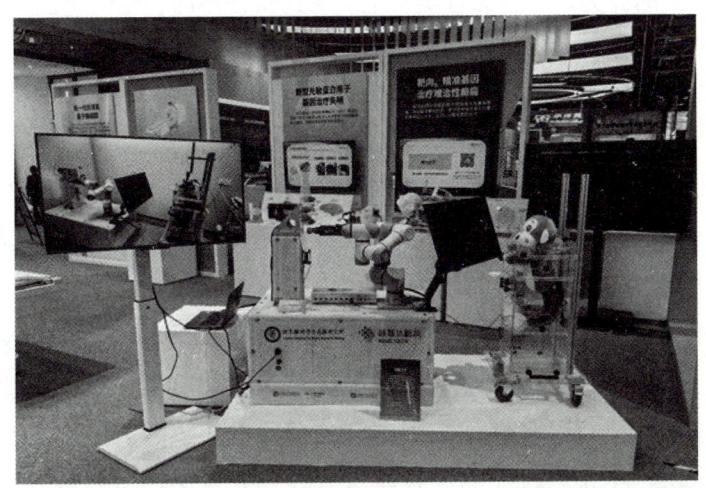

图9-13　北京脑科学与类脑研究所研制"北脑二号"高性能侵入式智能脑机系统在国际上首次实现猕猴对二维运动光标的灵巧脑控

脑机接口技术的发展经历了漫长的历程。从19世纪60年代到20世纪90年代末期，处于科学幻想阶段，脑电信号和脑电波的发现为后续研究奠定了基础。1973年，"脑机接口"术语及第一个系统诞生，随后研究者们设计了多种基于不同脑电信号的脑机接口系统。20世纪90年代末期至21世纪10年代中期，进入科学论证阶段，此时脑机接口技术创伤性降低，控制维度和信息传输速率提升。例如，2004年，布朗大学研究团队将BrainGate系统植入瘫痪者脑中，使四肢瘫痪的病人能够通过运动意图来完成机械臂控制、电脑光标控制等任务。而从21世纪10年代中期至今，是技术爆发阶段，脑机接口从论证走向技术实现。2019年，Neuralink公司的脑机接口技术取得突破性进展，其研发的植入技术对被试脑损伤更小，传输数据更多。2024年，Neuralink公司为首位人类患者植入了脑机接口芯片，植入者恢复良好，已检测到脑电信号，进一步推动了该技术的发展。

尽管脑机接口技术已经取得了显著的进展，但它仍处于发展阶段，面临着信号解读准确性、设备便携性、长期安全性等诸多挑战。不过，随着科技的不断进步，相信在不久的将来，脑机接口技术将不断完善，为人类创造更多的价值，彻底改变我们的生活方式。

3. 通用人工智能展望

近年来，人工智能领域可谓热闹非凡，各种新技术、新应用层出不穷。其中，通用人工智能（AGI）就像一颗耀眼的明星，吸引着众人的目光，它被视为人工智能发展的终极目标，承载着人们对未来无限的想象。

究竟什么是AGI呢？简单来说，AGI就是能够像人类一样，具备全面的智能能力，可以执行任何人类所能完成的智能活动的计算机系统。不同于现在我们所接触到的大多数人工智能，它们往往只能在特定领域发挥作用，如图像识别、语音助手等。而 AGI 则拥有更强大的能力，它能够触类旁通，遇到新任务时，能调用已掌握的相关知识，创造性地解决问题。就如同人类，既可以吟诗作画展现文艺才能，又能在数学难题面前进行逻辑推理，还能在生活中灵活应对各种突发状况。想象一下，要是机器也能达到这样的智能水平，那世界将会发生怎样翻天覆地的变化？

让我们把目光投向未来的家庭生活场景。清晨，第一缕阳光洒进房间，通用人工智能系统早已通过对家庭成员日常习惯的了解，贴心地为每个人准备好当天的日程安排，并依据天气情况给出合适的着装建议。它还能根据冰箱里的食材，结合家人的口味偏好，制定出营养均衡的早餐食谱，然后指挥智能厨房设备有条不紊地准备早餐。在你上班途中，AGI 系统可以实时分析路况，为你规划出最优通勤路线，同时还能连接到你的工作设备，提前准备好你当天需要处理的重要事务和资料。到了晚上，忙碌一天的你回到家中，AGI 系统控制的智能家居环境会自动调节到最舒适的状态，播放你喜欢的音乐，放松你的身心。

然而，要实现这样美好的 AGI 愿景，并非一帆风顺。目前，AGI 的发展仍面临诸多挑战。例如，如何让机器实现跨领域知识的迁移，就像人类从学习数学逻辑到理解文学作品中的情感表达一样；怎样让机器具备自主探索与学习的能力，而不是仅仅依赖人类预先设定的程序和数据；如何将人类的情感与价值观融入机器中，确保它的行为符合伦理道德规范。就拿情感与价值观融入来说，这是一个极为复杂的问题。当 AGI 系统面临两难的决策场景时，如在自动驾驶中遇到必须牺牲一方来避免更大事故的情况，它该如何抉择？这背后涉及众多哲学、伦理层面的思考。

尽管挑战重重，但科研人员们从未停止探索的脚步。2024 年中关村论坛年会上，全球首个通用智能人"通通"（图 9-14）的亮相，无疑给我们带来了新的希望。"通通"具备三四岁儿童的完备心智和价值体系，虽然还处于雏形阶段，但它的出现是对 AGI 未来发展路径的一次重要探索，让我们看到了从数据驱动到价值驱动的科学范式转变。随着时间的推移，相信会有越来越多像"通通"这样的成果涌现，不断推动 AGI 向前发展。

图 9-14　全球首个通用智能人"通通"

AGI 的未来充满了无限可能，它将彻底改变我们的生活、工作和学习方式，为人类社会带来前所未有的机遇。但在追求这一伟大目标的过程中，我们也必须谨慎前行，妥善应对各种挑战，确保 AGI 的发展始终符合人类的利益，真正成为我们创造美好未来的得力助手。

任务实现

使用 TensorFlow 在线识别人体姿态。

（1）打开浏览器，输入 TensorFlow 中国官网网址，如图 9-15 所示。

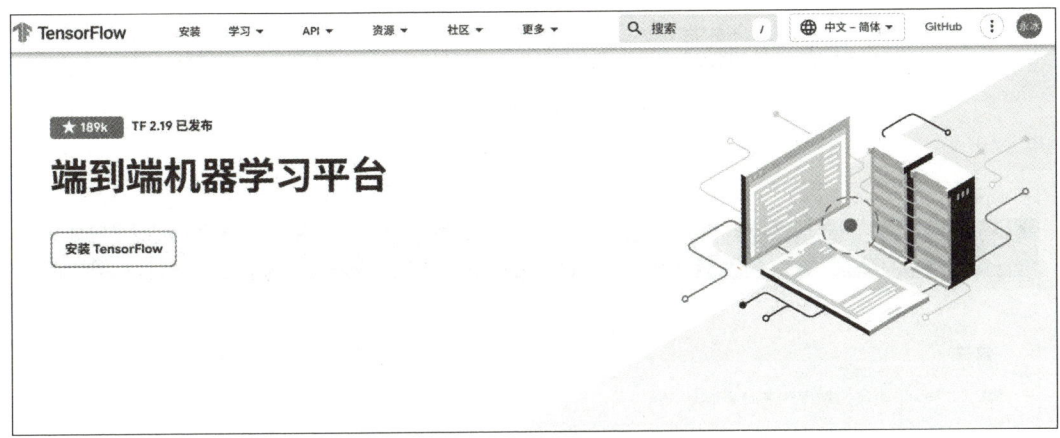

图 9-15　TensorFlow 官网

（2）单击导航栏的"学习"按钮，进入学习界面，如图 9-16 所示。

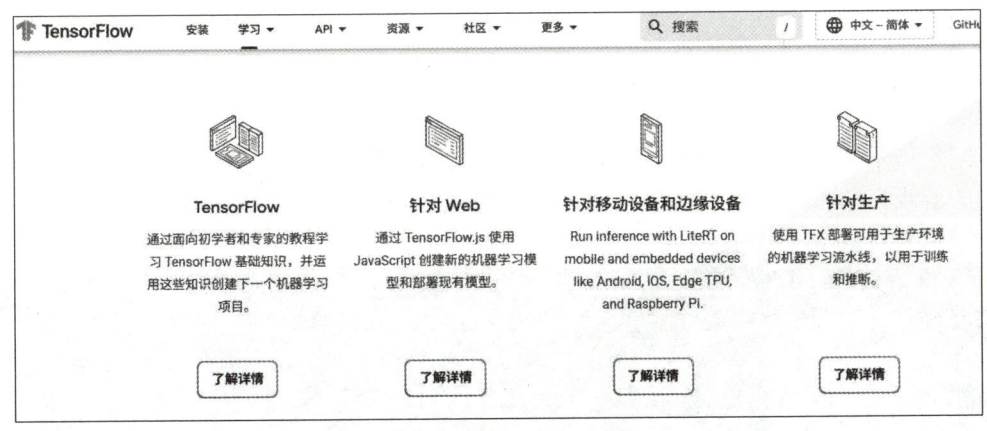

图 9-16　TensorFlow 学习界面

（3）单击"针对 Web"栏目下方的"了解详情"按钮，进入 TensorFlow.js 界面，如图 9-17 所示。TensorFlow.js 允许用户直接在浏览器或 Node.js 中使用机器学习模型。

（4）单击上方子导航栏中的"演示"按钮，查看 TensorFlow 官方提供的一些人工智能服务，如图 9-18 所示。

图 9-17　TensorFlow.js 界面

图 9-18　人工智能服务

（5）选择第一个"Holobooth"，这是一个让用户能在虚拟环境中与自己的 3D 图像互动的游戏，单击"探索演示"按钮，进入 Holobooth 界面，如图 9-19 所示。

图 9-19　Holobooth 界面

（6）单击"Get started"按钮，进入提示界面，单击"Next"按钮，开始设置，如图 9-20 所示。

图 9-20　进入设置界面

（7）在界面中显示一个可爱的小鸟，这是游戏提供的两种角色之一。用户也可以在右侧选择另一种角色，选择之后单击"Next"按钮，进入下一步，如图 9-21 所示。

图 9-21　选择场景

（8）在界面中可以选择游戏的场景。默认背景是网格线，确定后单击"Next"按钮。

（9）在界面中，选择人物的装饰，装饰分为帽子、眼镜、衣服和玩具四种，如图 9-22 所示。选择之后界面中的人物会随时变化，如图 9-23 所示。

图 9-22　选择装饰

图 9-23　确定形象

（10）单击"Record video"按钮，开始录制视频。录制时，系统会捕捉摄像头中的人脸，人脸动作和表情变化后，视频中的人物也会随之变化。录制完成后如图 9-24 所示。

注意：默认只能录制 5 秒的视频。

（11）录制之后，可以下载或者播放视频，如图 9-25 所示。

图 9-24　录制完成

图 9-25　下载界面

项目总结

本项目围绕未来智能社会展开，通过实际任务，深入探讨了行业变革趋势和人机协同创新技术。从制造业的数字孪生到教育领域的自适应学习，从智能增强的应用到通用人工智能的展望，我们对未来智能社会的发展有了更深入的了解。在未来，我们应积极拥抱智能技术，关注技术发展带来的影响，为构建美好的未来智能社会贡献自己的力量。

参考文献

[1] Russell S，Norvig P．人工智能：一种现代方法 [M]．北京：人民邮电出版社，2004．

[2] 吴军．智能时代：大数据与智能革命重新定义未来 [M]．北京：中信出版社，2016．

[3] 秦阳，章慧敏，张伟崇．WPS Office 办公应用技巧宝典 [M]．北京：人民邮电出版社，2022．

[4] Goodfellow I, Bengio Y, Courville A．深度学习 [M]．北京：人民邮电出版社，2017．

[5] 石头．AI 绘画与摄影实战 108 招：ChatGPT+Midjourney+ 文心一格 [M]．北京：清华大学出版社，2024．

[6] 文之易，蔡文青．ChatGPT 实操应用大全（全视频·彩色版）[M]．北京：中国水利水电出版社，2023．

[7] 新境界．ChatGPT 从入门到实践全彩视频版 [M]．北京：中国水利水电出版社，2024．

[8] 万俊．大语言模型应用指南：以 ChatGPT 为起点，从入门到精通的 AI 实践教程 [M]．北京：电子工业出版社，2024．